westermann

Horizonte

Gymnasium

6. Jahrgangsstufe
Bayern

Herausgegeben von
Prof. Dr. Ulrich Baumgärtner
Dr. Herbert Rogger
Dr. Wolf Weigand

Erarbeitet von
Prof. Dr. Ulrich Baumgärtner
Dr. Verena Espach
Iris Hausberger
Alexander Heim
Hans-Martin Kühl
Dr. Gregor Pelger
Dr. Herbert Rogger
Dr. Wolf Weigand

Mit Beiträgen von
Dr. Simone Martini
Prof. Dr. Klaus Scherberich

westermann GRUPPE

Druck A[1] / Jahr 2018
Alle Drucke der Serie A sind inhaltlich unverändert.

Redaktion: Christoph Meyer, Dorle Bennöhr
Druck und Bindung: westermann druck GmbH, Braunschweig

ISBN 978-3-14-**112200**-8

03 DIE GRIECHISCHE ANTIKE 58

04 MENSCHEN MACHEN GESCHICHTE 94

05 DAS IMPERIUM ROMANUM 110

TRAININGSSEITEN IM ÜBERBLICK

QUELLENKUNDE IM ÜBERBLICK

M 1 Erinnerungsstücke aus dem Tierpark Hellabrunn
November 2012

Ein Zoobesuch – woher stammt unser Wissen über die Vergangenheit?

Klio erinnert sich

Klio hebt gerne Dinge auf. Sie sammelt Erinnerungsstücke in einer Schachtel und manchmal hat sie Lust, darin zu kramen. Dabei stößt sie auf eine Eintrittskarte und erinnert sich daran, wie sie mit ihrer Familie im Tierpark Hellabrunn in München war. „Von diesem Besuch habe ich doch noch mehr Sachen aufgehoben", denkt sie und sucht weiter. Nach und nach fördert sie alle möglichen Dinge zutage: Fotos, eine Pfauenfeder, Ansichtskarten und ein Plüschtier.

Klio kommt ins Grübeln: „Wann genau waren wir eigentlich im Zoo? Und haben wir dort auch die Pandabären gesehen oder war das woanders?" Beim Nachdenken fällt ihr Blick auf die Eintrittskarte. Dort steht ein Datum: 18.11.2012. „Was für ein Wochentag war das?", überlegt sie. Klio erinnert sich, dass sie damals in der Schule einen Aufsatz über ein besonderes Erlebnis schreiben musste. Dazu hatte sie die nun vor ihr liegenden Sachen schon einmal hervorgeholt. Aber wo ist das Aufsatzheft hin?

Beim Abendessen fragt Klio ihre Eltern nach dem Zoobesuch. „Das müsste ein Samstag gewesen sein", meinen die Eltern. Sie seien damals spontan aufgebrochen, weil das Wetter für November so schön gewesen sei. An Pandabären kann sich jedoch niemand erinnern. Klio erzählt auch von ihrem Aufsatz.

M 2

Aufsatz über den Besuch im Tierpark am 18.11.2012

„So ein langweiliger Tag!", dachte ich, als ich aufwachte. Grauer Nebel, noch Hausaufgaben und nichts vor. Ich trottete zum Frühstück. „Wollen wir in den Zoo gehen?", fragte meine Mutter. „Mittags soll die Sonne herauskommen." Ganz begeistert stimmten mein Bruder und ich zu.

Als wir aus dem Urwaldhaus mit den Raubtieren gekommen waren, fragte ich, ob es auch Pandas im Tierpark gibt. Aber bevor meine Eltern antworten konnten, mussten sie meinen Bruder beruhigen, der einen Tobsuchtsanfall bekommen hatte, weil ihm sein Eis auf den Boden gefallen war.

Als wir schon auf dem Weg zum Ausgang waren, kreuzte plötzlich ein Pfau unseren Weg, sah sich um und schlug ein Rad. Alle Besucher bewunderten sein prächtiges Gefieder. Als er seine Federn wieder zusammenzog, fiel eine herunter. Schnell lief ich hin und hob sie auf. Das hatte ich mir schon lange gewünscht: eine Pfauenfeder! Sie ist wunderschön. Stolz und glücklich ging ich nach Hause. Was für ein schöner Tag!

„Ein schönes Erlebnis?", ruft Klios Bruder dazwischen. „Da kann ich nur lachen!" Ihm habe es im Zoo nämlich überhaupt nicht gefallen: Die Löwen hätten nur faul herumgelegen, sie hätten die Fütterung der Elefanten verpasst und außerdem sei sein Eis heruntergefallen.

Klios Mutter vermutet, dass das Heft mit dem Aufsatz im Keller ist. Das stimmt. Nun hat Klio alles beisammen, was von diesem Zoobesuch noch vorhanden ist: die Eintrittskarte, Ansichtskarten, ein Stofftier, eine Pfauenfeder, das Heft mit dem Aufsatz sowie Aussagen ihrer Eltern und ihres Bruders. Und sie kann sich überdies im Internet die Seite des Tierparks Hellabrunn ansehen. Mit all diesen Materialien kann sie ihre Fragen zu dem Tag sicher beantworten.

Hellabrunn
DER MÜNCHNER TIERPARK

M 3 **Logo des Tierparks und das modernisierte Elefantenhaus 2017**

Foto, 2017

Ist Klio eine Historikerin?

Nachforschungen wie diese geschehen tagtäglich – wir erinnern uns an etwas und versuchen, unsere Erinnerungen zu ordnen. Wenn uns das eigene Gedächtnis nicht weiterhilft, fragen wir Familienmitglieder und Freunde oder wir greifen zu Erinnerungsstücken. Nichts anderes tun Historiker, aber als Geschichtswissenschaftler gehen sie dabei so gründlich und systematisch wie möglich vor:

1. Ausgangspunkt ist immer eine Frage. Klio fragt: „Wann waren wir im Münchner Zoo?" Historiker fragen z. B.: „Wann war der Zweite Weltkrieg? Warum brach er aus? Wer war schuld?"
2. Nun werden Hinterlassenschaften aus der betreffenden Zeit gesucht, die Aufschluss über die Vergangenheit geben können. Bei Klio waren es zunächst die Dinge, die sie in ihrer Schachtel aufgehoben hat. Historiker gehen dafür meist in Archive, in denen Schriftstücke, aber auch Gegenstände, Karten oder Fotos aus früherer Zeit aufgehoben werden. Klios Schachtel ist sozusagen ihr „Privatarchiv". Den Weg, den die **Quellen** von ihrer Entstehung bis heute genommen haben, nennt man Überlieferung. Manche Quellen haben ihren Besitzer gewechselt, sind verschwunden und wieder aufgetaucht, manche beschädigt oder verändert worden.
3. In einem nächsten Schritt werden die Quellen ausgewertet. Klio weiß, wann sie im Zoo war, weil es auf der Eintrittskarte steht. Sie macht sich ein Bild von ihrem damaligen Besuch. Historiker sagen: Sie rekonstruiert das Ereignis. Dabei entstehen neue Fragen, etwa nach dem Wochentag oder nach den Pandabären. Als Klio nicht mehr weiterkommt, fragt sie ihre Eltern. Das bedeutet, sie erschließt sich neue Quellen: die Auskünfte ihrer Eltern, die Meinung ihres Bruders, ihren Aufsatz, später die Internetseite des Tierparks.

M 4 **Verschiedene Arten von Quellen**

Urkunde aus dem Mittelalter

Foto aus dem Familienalbum

Rennrad aus den 1970er-Jahren

Info

Quelle

Eine Quelle ist eine Hinterlassenschaft aus einer früheren Zeit, aus der Informationen über die damalige Zeit entnommen werden können. Wenn eine Quelle entstanden ist, ohne der Nachwelt ein bestimmtes Bild des historischen Sachverhalts zu vermitteln, spricht man von Überrest.

Quellengattungen

Historiker unterscheiden verschiedene Arten von Quellen:

- Schriftliche Quellen sind alle Texte wie Urkunden, Briefe, Inschriften usw.
- Bildliche Quellen können Höhlenzeichnungen, Gemälde, Plakate oder Fotos sein.
- Gegenständliche Quellen sind alle greifbaren Dinge wie Münzen, Waffen, Werkzeuge usw.

Hinzu kommt die mündliche Überlieferung, d.h. die von Generation zu Generation weitererzählten Erinnerungen.

Darstellung

Historiker werten die verfügbaren Quellen unter einer bestimmten Fragestellung aus und schreiben ihre Erkenntnisse meist in Form eines Ausatzes oder Buches auf. Das Ergebnis wird als Darstellung bezeichnet. Auch der Schulbuchtext – wie z.B. in diesem Kapitel – ist eine Darstellung.

4. Wenn alle verfügbaren Quellen gesichtet und alle Fragen geklärt sind, schreibt der Historiker seine Ergebnisse in einer Darstellung auf. Klios Aufsatz ist im Grunde auch eine solche geschichtswissenschaftliche Darstellung: Klio erzählt eine Geschichte, die die Vorstellung wiedergibt, die sie sich von der Vergangenheit macht. Ihr Bruder würde sicher einen anderen Aufsatz schreiben. Der Zoobesuch hat in der Vergangenheit für alle Beteiligten tatsächlich stattgefunden, aber das Bild, das sie sich davon machen, ist unterschiedlich. Geschichte und Vergangenheit sind also zweierlei.

Manches Vergangene lässt sich nicht mehr erschließen, anderes verliert an Bedeutung. Ob sie damals beispielsweise das Rehgehege gesehen haben oder nicht, kann Klio nicht mehr klären. Aber dies interessiert auch niemanden in der Familie mehr.

Allerdings stößt Klio auch auf Ungereimtheiten: Dass sie an einem Samstag im Zoo gewesen sein sollen, kommt ihr eigenartig vor. Bei den Fachleuten ist es oft nicht anders. Werden neue Quellen erschlossen oder neu ausgewertet, muss die bisherige Sichtweise nicht selten ergänzt oder korrigiert werden. Manchmal bleiben auch Meinungsverschiedenheiten wie bei Klio und ihrem Bruder zurück. Die beiden sind sich darüber einig, wann der Besuch war und was sie gesehen haben. Während Klio jedoch gerne an den Ausflug zurückdenkt, ist dieser in der Erinnerung ihres Bruders missglückt.

Aufgaben

1. Quellen und Quellengattungen

a) Ordne Klios Erinnerungsstücke den einzelnen Quellenarten zu.

b) Erkläre die Begriffe „Quelle“ und „Überlieferung“.

→ M1, Info-Kasten Seite 8, Text

2. Quelle und Darstellung

a) Erläutere den Unterschied zwischen Quelle und Darstellung.

b) Erkläre den Unterschied zwischen Vergangenheit und Geschichte.

→ M1, Text

3. Klio – eine Historikerin?

a) Formuliere Fragen, die Klio sich stellen könnte.

b) Prüfe die Überreste des Zoobesuchs darauf, inwiefern sie Klio bei der Rekonstruktion des Tages weiterhelfen. Begründe deine Einschätzung.

c) Informiere dich in einem Lexikon über den Namen „Klio“ und suche Gründe dafür, dass Klio als Namen für das Mädchen gewählt wurde.

→ M1, Lexikon, Text

Von der kleinen zur großen Geschichte

Der eigene Lebenslauf

Der Zoobesuch war ein Ereignis in Klios Leben. Wenn sie die eigene Vergangenheit überdenkt, tauchen alle möglichen Erlebnisse vor ihrem inneren Auge auf: Geburtstage, der erste Schultag, Urlaube, Weihnachten, Familienfeiern … Manches, was für sie selbst wichtig ist, kennt Klio nur aus Erzählungen: die Geburt, ihre Zeit als Baby, wie sie laufen und sprechen gelernt hat.

Ähnlich wie den Zoobesuch kann Klio ihr Leben rekonstruieren und ihre Geschichte schreiben. Dazu benötigt sie neben ihren Erinnerungen weitere Informationen, z. B. die Geburtsurkunde, Spielzeug, selbst gemalte Bilder, Schulzeugnisse oder Fotos. Das sind die „Quellen" des eigenen Lebens. Wenn Klio ihren bisherigen Lebensweg aufschreibt, ihn also schriftlich darstellt, wird sie zur Historikerin. Diese eigene Lebens-Geschichte nennt man auch „Lebenslauf". Ein solcher wird auch – meist in tabellarischer Form – verlangt, wenn man sich um eine Arbeitsstelle bewirbt. In diesem Fall sind natürlich die Ausbildungszeiten, Abschlüsse und Arbeitserfahrungen wichtig, die in einer bestimmten Art und Weise präsentiert werden müssen. Schreibt man sein Leben hingegen nur für sich selbst auf, so kann der Lebenslauf auch ganz fantasievoll gestaltet werden, z. B. mit Zeichnungen oder Fotos.

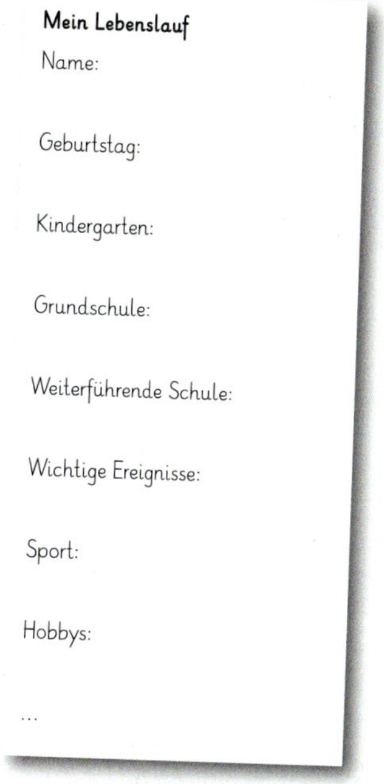

M 1 Wichtige Bestandteile eines Lebenslaufes

Von der Familiengeschichte zur Weltgeschichte

Klio ist Teil ihrer Familie. Auch deren Geschichte kann sie untersuchen. Um sich einen Überblick zu verschaffen, ist es hilfreich, einen Stammbaum anzulegen, in dem alle Familienmitglieder verzeichnet sind. Dabei werden die Verwandtschaftsverhältnisse dargestellt, z. B. stehen Geschwister nebeneinander und Kinder meist über ihren Eltern, da der Baum von unten nach oben wächst. Aus den einzelnen Angaben des Stammbaums lassen sich dann interessante Schlüsse ziehen: Wie lange haben die einzelnen Familienmitglieder gelebt? Wie viele Kinder hatten sie? Was waren sie von Beruf? Sind sie umgezogen? Wie weit lässt sich die Geschichte der eigenen Familie zurückverfolgen? In früheren Zeiten waren Herrscherfamilien häufig darum bemüht, ihren Stammbaum auf große Könige, Heilige oder gar auf antike Götter zurückzuführen. Auf diese Weise hoffte man, die eigene Würde zu betonen und Herrschaftsansprüche zu verdeutlichen.

Vom eigenen Leben und der Geschichte der Familie ausgehend, kann Klio dann immer größere Bereiche der Geschichte überblicken: den eigenen Wohnort (Ortsgeschichte), die nähere Umgebung (Regionalgeschichte), das Land, in dem sie lebt (Nationalgeschichte), ja die gesamte Welt (Weltgeschichte). Klio kann dann nicht nur auf verschiedene Räume blicken, sondern auch weit zurück in die Vergangenheit – wenn sie will, bis zu den ersten Menschen.

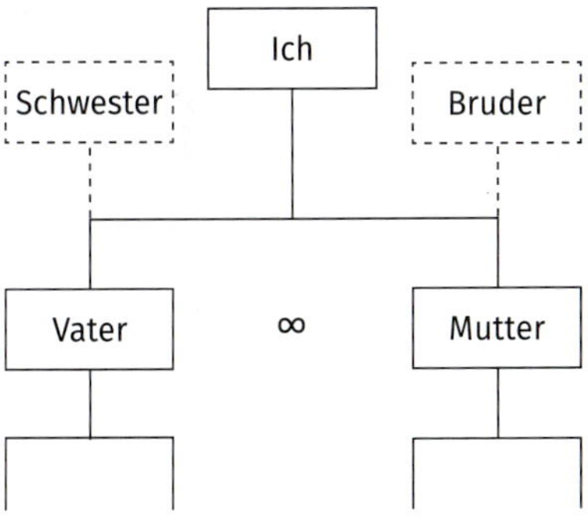

M 2 Die Familie – eine Grafik

Aufgaben

1. Von der kleinen zur großen Geschichte

a) Erstelle einen Stammbaum für deine Familie. Orientiere dich an der Grafik M2. Versuche, die Geschichte deiner Familie möglichst weit zurückzuverfolgen.

b) Erstelle einen eigenen Lebenslauf. Du kannst ihn ganz einfach als Tabelle wie in M1 gestalten oder nach deinen eigenen Vorstellungen ausschmücken.

c) Notiere im Stammbaum – soweit möglich – die Lebensdaten sowie den Geburts- und Sterbeort der verzeichneten Personen.

d) Erläutere Besonderheiten, die die Geschichte deiner Familie aufweist.

→ M1, M2, Text

Die Einteilung der Zeit

M 1 **Uhr mit Zifferblatt**
20. Jahrhundert

Die Zeit als Grunderfahrung des Menschen

Klio kennt viele Redensarten, die sich mit der Zeit beschäftigen: „Kommt Zeit, kommt Rat!“, „Die Zeit heilt alle Wunden!“ – Die Auseinandersetzung mit der Zeit ist für die Menschen von größter Bedeutung. Die Tatsache, dass die Zeit vergeht und dass wir älter werden, beschäftigt uns unser ganzes Leben. Und beständig begleiten uns Erinnerungen – schöne und traurige: ein Zoobesuch, ein fröhliches Fest, aber auch eine Krankheit oder gar der Tod eines nahen Angehörigen.

Zeitmessung

Klio fragt sich: Wie lässt sich Zeit messen? Manchmal vergeht für sie etwas „wie im Flug“, und manchmal will die Zeit einfach nicht vergehen. Daran wird deutlich, dass die persönliche Empfindung eine sehr unsichere Methode ist, um den Verlauf der Zeit einzuschätzen. Deshalb haben die Menschen schon sehr früh damit begonnen, die Zeit zu messen. Heute stehen uns Uhren und Kalender zur Verfügung, um uns zeitlich zu orientieren. Diese Werkzeuge entwickelten sich jedoch erst nach und nach in sehr langen Prozessen. Zuerst hielten sich die Menschen an den Wechsel von Tag und Nacht. Da die Dauer eines Tages im Jahresverlauf aber schwankt, bot dies nur eine grobe Orientierung. Außerdem musste der Tagesablauf selbst auch wieder unterteilt werden. Zu diesem Zweck entwickelten die Menschen, ausgehend von der Sonnenuhr, immer feinere Instrumente der Zeitmessung. Heute können Zeitdifferenzen weit jenseits der menschlichen Wahrnehmung gemessen werden.

Unser Kalender

Über längere geschichtliche Zeitabschnitte hinweg waren vor allem die Mondphasen das wichtigste Hilfsmittel der Zeiteinteilung: Von Vollmond zu Vollmond dauert es etwa 29,5 Tage. Aus dieser Zeitspanne entstanden, wie schon am Begriff zu erkennen ist, die Monate. Das Mondjahr umfasst zwölf solcher Monate, also insgesamt 354 Tage. Diese Einteilung stimmt allerdings nicht mit den Jahreszeiten überein, die durch den Umlauf der Erde um die Sonne entstehen; ein Sonnenjahr dauert nämlich etwa 365 Tage. Weil aber auch dies nicht ganz exakt ist, gibt es alle vier Jahre ein sogenanntes Schaltjahr mit 366 Tagen.

Aus den Beobachtungen der Mondphasen, der Wiederkehr der Jahreszeiten und der Sonnenbahn entstanden verschiedene Kalendersysteme. Dabei war der

M 2 **Sanduhr**
19. Jahrhundert

M 3 **Mechanische Uhr**
Deutschland, um 1400

M 4 **Griechische Sonnenuhr**
3. Jahrhundert v. Chr.

Kalendersysteme

Kalender	Christlich	Muslimisch	Jüdisch
Datum (Beispiel)	1. Januar 2000	24. Ramadan 1420	23. Tewet 5760
	1. Januar 2010	15. Muharram 1431	15. Tewet 5770
Beginn der Zeitrechnung	Geburt Christi	Auszug Mohammeds 622 n. Chr.	Erschaffung der Welt 3761 v. Chr.
Kalendertyp	Sonnenkalender	Mondkalender	kombinierter Sonnen-/ Mondkalender

M 5 Kalendersysteme

Zeitpunkt, zu dem mit der Zählung begonnen wurde, entscheidend. Der Ausgangspunkt unserer Zeitrechnung ist die Geburt Christi („Jahr 0“), wobei die Jahre davor rückwärts gezählt und mit der Abkürzung „v. Chr.“ gekennzeichnet werden. Alternativ zur Berufung auf Christi Geburt werden auch die Abkürzungen „v. u. Z.“ und „n. u. Z.“ verwendet: „vor (dem Beginn) unserer Zeitrechnung“ bzw. „nach (dem Beginn) unserer Zeitrechnung“. Mit einem Zeitstrahl lässt sich dies gut veranschaulichen. Dabei ist Folgendes zu beachten: Das erste Jahrhundert umfasst die Jahreszahlen unter 100. Das 13. Jahrhundert umfasst demzufolge also alle Jahre nach der ersten Jahrtausendwende, die mit „12“ beginnen etc.

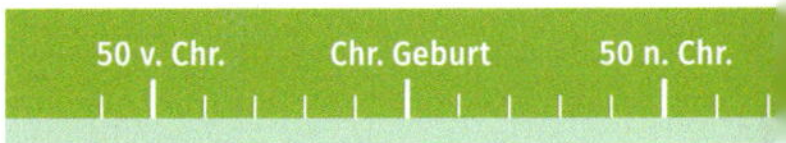

M 6 Ein einfacher Zeitstrahl

Andere Kalender

In anderen Kulturen wurden und werden andere Kalendersysteme benutzt. Dabei werden nicht immer Sonnenjahre verwendet, und die Zeitrechnungen beginnen mit anderen Ereignissen:

- Die Römer orientierten sich z. B. an der sagenhaften Gründung ihrer Stadt im Jahr 753 v. u. Z. und zählten die Jahre „ab urbe condita“, d. h. „ab Gründung der Stadt“.
- In der jüdischen Welt gilt das aus der Bibel errechnete Jahr der Erschaffung der Welt (3761 v. u. Z.) als Startpunkt der Zählung.
- Die arabische Welt nimmt das Jahr 622 n. u. Z., in dem der Prophet Mohammed seine Heimat Mekka verlassen musste, als Ausgangsjahr.

Aufgaben

1. Der Zeitstrahl

a) Zeichne einen Zeitstrahl für die Zeit von 100 v. Chr. bis 50 n. Chr. (10 Jahre entsprechen 1 cm).

b) Trage folgende Jahre und Zeiträume ein: die zweite Hälfte des 1. vorchristlichen Jahrhunderts, das Todesjahr von Julius Caesar (44 v. Chr.), das 4. Jahrzehnt des 1. Jahrhunderts n. Chr.

→ M6, Text

2. Zeitmessung

a) Erkläre die Funktionsweise einer Sanduhr und einer Sonnenuhr.

b) Sammle Bilder von anderen Geräten zur Zeitmessung und erläutere deren Funktionsweise.

c) Nenne Gelegenheiten, bei denen es heute wichtig bzw. nicht so wichtig ist, sich genau nach der Uhrzeit zu richten. Erkläre den Unterschied.

→ M1–M4, Text

3. Kalender

a) Erkläre den Unterschied zwischen Sonnen- und Mondkalender.

b) Berechne dein Geburtsdatum in den unterschiedlichen Kalendersystemen.

c) Gib das Jahr an, in dem wir uns heute nach dem islamischen und nach dem jüdischen Kalender befinden.

→ M5–M6, Text

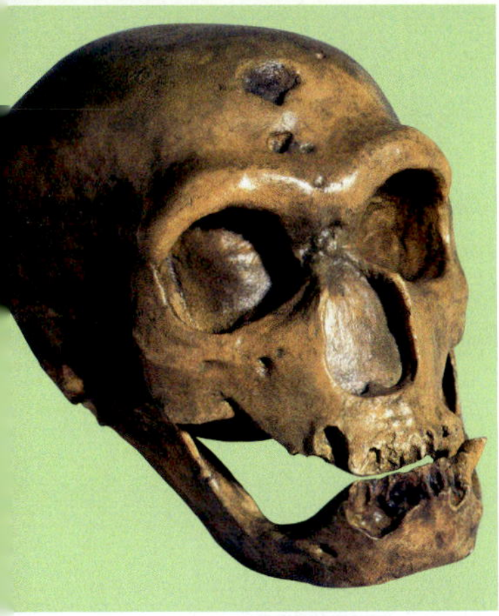

01

DAS LEBEN DER MENSCHEN IN DER FRÜHGESCHICHTE

Training

Umgang mit dem Schulbuch

Jedes Kapitel beginnt mit einer solchen **Auftaktseite**. Die Bilder verweisen auf wichtige Aspekte des Lernbereichs. Sie eröffnen einen ersten Einblick.

M 1 **Felsbilder in der Höhle von Lascaux/Südfrankreich,** um 14 500 v. Chr.

M 2 **Ein jungsteinzeitliches Dorf,** Rekonstruktionszeichnung

M 3 **Schädel eines Neandertalers,** La Chapelle-aux-Saints/Frankreich, ca. 60 000 v. Chr.

M 4 **„Ötzi",** Rekonstruktion, 2011

M 5 **Gletschermumie „Ötzi" am Fundort Ötztaler Alpen um 3300–3100 v. Chr.,** Foto, 1991

Leben in der Altsteinzeit

Als die Menschen zu Menschen geworden waren, sich also deutlich von ihren nächsten tierischen Verwandten unterschieden, bildeten sie eine eigene Lebensweise aus. Da die meisten Überreste dieser Epoche aus Stein sind, wird dieser Zeitraum als Steinzeit bezeichnet. Wie lebten die Menschen in der frühen Zeit der Menschheitsgeschichte?

M 1 Leben in der Altsteinzeit

Rekonstruktionszeichnung nach archäologischen Funden

M 2 Ein „Haus-Zelt"

Rekonstruktion eines Haus-Zeltes nach archäologischen Funden des ca. 12 000 Jahre alten Lagerplatzes von Neuwied/Rheintal, Römisch-Germanisches Zentralmuseum, Mainz

Werkzeuge aus der Steinzeit untersuchen

M 3 **Der Faustkeil**
Universalwerkzeug der Altsteinzeit

Training

Umgang mit dem Schulbuch

Diese beiden **Materialseiten** dienen dazu, das Thema zu erarbeiten. Hier finden sich Bilder und Texte verschiedenster Art. Sie werden mit „M" bezeichnet und durchnummeriert. Es kann sich dabei um Quellen oder um Darstellungen handeln.

Die Aufgaben leiten dazu an, wie die Materialien erschlossen und wie das Thema erarbeitet werden kann.

M 4 **Arbeiten mit Werkzeugen**

Aufgaben

1. **Eine Rekonstruktion untersuchen**
   a) Erläutere, was eine Rekonstruktionszeichnung ist. Kläre dabei, ob es sich um eine Quelle oder um eine Darstellung handelt.
   b) Zeige anhand der Zeichnung M1, wie die Menschen in der Altsteinzeit lebten. Betrachte dazu die einzelnen Tätigkeiten und überlege, welchen Zweck diese hatten.
   c) Erläutere, welche Elemente auf der Zeichnung durch Funde, also durch Quellen, belegt sein dürften.
   d) Beurteile, inwieweit die Rekonstruktionszeichnung historisch korrekt ist.
   → M1, M2
2. **Werkzeuge aus der Steinzeit untersuchen**
   a) Beschreibe die Werkzeuge der Altsteinzeit und erkläre ihre jeweiligen Funktionen.
   b) Auch Tiere verwenden Werkzeuge. Erläutere, worin die Besonderheit des menschlichen Werkzeuggebrauchs besteht.
   → M3–M4
3. **Lebensbedingungen in der Altsteinzeit**
   a) Beschreibe die Schwierigkeiten, die die Steinzeitmenschen zu überwinden hatten. Ziehe dazu auch den Infotext auf Seite 16 (Abschnitt 2) heran.
   b) Zeige an Beispielen, wie die Menschen ihr Überleben sicherten. Berücksichtige dabei den Umgang mit dem Feuer, den Bau von Wohnstätten sowie den Gebrauch von Werkzeugen und von Waffen.
   → M1–M4, Infotext M5

Jäger und Sammler der Altsteinzeit

M 5 Jäger und Sammler der Altsteinzeit – Infotext

1. Werkzeuge und Geräte:

Die ersten Menschen verwendeten alle Materialien, die in ihrer natürlichen Umgebung vorkamen, um Werkzeuge herzustellen, zum Beispiel Knochen und Horn von Tieren oder Holz und andere Pflanzenteile. Das erste dauerhafte Material, das die Menschen verarbeiteten, war Stein. Die früheste Phase der Menschheitsentwicklung wird deshalb auch als „Steinzeit" bezeichnet. Wissenschaftler haben herausgefunden, dass schon vor ca. zwei Millionen Jahren einfache Steinwerkzeuge benutzt wurden. So genügte zunächst ein aus Geröll gefertigter Faustkeil, um an das Fleisch und das nahrhafte Knochenmark von Beutetieren heranzukommen. Die frühen Menschen nutzten neben Faustkeilen auch Schaber, Klingen, Spitzen und einschneidige Messer aus Stein. Sie verwendeten überdies Holz und Geweih zur Herstellung von Werkzeugen wie Harpunen und Pfeilen.

2. Lebensgrundlage: Jagen und Sammeln:

Die frühen Menschen machten in der **Altsteinzeit** in gut organisierten Gruppen Jagd auf Großwild, insbesondere auf Mammut, Ur, Nashorn, Ren, Hirsch und Pferd. Das war ihre Existenzgrundlage. Die Jagd war gefährlich und schwer. Tödliche Verletzungen der Jäger waren keine Seltenheit. Entweder trieb eine Gruppe von Jägern ein Tier in eine Grube, in der man es anschließend mit Stoßlanzen erlegte, oder man jagte aus der Distanz, indem man Speere, Schleudern, Bögen und Pfeile sowie Bumerangs benutzte. Mit Harpunen wurde Fischfang betrieben.
Neben der Jagd stellte das Sammeln von essbaren Pflanzen, Pilzen, Früchten, Wildgetreide, Nüssen oder essbaren Wurzeln eine weitere Grundlage des Lebens dar. In ihrer natürlichen Umgebung fanden unsere Vorfahren Heilpflanzen wie Thymian, Malve, Kornblume und Rosmarin. Die Menschen der Altsteinzeit werden daher auch oft als Jäger und Sammler bezeichnet.

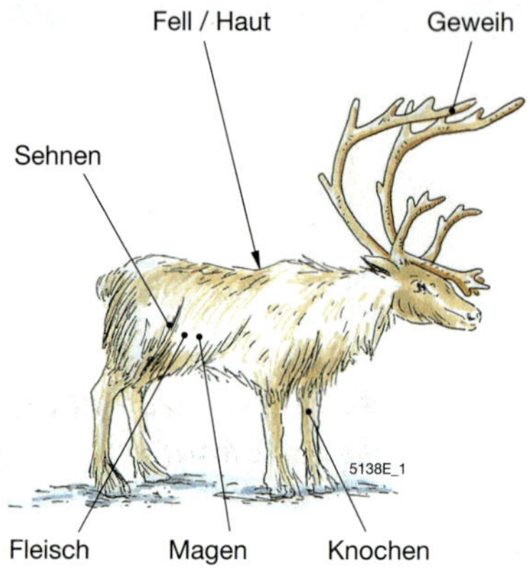

M 6 Ein „Nutz-Tier"
Schemazeichnung

3. Die Beherrschung des Feuers:

Ein zentraler Schritt für die Erschließung neuer Lebensbereiche war die Beherrschung des Feuers. Dadurch konnten die Menschen nicht nur in kältere Regionen vordringen, sondern auch Nahrung auf neue Weise zubereiten und für die menschliche Verdauung verträglich machen. Zuerst nutzten die Menschen vermutlich natürlich entstandenes Feuer (z.B. Blitzschlag), das sie bewahrten und für ihre Zwecke verwendeten. Später lernten die Menschen, Feuer auch selbst zu entfachen. Das war äußerst mühsam: Man brauchte dazu neben absolut trockenem Holz auch Pyrit (ein schwefelhaltiges Mineral) oder eine andere Art Schlagstein und Zunderschwamm. Dieser wird aus einem Pilz gewonnen, der bevorzugt abgestorbene Bäume befällt.

4. Abhängigkeit von der Natur:

In ganz anderem Ausmaß als heute war der Mensch damals den Launen und Gefahren der Natur ausgeliefert. Klimaschwankungen, Katastrophen wie Erdbeben, das Ausbleiben von Jagdwild und geringer Ertrag beim Sammeln von Nahrungspflanzen konnten die steinzeitlichen Gruppen an den Rand ihrer Existenz bringen. Die Jäger mussten daher ihren Beutetieren folgen. Es sind allerdings auch Lagerstellen nachweisbar, die die Jäger auf ihren Zügen immer wieder aufsuchten. Höhlen dienten nur gelegentlich als kurzfristige Aufenthaltsorte. Die frühen Menschen waren bereits in der Lage, Fleisch zu konservieren.

Training

Umgang mit dem Schulbuch

Auf dieser Seite wird ein Infotext geboten, der über einen historischen Sachverhalt informiert. Der Text wurde von den Autorinnen und Autoren dieses Schulbuches verfasst. Deren Namen befinden sich auf der ersten Seite. Abbildungen illustrieren den Text.

Grundlegende Begriffe

Altsteinzeit

Die Steinzeit ist die älteste und längste Epoche der Vorgeschichte, benannt nach dem vorwiegend verwendeten Material für Waffen und Werkzeuge. Während der Altsteinzeit lebten die Menschen als Jäger und Sammler in umherstreifenden Horden zusammen.

Zusatzaufgabe: Waffen aus der Steinzeit untersuchen

M 7 **Entwicklung und Nutzung der Waffen in der Steinzeit**

Aufgaben

1. Quelle oder Darstellung?

a) Begründe, warum es sich bei dem Infotext M5 auf S. 16 um eine Darstellung handelt. Ziehe dazu auch die Erläuterungen auf S. 7/8 heran.

b) Begründe, welche der Abbildungen in diesem Teilkapitel Quellen zeigen.

→ Seite 7/8, Seite 14–17, Infotext M5

2. Waffen aus der Steinzeit untersuchen – Zusatzaufgabe

a) Erläutere die einzelnen Elemente der Abbildung M6.

b) Zeige, wie sich die Bewaffnung des Menschen und damit auch ihre Jagdtechnik änderte.

c) Erörtere, ob diese Entwicklung als Fortschritt bezeichnet werden kann.

→ M7

3. Jäger und Sammler der Altsteinzeit

a) Erstelle aus dem Kapitel eine selbst gestaltete Übersicht zum Thema „Jäger und Sammler der Altsteinzeit". Schreibe zum Beispiel „Leben in der Altsteinzeit" oben auf ein Blatt und lege vier Spalten an mit den Überschriften des Infotextes („Werkzeuge und Geräte" usw.). Suche dann die passenden Informationen aus dem gesamten Kapitel und notiere sie in der entsprechenden Spalte.

b) Setze dich mit folgender Frage auseinander: Hat die Lebensweise, die sich in der Altsteinzeit herausgebildet hat, Auswirkungen bis in die Gegenwart?

→ Seite 14–17

Leben in der Jungsteinzeit

Vor mehr als 10 000 Jahren änderte sich die Lebensweise grundlegend. Dies ist an verschiedenen Überresten erkennbar. Deshalb unterscheidet man Altsteinzeit und Jungsteinzeit. Worin bestand diese Änderung?

M 1 Leben in der Jungsteinzeit
Rekonstruktionszeichnung nach archäologischen Funden

M 2 Werkzeuge aus der Jungsteinzeit
Webstuhl (Rekonstruktionszeichnung nach einer Felszeichnung) und Mahlstein und Stößel, 4./3. Jahrtausend v. Chr.

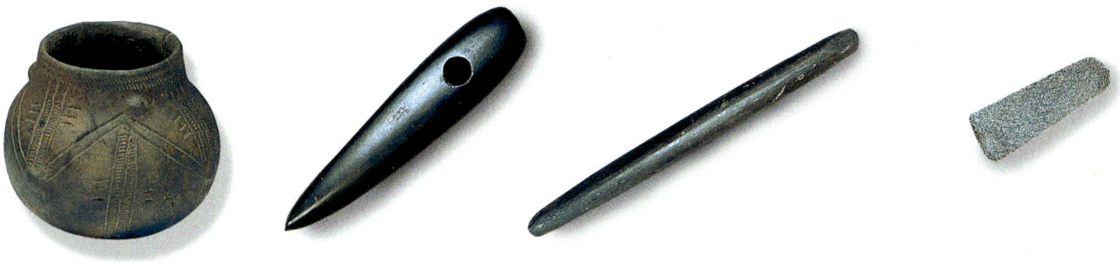

M 3 Tongefäß und Äxte aus der Jungsteinzeit

Aufgaben

1. Leben in der Jungsteinzeit
Beschreibe anhand der Zeichnung (M1), wie die Menschen in der Jungsteinzeit lebten.
→ M1

2. Erfindungen der Jungsteinzeit
Erkläre, welche Erfindungen die Menschen in der Jungsteinzeit machten, und erläutere deren Bedeutung für ihr Leben.
→ M1 – M3

Die Menschen werden zu Bauern

M 4 Die Menschen werden zu Bauern – Infotext

1. Einschneidende Veränderungen in der Jungsteinzeit:

Vor etwa 11000 Jahren setzte ein grundlegender Wandel in der Lebenweise der Menschen ein. Diese Veränderung war eine der bedeutendsten in der Weltgeschichte. In einer oft als „fruchtbarer Halbmond" bezeichneten Region, die sichelförmig vom persischen Golf bis ans Tote Meer reicht, wurde die Landwirtschaft erfunden. Hier begannen die Menschen um 9000 v. Chr., die ersten Getreidesorten und Hülsenfrüchte anzubauen. Sie wendeten sich also vom reinen Jagen und Sammeln ab und begannen mit dem Ackerbau. Etwa tausend Jahre später züchteten die ersten Bauern aus den Wildformen von Schaf und Ziege die ersten Haustiere, zuerst vor allem als Nahrungsreserve. Diese Lebensweise vertrug sich auf die Dauer nicht mit der von umherziehenden Jägern. Zu Beginn der **Jungsteinzeit** (Neolithikum) wurde der überwiegende Teil der Menschen zu Bauern, die nicht nur planvolle Nahrungsmittelproduktion betrieben, sondern sich auch dauerhafte Behausungen errichteten.

Die Veränderung vollzog sich schrittweise. Dabei entstanden Zentren, von denen aus sich das Wissen verbreitete. Die Verwendung des Pflugs, der zunächst aus Holz bestand, ist in Mitteleuropa seit 4500 v. Chr. bekannt. Durch diese technische Neuerung konnte der Getreideanbau wesentlich verbessert werden. Getreide bildete das Grundnahrungsmittel der jungsteinzeitlichen Bauern. Daraus konnte Brot gebacken werden.

2. Leben in der Jungsteinzeit:

Veränderungen im Klima begünstigten den Wandel der Lebensweise: Die Eiszeit ging zu Ende. Mit dem Beginn der bis in die Gegenwart reichenden Warmzeit verschwanden viele der großen Säugetiere aus Europa. Die Menschen waren daher gezwungen, sich neue Nahrungsgrundlagen zu schaffen. Eine bedeutende Möglichkeit bot der aus dem Vorderen Orient eingeführte Ackerbau.

3. Haustiere, Kulturpflanzen und technische Neuerungen:

Nachden die Menschen wilde Pflanzen bei ihren Behausungen angebaut und wilde Tiere domestiziert, also gefangen und für sich nutzbar gemacht hatten, begannen sie bald mit Züchtungen, also der gezielten Auswahl und Förderung von Pflanzen und Tieren mit gewünschten Eigenschaften. Nach der Domestikation des Hundes vor ca. 14 000 Jahren folgten Schaf, Ziege, Rind, Schwein und Pferd. Aus den Getreidearten Emmer, Einkorn und Gerste wurden Brote und Breie hergestellt, Lein lieferte Öl und Spinnfasern, Mohn diente als Gewürz und Heilmittel. Pilze, Nüsse, Obst, Beeren und Wurzeln rundeten den Speiseplan ab.

Mit dem intensivierten Ackerbau konnten Nahrungsvorräte angelegt werden, sodass der Mensch von den Umweltbedingungen deutlich unabhängiger wurde. Aber nicht nur die Herstellung der Nahrung wurde revolutioniert. Seit 7000 v. Chr. produzierte der Mensch auch Keramik – Töpfe, Becher und Näpfe aus Ton als Essgeschirr und zur Aufbewahrung von Nahrungsmitteln. Ebenso fortschrittlich war der Umgang mit Waffen und Werkzeugen: Äxte und Beile wurden nun geschliffen und nicht mehr geschlagen. Sie wurden mittels Bohrungen an Schäften befestigt. Die beschriebenen technischen Neuerungen machten eine Spezialisierung in Handwerk und Landwirtschaft nötig. Es kam zu einer Arbeitsteilung in der Gesellschaft.

M 5 Fällen eines Baumes und Herstellung von Bauholz

Rekonstruktionszeichnungen

Grundlegende Begriffe

Jungsteinzeit

Die Steinzeit ist die älteste und längste Epoche der Vorgeschichte, benannt nach dem für Waffen und Werkzeuge vorwiegend verwendeten Material. Man unterscheidet „Altsteinzeit" (etwa 2 Mio. Jahre – 15 000 v. Chr.) und „Jungsteinzeit" (etwa 10 000 – 2000 v. Chr.). Während der Altsteinzeit lebten die Menschen als Jäger und Sammler in umherstreifenden Horden zusammen. In der Jungsteinzeit gingen sie zum Ackerbau und zur Tierzucht über und wohnten in Siedlungen.

Die Ausbreitung des Ackerbau

M 6

	Altsteinzeit	Jungsteinzeit
Nahrungserwerb		
Nahrung		
wichtige Erfindungen		
Aufenthaltsorte		
besondere Gefahren		
Bekleidung		
Lebensweise		

M 7 **„Phineas und Ferb"**
Szenebild aus der Serie

Aufgaben

1. Lebensweisen vergleichen

a) Übertrage die Tabelle M6 in dein Heft und fülle sie aus.

b) Erkläre in einem kleinen Vortrag, wie sich die Lebensumstände in der Frühgeschichte veränderten. Verwende dabei die Begriffe Quelle, Altsteinzeit und Jungsteinzeit.

c) Setze dich mit folgender Frage auseinander: Hat die Lebensweise, die sich in der Jungsteinzeit herausgebildet hat, Auswirkungen bis in die Gegenwart?

→ M1 – M5, M6, Infotext M4

2. „Phineas und Ferb" – Zusatzaufgabe

a) Erarbeite aus dem Szenenbild M7, welche Elemente in der Zeichentrickserie auf die Steinzeit verweisen.

b) Erkläre, ob die Szene in der Alt- oder in der Jungsteinzeit spielt.

c) Informiere dich über die Handlung der Serie. Zeige, dass in der Serie auf historische Richtigkeit kein Wert gelegt wird.

d) Suche Gründe, warum die Zeichentrickserie in der Steinzeit und nicht in der Gegenwart spielt.

→ M7

M 1 Der Fund

Die Leiche im Eis, Foto von 1991. Sie wird heute im Südtiroler Archäologiemuseum in Bozen/Italien in einem eigens konstruierten Kühlraum aufbewahrt.

Der „Ötzi" – Wanderer zwischen den Zeiten

Im Herbst 1991 unternahm ein deutsches Ehepaar eine Bergtour in den Ötztaler Alpen. Beim Abstieg wählte es eine Abkürzung – und stieß in 3210 Metern Höhe auf einen mumifizierten Leichnam. Die erste Vermutung, dass es sich um einen verunglückten Bergsteiger handle, erwies sich schnell als falsch: Die Mumie war etwa 5300 Jahre alt! Welche Erkenntnisse bietet sie?

M 2 „Ötzi"

Rekonstruktion, 2011

M 3 Das Kupferbeil

Ötzis 60 cm langes Beil besitzt eine gegossene Kupferklinge und einen Schaft aus Eibenholz, Südtiroler Archäologiemuseum Bozen.

M 4 Fundstücke (Auswahl)

Diese Gegenstände (heute im Südtiroler Archäologiemuseum Bozen) führte Ötzi bei sich: Dolch (links oben und rechts unten), Köcher mit Pfeilen (oben rechts), Sehnenspanner (unten links), Fotos, 1991.

„Kriminalfall Ötzi" – mit einer Darstellung arbeiten

M 5 Eine Darstellung

Der italienische Arzt und Wissenschaftler Eduard Egarter-Vigl beschreibt die letzten Minuten im Leben von Ötzi (2011):

Der drahtige Mann mittleren Alters [...] ist müde vom Aufstieg aus dem Tal bis über die Baumgrenze. Unterwegs hat er Wasser von den umliegenden Bächen getrunken. In seinen Lungen und im Darminhalt konnten Pollen von Pfanzen nachgewiesen werden, die nur im Frühling und Frühsommer blühen. Hatte also zur Zeit seines Aufstiegs auf der Höhe noch Schnee gelegen? Die Ereignisse der vergangenen Tage müssen ihn gezwungen haben, seine Waffenausrüstung zu erneuern. Der halbfertige Bogen und die Rohlinge[1] der Pfeilschäfte zeugen davon. [...] Die rechte Hand ist schwer verletzt. An der Brücke zwischen Daumen und Zeigefinger zieht sich eine tiefe Fleischwunde bis auf den Knochen. [...] Die Untersuchungen der Wundränder im Mikroskop erlauben eine Rückdatierung der Verletzung auf ein bis drei Tage. Nach den Erfahrungen aus der forensischen Pathologie[2] kann es sich durchaus um eine Kampf- oder eine Verteidigungsverletzung handeln. Weniger plausibel erscheint eine Zufallsverletzung.

Der Mann sucht nach einer einigermaßen sicheren, nicht gleich einsehbaren Stelle zwischen den Felstrümmern, um sich auszuruhen. An die Felsränder der Mulde lehnt er seine Ausrüstung; sie wird Jahrtausende später unregelmäßig verstreut, teils im Schmelzwasser schwimmend, teils im Eis festgefroren, geborgen werden. Dann setzt er sich nieder, um sich zu stärken. Computertomografische[3] Aufnahmen des Magens zeigen einen erweiterten, gut gefüllten Magen mit einem noch kaum angedauten Inhalt. Aufgrund der grob zerkauten Speisen kann die letzte Mahlzeit nicht lange zurückliegen, höchstens bis zu einer Stunde. [...]

Ob sich der Pfeilschütze heimlich im Schutz der mannshohen Felsblöcke angeschlichen hat oder sein Opfer am Joch schon erwartet hat, wird sich wohl nie klären lassen. [...]

Der Pfeil trifft das Opfer wie ein Blitzschlag, unvorbereitet und mit enormer Wucht. Man kennt die verheerende Wirkung ähnlicher Pfeilgeschosse von der Jagd und von Beschreibungen der Kämpfe zwischen nordamerikanischen Indianern und Siedlern. Der Mann verliert das Gleichgewicht, fällt bei den unregelmäßigen Bodenverhältnissen nieder, der Schmerz ist brennend und lähmend zugleich, raubt ihm die Sinne.

1 Rohlinge: noch nicht fertig bearbeitete Werkstücke
2 forensische Pathologie: medizinische Untersuchung von Verletzungen, um Erkenntnisse zur Lösung eines Kriminalfalls zu gewinnen
3 Computertomografie: medizinisches Verfahren, um das Innere des Körpers sichtbar zu machen

Eduard Egarter-Vigl, Kriminalfall Ötzi, in: Angelika Fleckinger (Hg.), Ötzi 2.0. Eine Mumie zwischen Wissenschaft, Kult und Mythos, Stuttgart: Theiss 2011, S. 70–77.

Aufgaben

1. „Ötzi" – ein Wanderer zwischen den Zeiten

a) Untersuche die Ausrüstung und die Kleidung „Ötzis". Welche Teile sind steinzeitlich?

b) Erläutere die Formulierung „Wanderer zwischen den Zeiten".

→ M1–M4

2. „Kriminalfall Ötzi"

a) Der Autor der Darstellung M5 erläutert oft die Herkunft seiner Erkenntnisse. Trage diese Hinweise in einer Liste zusammen.

b) Prüfe, ob die in M5 geschilderten Ereignisse ausreichend belegt sind. Vergleiche dazu auch den Infotext auf Seite 24.

→ M5, Infotext M6

Der „Ötzi“: Wanderer zwischen den Zeiten

M 6 Wanderer zwischen den Zeiten – Infotext

1. Ein Sensationsfund:

Der nach seinem Fundort „Ötzi“ genannte Körper stellte eine Sensation dar. Ötzi wurde mit archäologischen Methoden untersucht. „Archäologie“ bedeutet „Lehre von den Altertümern“. Die Archäologie beschäftigt sich vor allem mit den gegenständlichen Hinterlassenschaften des Menschen. Wenn keine schriftlichen Aufzeichnungen vorliegen, sind dies die einzigen Quellen. Mit modernen Methoden lassen sich viele Erkenntnisse gewinnen – so auch über Ötzi: Er hatte braune Augen, dunkelbraunes oder schwarzes Haar, war ca. 1,60 Meter groß, wog etwa 50 Kilogramm und war ca. 46 Jahre alt – ein hohes Alter für die damalige Zeit. Seine Gelenke waren abgenutzt, seine Blutgefäße verkalkt. Das zwölfte Rippenpaar fehlte, doch machte ihm diese Besonderheit wohl in keiner Weise zu schaffen. Zu Lebzeiten hatte sich Ötzi Rippenbrüche und einen Nasenbeinbruch zugezogen, die jedoch gut verheilt waren. Der kleine Zeh des linken Fußes wies Erfrierungen auf. Ötzis Gebiss war kariesfrei, aber stark abgenutzt, da er es vermutlich auch zum Festhalten bei der Bearbeitung von Holz, Knochen und Leder nutzte. Auch litt er unter Parasitenbefall, der zu Durchfall geführt hatte. Am Körper Ötzis fanden sich über 50 Tätowierungen in Form von Strichbündeln und Kreuzen. Da sie sich an den bekannten Akupunkturpunkten befinden, kann es sich um eine frühe Form der Schmerztherapie gehandelt haben.

Ötzis Ausrüstung bestand aus wintertauglicher Fellkleidung. Auch war er mit zahlreichen Werkzeugen und Geräten ausgestattet, zu denen ein Bogen, ein Pfeilköcher und ein Transportgefäß für Glut gehörten. Neben einem Steindolch führte er ein Bronzebeil mit einem Schaft aus Eibenholz mit sich – es ist das einzige vollständig erhaltene vorgeschichtliche Beil weltweit. Nach dem Ergebnis von Pollenanalysen musste Ötzi seinen Weg über die Alpen im Frühjahr angetreten haben. Der „Mann aus dem Eis“ gewährt uns heute einen einzigartigen Einblick in das Alltagsleben und das Erscheinungsbild eines steinzeitlichen Alpenbewohners, der zwischen 3300 und 3100 v. Chr. lebte. Seine Ausrüstung deutet darauf hin, dass Ötzi Lebensweisen der Altsteinzeit und der Jungsteinzeit miteinander vereinte, also ein Wanderer zwischen den Zeiten ist.

2. „Ötzi“ – Ein Mordopfer:

Untersuchungen zu „Ötzis“ Todesursache deckten einen Kriminalfall auf: Eine tiefe Schnittwunde an der rechten Hand belegt einen Nahkampf kurz vor seinem Tod. Todesursache war jedoch eine Pfeilspitze in der linken Schulter, die ihn innerhalb weniger Minuten verbluten ließ. Ötzi ist also einer Gewalttat zum Opfer gefallen, und sein Leichnam blieb für Jahrtausende im Gletschereis verborgen.

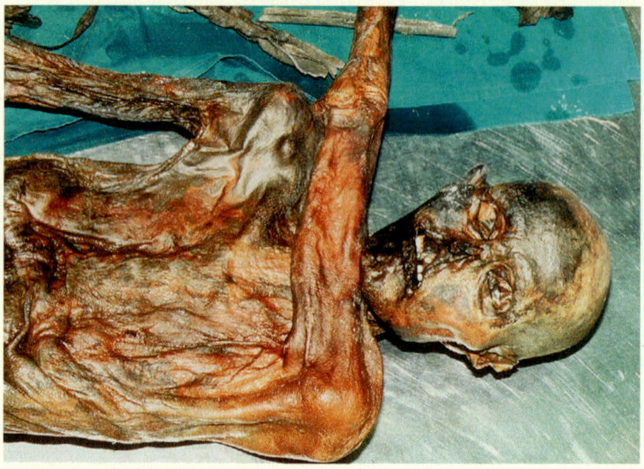

M 7 Die Leiche

Blick auf die mumifizierte, rund 5000 Jahre alte Leiche.

Aufgaben

1. **„Ötzi“ und die Archäologie**
   a) Erkläre mit eigenen Worten den Begriff „Archäologie“.
   b) Zeige am Beispiel von Ötzi, wie Archäologen arbeiten.
   → M5, Infotext M6
2. **„Ötzi“ – ein Besuch im Museum?**
   Vor den Ferien in Südtirol überlegst du mit deiner Familie, was ihr unternehmen wollt. Bei der Frage, ob ihr das Südtiroler Archäologiemuseum in Bozen besuchen solltet, in dem Ötzi aufbewahrt und ausgestellt wird, gibt es verschiedene Meinungen. So wird z. B. eingewandt: „Die damalige Zeit ist schon so lange vergangen, dass sie für uns keine Bedeutung mehr hat.“
   „Aus den wenigen Fundstücken lässt sich nichts Sichereres entnehmen. Man kann nur spekulieren.“
   „Es ist würdelos, eine Leiche im Museum zu betrachten.“
   Sammle Argumente für einen Besuch. Ziehe dazu auch die Homepage des Museums heran.
   → www.iceman.it/de

Die Frühgeschichte der Menschheit

Aus der Beschäftigung mit der Lebensweise der ersten Menschen erfahren wir auch etwas über die Natur des Menschen: Welche Fähigkeiten hat er? Inwiefern unterscheidet er sich von den Tieren? Wie kann er mit einfachsten Mitteln sein Leben meistern? Welche Rolle spielt der aufrechte Gang, der Gebrauch von Werkzeugen und die Beherrschung des Feuers? Wie entstanden das ausgeprägte menschliche Sozialverhalten, die sprachliche Kommunikation und die Fähigkeit, das Leben bewusst zu planen? Indem die Betrachtung des frühen Menschen uns unseren „Naturzustand“ vor Augen führt, können wir aus ihr auch viel über uns selbst lernen.

Die Steinzeit

Da die ersten Menschen Werkzeuge aus Stein benutzten, bezeichnet man die menschliche Frühzeit als Steinzeit. Daneben nutzten die Menschen aber auch weitere Stoffe aus der Natur wie Holz oder Knochen, Horn und das Fell von Tieren. Das Jagen von Tieren und das Sammeln von Pflanzen bildete die Lebensgrundlage der frühen Menschen, die bereits das Feuer nutzten. Überdies mussten sie sich gegen vielfältige Gefahren behaupten.

Aus der Steinzeit sind nur wenige Überreste, sogenannte Quellen, erhalten geblieben, vor allem solche aus haltbarem Material wie Stein. Die frühen Menschen konnten noch nicht schreiben, sie hinterließen jedoch schwer zu erschließende Höhlenbilder.

Altsteinzeit und Jungsteinzeit: Eine grundlegende Änderung der Lebensweise

Je nachdem, wie sorgfältig und kunstvoll die Werkzeuge der frühen Menschen gearbeitet sind, kann man eine Alt- und eine Jungsteinzeit unterscheiden. Entscheidend ist jedoch, dass sich die Lebensweise der Menschen in einer bestimmten historischen Phase grundlegend veränderte: Aus umherziehenden Jägern und Sammlern wurden sesshafte Bauern, die Ackerbau und Viehzucht betrieben. Dieser Übergang war ein einschneidender Vorgang innerhalb der Geschichte der Menschheit.

„Ötzi“

Eine in den Alpen gefundene Gletschermumie gibt uns Aufschluss über das Leben in der Frühzeit. Zu ihrer Untersuchung werden modernste technische Methoden der Archäologie eingesetzt. „Ötzis“ Ausrüstung zeigt sowohl Teile aus Stein als auch Teile aus Metall – die Menschen lernten nämlich nach und nach, auch Metall zu gewinnen und zu bearbeiten.

GRUNDLEGENDE BEGRIFFE

Quelle

Altsteinzeit

Jungsteinzeit

Training

Umgang mit dem Schulbuch

Auf dieser Seite wird wie stets am Ende eines Kapitels das **Wichtigste** noch einmal **zusammengefasst**.

3 Millionen | 2 Millionen | 700 000 | 600 000 | 500 000 | 400 000 | 300 000 | 200 000 | 100 000 | Chr. Geburt

Vor etwa 2 Millionen Jahren:
Auftreten des Frühmenschen

Altsteinzeit

Seit etwa 10 000 Jahren:
Übergang zur Sesshaftigkeit

02

ÄGYPTEN – EINE FRÜHE HOCHKULTUR

M 1 **Die Pyramiden von Gize,** aktuelle Fotografie
M 2 **Statue des Gottes Horus in Edfu,** aktuelle Fotografie
M 3 **Fruchtland und Wüste auf dem Westufer des Nils bei Luxor,** Luftbild, 2015
M 4 **Nildelta heute,** aktuelle Satellitenaufnahme aus einer Höhe von 915 km
M 5 **Landwirtschaft im alten Ägypten,** Grabmalerei, um 1270 v. Chr.
M 6 **Mumie Ramses' II.,** aktuelle Fotografie
M 7 **Die Grabkammer des Pharaos Tutanchamun,** Fotografie, 1994

Die Bedeutung des Nils für Ägypten

„Der Nil ist Ägypten."

Ein arabisches Sprichwort lautet: „Der Nil ist Ägypten." Und in einem altägyptischen Text heißt es: „Gepriesen seist du, o Nil." Warum aber ist der Nil für das Land so bedeutsam?

M 1 Ägypten zur Pharaonenzeit – eine Geschichtskarte

Training

Erschließung von Geschichtskarten

Geschichtskarten stellen Räume dar. Diese werden verkleinert abgebildet, worüber die Maßstabsleiste Aufschluss gibt. Sie stellt das Verhältnis zwischen den Entfernungen in der Realität und der Darstellung auf der Karte dar. Aus Geschichtskarten lassen sich, je nach Gestaltung, verschiedene Informationen entnehmen, z. B. politische, wirtschaftliche, soziale oder kulturelle.

Eine Karte besteht aus verschiedenen Elementen:

- dem Kartenausschnitt, der den Raum darstellt,
- dem Titel, der das Thema der Karte nennt,
- der Legende, die die Symbole erklärt und Angaben zum Maßstab enthält.

Bei der Erschließung von Karten kann man so vorgehen:

1. Das Thema der Karte erschließen
Erläutere mithilfe des Titels, was auf der Karte dargestellt ist.

2. Die auf der Karte dargestellten Räume beschreiben
Beschreibe, welche Gebiete auf der Karte dargestellt sind (Orte, Flüsse, Gebirge usw.).

3. Die Legende der Karte entschlüsseln
Erkläre die in der Legende verwendeten Symbole, Linien und Farben.

4. Die in der Karte dargestellte Situation bzw. die Situationen zeitlich einordnen
Bestimme, welche Zeitpunkte bzw. Zeiträume in der Karte dargestellt werden.

5. Die Informationen, die die Karte enthält, zusammenfassend erklären

M 2 **Nillandschaften**
Fotografien, 2010

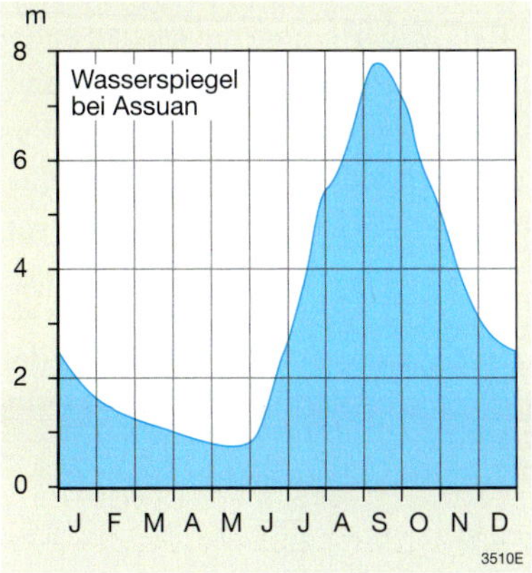

M 3 **Wasserstand des Nils**
Eingetragen sind die Pegelstände des Nils im Jahresverlauf beim Ort Assuan in Oberägypten vor dem Staudammbau, Diagramm.

M 4 **Bewässerungssystem**
Aquarell nach einer inzwischen zerstörten Malerei aus dem Grab des Ipui in Deir el-Medine, um 1270 v. Chr.

Aufgaben

1. Die Bedeutung des Nils – eine Geschichtskarte erschließen

a) Erschließe die Karte M1 mithilfe des Trainingskastens auf Seite 28. Beantworte dazu zunächst die Aufgaben 1 bis 4 im Trainingskasten. Beschreibe bei der Bearbeitung des zweiten Punktes insbesondere die geografische Lage des alten Ägyptens.

b) Erkläre mithilfe der Karte, welche Bedeutung der Nil für das alte Ägypten hatte. (Dies entspricht der Aufgabe 5 im Trainingskasten.)

c) Formuliere eine Frage zur Bedeutung des Nils, die mithilfe der Karte nicht zu beantworten ist.

→ M1 und Trainingkasten auf Seite 28

2. Die Nillandschaft und die Nilüberschwemmung – weitere Informationen sammeln

a) Beschreibe die Fotos M2 und erschließe daraus, welche Bedeutung der Nil für Ägypten hatte.

b) Erarbeite aus dem Diagramm M3 die Veränderungen des Wasserstandes des Nils.

c) Suche die Erklärung für die Veränderungen des Wasserstandes des Nils im Infotext M5 und fasse sie mit eigenen Worten zusammen.

→ M2, M3, Infotext M5

Die Bedeutung des Nils für Ägypten

M 5 Die Bedeutung des Nils für Ägypten – Infotext

1. Das Leben am Fluss:

Wasser bedeutet Leben – an kaum einem anderen Ort der Welt wird dies so deutlich wie in Ägypten, denn ohne den Nil wäre das gesamte Land eine unbewohnbare Wüste. Durch den mit rund 6800 Kilometern längsten Strom der Erde entstand inmitten der Sahara eine Flussoase, in der sich eine der ältesten Hochkulturen der Menschheit entwickeln konnte. Noch heute bewohnen die Menschen in Ägypten fast ausschließlich die fruchtbaren Gebiete in unmittelbarer Nähe des Nils; die restlichen 95 Prozent der Gesamtfläche des Landes sind hingegen Wüste.
Während zur Zeit der Pharaonen nur ungefähr vier Millionen Menschen am Nil lebten, für die es ausreichend Platz gab, drängen sich heute auf derselben Fläche fast 100 Millionen. Ägypten ist damit das bevölkerungsreichste Land der arabischen Welt. Allein im Großraum Kairo leben heute mehr als 20 Millionen Menschen.

2. Mehr als Wasser:

Dass es Ägypten ohne den Nil nicht geben würde, erkannte bereits der griechische Schriftsteller Herodot, als er das Land um 450 v. Chr. bereiste und es als „Geschenk des Nils“ beschrieb. Dabei schenkt der Fluss den Ägyptern aber weit mehr als nur Wasser: Die Fische des Flusses stellen seit jeher einen wichtigen Bestandteil der Ernährung dar. Selbst vornehme Ägypter gingen gerne mit langen Speeren auf Fischfang. Meterhohe Papyruspflanzen überall am Flussufer lieferten den Grundstoff für die Herstellung des Schreibmaterials der alten Ägypter, aber auch Sandalen und Boote wurden aus Papyrus gefertigt. Da es in Ägypten nur wenige Straßen gab, fand der Großteil des Transports von Waren, Baumaterialien und Menschen mithilfe von Booten auf dem Nil statt.

3. Die Nilüberschwemmung:

Das bedeutendste Geschenk des Flusses brachte aber die alljährliche Überschwemmung mit sich: Es war der fruchtbare Schlamm, der ertragreiche Ernten garantierte. Dieser wurde den Bauern – so die Vorstellung der Ägypter – vom Nilgott Hapi als kostenloser Dünger zur Verfügung gestellt. Der Nil speist sich aus zwei Flüssen, aus dem Blauen Nil, der im Hochland von Äthiopien entspringt, und dem Weißen Nil, der aus dem Viktoriasee im Inneren Afrikas kommt. Bei Khartum im Sudan fließen beide Teile zusammen. Durch starke Regenfälle in den Quellgebieten schwillt der Nil stark an. Von Juli bis Oktober überschwemmte er im alten Ägypten praktisch das gesamte Ackerland. Nur höher gelegene Gebiete, in denen man oft Dörfer und Städte baute, bildeten eine Ausnahme. Nach dem Rückgang des Wassers blieb ein vom Blauen Nil mitgebrachter, überaus fruchtbarer schwarzer Schlamm auf den Feldern zurück. Aus diesem Grund nannten die Ägypter ihr Land auch Kemet, „Schwarzes Land“, im Gegensatz zur Wüste, dem „Roten Land“. Die ägyptischen Bauern mussten nach dem Rückgang der Flut nur noch das Saatgut ausbringen, den Rest erledigte die Natur. Allerdings gab es immer wieder auch Jahre, in denen der Nil zu wenig oder zu viel Wasser führte. Beides war eine Katastrophe, denn entweder verdörrte die Ernte oder die Nilflut riss das Ackerland oder sogar ganze Dörfer und Städte mit sich.

4. Der Staudamm in Assuan:

Um nicht mehr so stark von den Launen der Natur abhängig zu sein, baute man in den 1960er-Jahren bei Assuan einen großen Staudamm. Der riesige See, der dadurch entstand, dient seither als Wasserspeicher. Aufgrund des Staudamms werden heute zwar keine Dörfer und Städte mehr überflutet, jedoch bleibt der fruchtbare Schlamm nun im Stausee zurück, und die ägyptischen Bauern müssen teuren Kunstdünger verwenden.

M 6 Nildelta heute
Satellitenaufnahme aus einer Höhe von 915 km

Der Kalender im alten Ägypten

M 7 Ein Bericht über Ägypten

Der Grieche Herodot sammelte im 5. Jahrhundert v. Chr. alles Wissenswerte seiner Zeit über Ägypten. In seinem Bericht heißt es unter anderem:

Die Ägypter waren die Ersten, die die Länge des Jahres feststellten und es in seine zwölf Zeiten einteilten. Die Sterne, sagten sie, hätten sie darauf gebracht. Ihre Berechnungsweise ist klüger als die der Hellenen, scheint mir, weil die Hellenen in jedem dritten Jahr einen Schaltmonat einschieben, um mit dem natürlichen Jahr in Übereinstimmung zu bleiben, während die Ägypter zwölf Monate zu je dreißig Tagen zählen und in jedem Jahr noch fünf Tage hinzutun. So treffen das Kalenderjahr und das natürliche Jahr immer zusammen.

Herodot, Historien, hrsg. v. H. W. Haussig, übers. v. A. Horneffer, Stuttgart: Kröner 1971, S. 100.

M 8 Eine Inschrift

Im Grab des Königs Thutmosis IV. im Tal der Könige befindet sich eine Inschrift, die aus späterer Zeit stammt:

Jahr 8, 3. Monat der Achet Jahreszeit, Tag 1 unter der Majestät des Königs von Ober- und Unterägypten [...] Haremhab. Seine Majestät, er lebe, sei heil und gesund, befahl, den Fächerträger zur rechten Hand des Königs, den königlichen Schreiber, Aufseher über die Schätze, Aufseher der Arbeiten am Platz der Ewigkeit [= das Tal der Könige] und Leiter der Festlichkeiten Amuns in Karnak [= Tempel], Maja, Sohn des Vornehmen Iawy, geboren von der Dame des Hauses, Weret, zu beauftragen, die Bestattung des Königs Thutmosis [...] [im Tal der Könige] zu erneuern.

Inschrift aus dem Grab Thutmosis' IV./Tal der Könige; Inspektion zur Zeit Haremhabs, übersetzt von Alexander Heim, München.

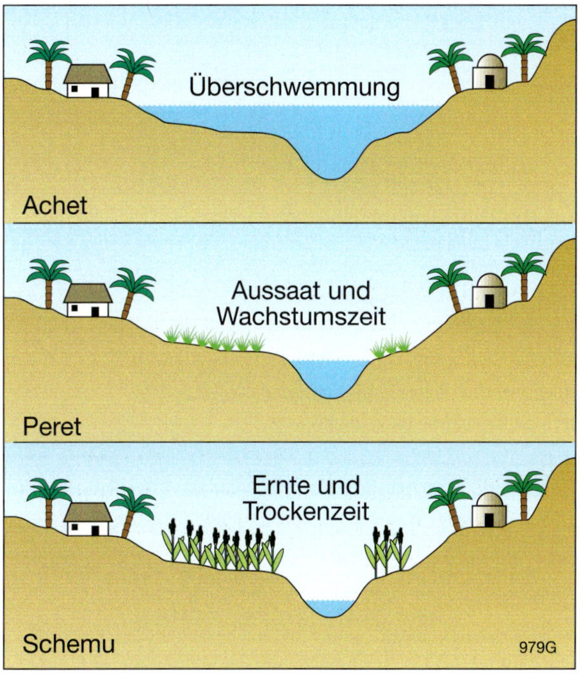

M 9 Die „Jahreszeiten" Ägyptens

Schemazeichnung

M 10 Der Kalender – Infotext

Das für die Menschen im alten Ägypten wichtigste Ereignis des Jahres war die Nilüberschwemmung, da von ihr abhing, ob man eine ausreichende Ernte und damit genügend Nahrung zu erwarten hatte. Um Hab und Gut rechtzeitig vor der meterhohen Flut in Sicherheit bringen zu können, war die genaue Kenntnis des Termins der jährlichen Überschwemmung unabdingbar. Als man die Tage zu zählen begann, stellte man fest, dass die Überschwemmung immer im gleichen zeitlichen Abstand eintrat. Auf diese Weise entstand ein Kalender, dessen Grundzüge wir bis heute verwenden.

Aufgaben

1. **Die Bedeutung des Nils – Zusammenfassung**
   Erstelle eine grafische Übersicht, aus der die Bedeutung des Nils für das alte Ägypten hervorgeht.
   → M1 – M6
2. **Der Kalender im alten Ägypten**
   a) Erkläre die Grundprinzipien des ägyptischen Kalenders und vergleiche ihn mit unserem heutigen Kalender.
   b) Erläutere die Probleme, die wir heute mit der Datumsangabe der Inschrift (M8) im Grab von Thutmosis IV. haben.
   c) Fasse die Informationen über Maja aus M8 zusammen und berichte über seinen Auftrag.
   d) Stelle Vermutungen über mögliche Gründe für den Auftrag an.
   → M7 – M10
3. **Umgang mit der Zeit**
   Stelle dar, wie sich der Umgang mit der Zeit durch die Benutzung eines Kalenders verändert. Ziehe zum Vergleich das Leben in der Alt- und Jungsteinzeit heran.
   → M7 – M10, Kapitel zur Alt- und Jungsteinzeit

Ägypten – ein Staat entsteht

Das Leben in der Flussoase des Nils führte dazu, dass die Menschen neue Formen von Gemeinschaftsleben entwickelten. Wie sah diese Ordnung aus?

M 1 Die Narmerpalette

Auf der Palette ist die entscheidende Schlacht auf dem Weg zur Reichseinigung dargestellt. Im Zentrum zu sehen ist König Narmer. Ägyptische Könige galten als Wiedergeburt des Falkengottes Horus, Höhe 64 cm, um 3000 v. Chr.

Auf der Rückseite der Palette befinden sich drei Register.

Oben

- Name des Königs in Hieroglyphen;
- zwei Kuhköpfe; sie stellen die Göttin Bat dar.

Mitte

- Narmer mit oberägyptischer Krone und typischem Königsornat: einem kurzen Schurz und einem Zeremonialbart;
- Hieroglyphen weisen den Mann (rechts) als Bewohner des „Harpunenlandes" oder „Harpunengaus" im nordwestlichen Nildelta aus;
- Falke, der auf einem Mann sitzt, aus dessen Rücken Papyruspflanzen wachsen (Papyrus ist die Wappenpflanze Unterägyptens). Der Mann, wird von dem Falken mit einem Strick gefesselt, der durch seine Nase geht;
- Bei dem Falken handelt es sich um eine Darstellung des Königsgottes Horus;
- hinter dem König schreitet (links) ein Sandalenträger, ein hoher Beamter;
- Das Erschlagen des Feindes wird im Laufe der Zeit zu einem Symbol für eine der wichtigsten Aufgaben des Pharao: Er ist dafür verantwortlich, das Chaos zu beseitigen. Dies wird dargestellt, indem der Herrscher einen Feind (= Chaos) mit der Keule erschlägt.

Unten

- Zwei Gefallene sowie weitere Hieroglyphen mit deren Namen.

Die bedeutendste Residenz zu Narmers Zeit war Hierakonpolis, das nördlich des oberägyptischen Edfu liegt. Dort wurde 1897 im Horustempel die abgebildete Prunkschminkpalette aus Siltstein gefunden, die auf beiden Seiten mit Reliefs dekoriert ist. Auf der Vorderseite (hier ist die Rückseite abgebildet) sind u.a. zwei Fabeltiere zu erkennen, deren lange Hälse ineinander verschlugen sind, wodurch sich eine vertiefte runde Fläche ergibt, die zum Anrühren von Schminke verwendet werden konnte. Allerdings handelt es sich bei der Palette wohl eher um eine Weihegabe für den Tempel als um einen Gegenstand mit vorrangig kosmetischer Funktion.

Training

Erschließung von gegenständlichen Quellen: Kunstwerke

Viele Kunstwerke, wie z.B. Statuen oder Vasen, sind dreidimensional. Daher werden sie zu den gegenständlichen Quellen gezählt. Sie unterscheiden sich von anderen Objekten dadurch, dass sie besonders verziert sind beziehungsweise keinen unmittelbaren praktischen Zweck erfüllen. Kunstwerke sind aber nicht immer Gegenstände. Gemälde z.B. sind für Historiker bildliche Quellen.

Bei der Erschließung von Kunstwerken kann man so vorgehen wie bei der Erschließung von gegenständlichen Quellen:

1. Die gegenständliche Quelle genau beschreiben
Schildere das Kunstwerk mit eigenen Worten.

2. Die einzelnen Merkmale der gegenständlichen Quelle entschlüsseln
Erkläre, welche Bedeutung die einzelnen Elemente haben.

3. Entstehung und Herstellung erschließen
Sammle Informationen zum Künstler, zum Auftraggeber und zur Produktion.

4. Zweck und Verwendung bestimmen
Erläutere, für wen das Kunstwerk gedacht war und wofür es verwendet wurde.

5. Die Bedeutung der gegenständlichen Quelle zusammenfassend erklären

M 2 Ägypten – ein Staat entsteht – Infotext

1. Überleben: nur in der Gemeinschaft möglich:

Schon sehr früh erkannten die Ägypter, dass man als Einzelner den Herausforderungen des oft recht launischen Flusses Nil nicht gewachsen war. Nur mehreren Menschen zusammen war es z. B. möglich, zum Schutz von Dörfern Deiche zu bauen, Dämme zu errichten, um Wasser aufzustauen oder Kanäle auszuheben, um Wasser zu entfernteren Gebieten zu leiteten, die von der Überschwemmung nicht erreicht wurden. Es war also kein Wunder, dass sich die Dörfer bald für größere Projekte zu Gemeinschaften zusammentaten, welche sich wiederum zu noch größeren Bündnissen vereinigten, die ganze Landstriche umfassen konnten. Irgendwann war es dann so weit, dass am Nil zwei große Gebiete existierten, die jeweils einen Herrscher oder König hatten: Oberägypten und Unterägypten.

2. Die Reichseinigung von Ober- und Unterägypten:

Ab etwa 3200 v. Chr. scheint es zwischen Ober- und Unterägypten immer wieder kriegerische Auseinandersetzungen um die Vorherrschaft am Nil gegeben zu haben. Die Oberägypter zeigten sich als sehr ehrgeizig, gewaltbereit und im Kampf überlegen. In einer großen Entscheidungsschlacht gelang es dem oberägyptischen Herrscher Narmer um 3100 v. Chr. schließlich, die Unterägypter zu besiegen und zum ersten König von ganz Ägypten zu werden. Diesen Vorgang bezeichnet man als Reichseinigung.
Dass Ägypten ursprünglich einmal aus zwei Ländern bestand, vergaß man allerdings niemals: Der offizielle Titel des ägyptischen Herrschers, der bei der Thronbesteigung zweimal gekrönt wurde, lautete daher „König von Ober- und Unterägypten“. Jeder König musste die Vereinigung der beiden Länder rituell wiederholen.

M 3 Doppelkrone des Reiches (unten)

Die ägyptischen Könige trugen viele unterschiedliche Kronen; die wichtigste aber war die sogenannte Doppelkrone, die die weiße oberägyptische (oben) mit der roten unterägyptischen Krone (Mitte) vereinigte. Den beiden Landesteilen waren auch jeweils eine Wappenpflanze (Lotus bzw. Papyrus) sowie eine Schutzgöttin zugeordnet.

Aufgaben

1. Die Narmerpalette – ein Kunstwerk aus dem alten Ägypten

a) Erschließe die Narmerpalette (M1) mithilfe des Trainingskastens auf Seite 32.

b) Fasse zusammen, welche Informationenen aus der Narmerpalette für die Gesellschaft, die Kultur und die Religion im alten Ägypten entnommen werden können.

→ M1, Infotext M2

2. Eine neue Form von Gemeinschaft

Erkläre mithilfe des Infotextes M2 (Abschnitt 1), welche neue Form von Gemeinschaft in Ägypten entstand.

→ Infotext M2

Herrschaft im alten Ägypten

Untersuchungen an der Mumie Ramses' II. ergaben, dass der König fast neunzigjährig starb. Seine Untertanen, die im Durchschnitt nicht älter als 35 Jahre alt wurden, müssen den Eindruck gehabt haben, ihr König sei ein Gott, denn er schien unsterblich. Waren die Pharaonen tatsächlich Gottkönige und wie sahen ihre Aufgaben aus? Über welche Bevölkerungsgruppen herrschten sie und wie wurde Ägypten verwaltet?

M 1 Innerer Sarg aus dem Grab des Pharaos Tutanchamun (Regierungszeit 1347 – 1337 v. Chr.)

Um die Mumie des Königs so gut wie möglich zu schützen, umgaben sie mehrere Schutzhüllen. Im Grab von Tutanchamun fand man zunächst vier ineinander gestellte große Schreine aus vergoldetem Holz. Darin verbarg sich ein Sarkophag aus Quarzit (Gestein), in dem sich drei mumienförmige Särge befanden, die ineinander geschachtelt waren. Die beiden äußeren bestehen aus vergoldetem Holz, der innerste aus purem Gold. Er ist 187 cm lang und wiegt 110 kg, um 1320 v. Chr.

Die zentralen Herrschaftszeichen eines Pharaos sind zu erkennen:

- Nemes – Kopftuch,
- Krummstab (Hirtenstab): Zeichen der Herrschaft,
- Geißel (Wedel): ursprünglich möglicherweise ein Fliegenwedel, ein Dreschflegel oder eine Hirtenpeitsche, Zeichen der Herrschaft,
- Uräus-Schlange (aufgebäumte Kobra; soll den Feinden Feuer und Gift entgegenspeien; auch Wappentier von Unterägypten),
- Geierkopf (Nechbet; Schutzgöttin von Oberägypten),
- künstlicher Bart (vorne eingerollt: Gott oder toter König = Gott; trapezförmiger Bart: lebender König).

M 2 Tempel von Abu Simbel

Der Felsentempel wurde um 1200 v. Chr. erbaut. Die vier 20 m hohen Statuen stellen Pharao Ramses II. dar. Um das Versinken des Tempels im Bett des Assuan-Stausees zu verhindern, wurde er zwischen 1964 und 1968 stückweise abgetragen und 65 m oberhalb des Stausees wieder aufgebaut, Foto, 2016.

Der Pharao

M 3 Herrschaft im alten Ägypten – Infotext

1. Titel und Namen der Pharaonen:

Wenn wir heute von den ägyptischen Königen sprechen, verwenden wir oft die Bezeichnung **Pharao**. Allerdings kam dieser Königstitel erst spät in der ägyptischen Geschichte auf. „Pharao" geht auf den ägyptischen Begriff „Per aa" zurück und bedeutet „großes Haus". Damit war der Palast gemeint, in dem der König lebte. Aus der Bezeichnung des Königspalastes wurde also ein Königstitel, allerdings ein damals eher unwichtiger.
Könnten wir mit einer Zeitmaschine ins alte Ägypten reisen und uns auf Altägyptisch nach dem Weg zum Palast des Königs Tutanchamun erkundigen, so wüsste vermutlich niemand, von wem wir sprechen: „Tutanchamun" war nämlich nur der Geburtsname des Königs. Sobald ein König den Thron bestieg, nahm er einen neuen Namen an, den sogenannten Thron-Namen, unter dem er dann seinen Untertanen und der Welt bekannt war. Tutanchamuns Thronname lautete „Nebcheperure".

2. War der Pharao ein Gott?

In Filmen über das alte Ägypten werden die Pharaonen oft als Gottkönige bezeichnet. Dies trifft jedoch nur bedingt zu, denn nur das Königsamt war göttlich und der König übernahm mit der Krönung nur die Rolle eines Gottes, blieb dabei aber nach wie vor ein Mensch. Welchen Gott der Pharao jeweils darstellte, war durchaus unterschiedlich: So galt der König als Wiedergeburt des Falkengottes Horus, als Sohn des Sonnengottes Re oder als Sohn des Gottes Amun. Die einfachen Leute im alten Ägypten bekamen den König normalerweise nie zu Gesicht. War dies dennoch einmal der Fall, z. B. zu einem Götterfest, bei dem der Pharao goldgeschmückt auf seinem Streitwagen unterwegs war, so muss sein Auftritt beeindruckend gewesen sein. Viele Menschen hielten ihn deswegen wohl tatsächlich für einen Gott.

3. Die Aufgaben der Pharaonen:

Der Pharao herrschte unumschränkt. Er erließ alle Gesetze und sorgte mithilfe seiner Beamten dafür, dass die Gesetze auch eingehalten wurden. Zudem entschied der Pharao als Oberbefehlshaber der Armee über Krieg und Frieden. Der gesamte Grund und Boden in Ägypten gehörte ihm. Sein Machtanspruch ging jedoch weit über Ägypten hinaus: Der Pharao sah sich als Beherrscher der Welt.
In seiner göttlichen Rolle war er für die Vermittlung zwischen Menschen und Göttern zuständig. Da der Pharao aber nicht ständig und in jedem Tempel präsent sein konnte, wirkten die Oberpriester der Tempel als seine Stellvertreter. Die vielleicht wichtigste Aufgabe des Königs war es, den gesellschaftlichen Zustand der „Maat" zu garantieren. Der Begriff bedeutet „Ordnung" und „Gerechtigkeit". „Maat" wird oft als Göttin mit einer Feder auf dem Kopf dargestellt. Der König war dafür verantwortlich, alles Chaotische in der Gesellschaft zu beseitigen, Ordnung herzustellen und zu erhalten.
Wenn in einem Staat nur ein einzelner die Herrschaft ausübt, bezeichnet man dies als **Monarchie**. Der Begriff stammt aus dem Griechischen und bedeutet Alleinherrschaft. Das Recht zu regieren wurde in Ägypten in der Regel innerhalb der Familie weitergegeben.

Grundlegende Begriffe

Pharao
(ägypt. = Großes Haus). Die Bezeichnung des ägyptischen Herrschers. Der Name wurde ursprünglich nur für den königlichen Palast gebraucht und ging später auf den König selbst über.

Monarchie
Im Gegensatz zur Aristokratie und Demokratie die Herrschaft eines Einzelnen im Staat. Die Regierungszeit eines Monarchen ist in der Regel unbeschränkt.

Aufgaben

1. Gegenstandsquellen analysieren

a) Es gibt eine Reihe von Hinweisen, die es ermöglichen, eine Statue als Königsstatue zu erkennen. Fertige eine Skizze vom inneren Sarg aus dem Grab Tutanchamuns (M1) an. Gestalte dann eine Legende mit den in der Bildunterschrift zu M1 genannten Herrschaftszeichen und verorte diese auf deiner Skizze.

b) Erkläre, warum die Herrschaft im alten Ägypten als Monarchie bezeichnet werden kann.
M1 – M3

2. Die Herrschaft des Pharao

a) Erstelle aus dem Infotext eine grafische Übersicht, in der sich die wesentlichen Informationen zum Pharao finden. Achte besonders auf den Titel und den Namen (Abschnitt 1) sowie seine Aufgaben (Abschnitt 3).

b) War die Monarchie im alten Ägypten eine gute Herrschaftsform? Begründe deine Meinung.
Infotext M3

Herrschaft im alten Ägypten – die Beamten

M 4 Einsetzung des Wesirs

Rechmire war zur Zeit Thutmosis' III. (1479–1425 v. Chr.) Wesir von Ägypten. In seinem Grab hat er die Fähigkeiten aufgelistet, die ein guter Wesir haben sollte:

Siehe, der Bittsteller kommt aus Ober- und Unterägypten, aus dem ganzen Land, in der Absicht, in der Halle des Wesirs Rechtsprechung zu erhalten. Dann sollst du darauf achten, dass alles dem Gesetz entsprechend getan wird, dass alles richtig gemacht wird, wenn man einen Mann seine Unschuld verteidigen lässt. [...] Ein Bittsteller, der verurteilt worden ist, soll nicht sagen müssen: „Man ließ mich nicht meine Unschuld verteidigen." [...]
Richte nicht [ungerecht?]; Gott hasst Parteilichkeit. Dies ist eine Lehre, und danach sollst du handeln. Achte auf den, den du kennst, ebenso wie auf den, den du nicht kennst, auf den, der dir nahe ist, ebenso wie auf den, der weit weg ist. [...] Weise einen Bittsteller nicht ab, ohne seine Worte beachtet zu haben.
Zürne einem Mann nicht zu Unrecht, aber zürne über etwas, das deinen Zorn zu Recht verdient! Flöße Furcht ein, damit man dich fürchtet, denn siehe, der Respekt vor einem Beamten rührt daher, dass er Maat [Wahrheit, Gerechtigkeit] tut. Aber siehe, wenn sich ein Mann eine Million Male [d. h. übermäßig] zum Gefürchteten macht, so ist in ihm ein gewisses Unrecht in der Meinung der Leute; sie sagen über ihn nicht: „Er ist ein [guter] Mann."

T. G. H. James, Das Leben der Alten Ägypter, Augsburg: Weltbild 1994, S. 62.

M 5 Herrschaft im alten Ägypten – die Beamten – Infotext

1. Beamte verwalten das Land:

Da der Pharao sein Reich nicht alleine verwalten konnte, waren im ganzen Land Beamte für ihn tätig. Schreiben, Lesen und Rechnen waren die wichtigsten Qualifikationen eines Beamten. Weil die meisten Ägypter Analphabeten waren, war Schreiber ein eigener Beruf. Der Begriff „Schreiber" wurde oft auch gleichbedeutend mit „Beamter" gebraucht. Die Beamten trieben Steuern ein und verwalteten die Einnahmen des Staates. Alle wichtigen Projekte, beispielsweise die Anlage neuer Bewässerungskanäle, der Bau von Tempeln oder auch die Errichtung von Pyramiden, wurden vom Staat durchgeführt und von Beamten überwacht. Da im Laufe der Zeit immer mehr Aufgabenbereiche hinzukamen, gab es schließlich Tausende von Ämtern und Titeln. Fleißige Beamte produzierten Berge von Akten und Dokumenten, was für uns heute ein Glücksfall ist, denn so haben wir zahlreiche Quellen zur Verfügung.

2. Ein strukturiertes Staatswesen:

Wie bei uns heute gab es auch schon im alten Ägypten Beamte, die aufgrund ihrer Position mehr Macht und Einfluss hatten als andere. Eine solche Rangordnung, die die Gesellschaft strukturiert, bezeichnet man als Hierarchie. Der wichtigste Mann nach dem König war der Wesir, eine Art Regierungschef. Anfangs gab es in Ägypten nur einen Wesir, später jedoch zwei – für jeden der beiden Landesteile einen.
Wie in den meisten Berufsgruppen war es auch bei den Beamten üblich, dass der Sohn den Beruf des Vaters ergriff. Erhaltene Grabinschriften streichen häufig die persönliche Leistung und Tüchtigkeit der höheren Beamten als Gründe für deren Karrieren heraus. Entlohnt wurden die ägyptischen Beamten mit Naturalien, hauptsächlich mit Getreide, das dann in andere Produkte eingetauscht werden konnte. Viele Beamte erhielten auch Ländereien vom König, aus deren Erträgen sie ihren Lebensunterhalt bestritten. Da das alte Ägypten die bei uns heute übliche Trennung zwischen Staat und Kirche nicht kannte, waren die Tempel auch mit Aufgaben des Staates betraut, indem sie z. B. Steuern eintrieben. Viele Priester waren deswegen zugleich auch Beamte.

M 6 Statue
Um 2500 v. Chr.

Zusatzaufgabe: Die Familie des Tutanchamun – ein WebQuest

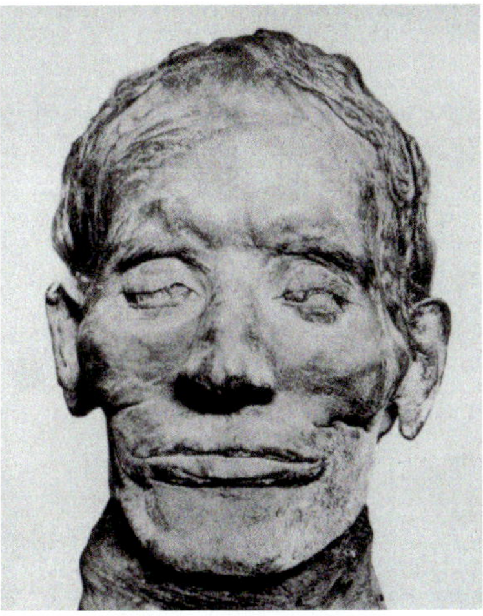

M 7 Mumie eines Mannes

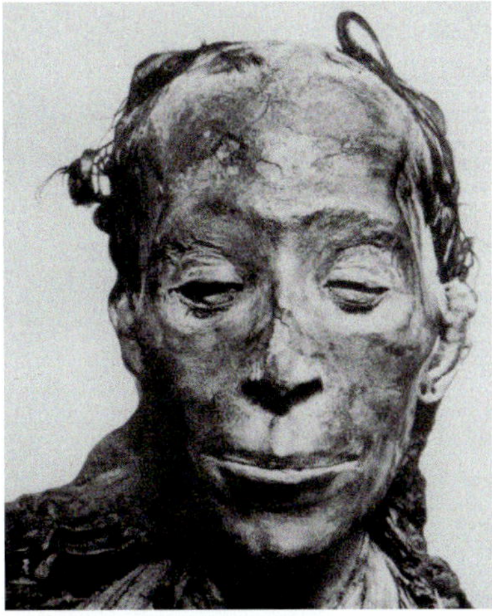

M 8 Mumie einer Frau

M 9 Eine Skulptur

M 10 Zwei Statuen

Aufgaben

1. **Herrschaft im alten Ägypten – Eine Textquelle analysieren**
   a) Liste auf, wie sich ein guter Wesir zu verhalten hat.
   b) Nimm Stellung zur Frage, ob Rechmire mit seinen Anweisungen Recht hat. Begründe deine Meinung.
   ↝ M4
2. **Eine gegenständliche Quelle analysieren**
   Bei Ausgrabungen wurde eine Statue zutage gefördert (M6). Analysiere die Statue genau und ordne sie einer gesellschaftlichen Gruppe im alten Ägypten zu. Verwende dazu den Infotext M5. Fertige Notizen an und präsentiere deine Ergebnisse vor der Klasse.
   ↝ M6, Infotext M5
3. **Herrschaft in Ägypten – einen Infotext auswerten**
   Erkläre die Zwischenüberschrift im Infotext M5 „Ein strukturiertes Staatswesen".
   ↝ Infotext M5
4. **Die Familie des Tutanchamun – ein WebQuest – Zusatzaufgabe**
   a) Beschreibe die vier Abbildungen M7 – M10.
   b) Finde mithilfe des Internets die Personen, die auf den Abbildungen zu sehen sind. Folgende Namen können dir dabei helfen: Tuja, Juja, Teje, Amenophis III.
   c) Finde das verwandtschaftliche Verhältnis heraus, in dem die abgebildeten Personen zu Tutanchamun standen, und fertige einen kleinen Stammbaum an.
   ↝ M7 – M10, Internet

Die Schrift der alten Ägypter

Heute können fast alle Menschen in Deutschland lesen und schreiben. Diese Fähigkeiten, die auch als Kulturtechniken bezeichnet werden, haben ihren Ursprung im alten Ägypten. Wie sah die damalige Schrift aus und welche historische Bedeutung hat die Entstehung von Schriftlichkeit?

M 1 Der Stein von Rosette (Ausschnitt)

1799 wurde in der Ortschaft Rosette im Nildelta eine große Steintafel gefunden, auf der ein Text in drei verschiedenen Sprachen eingraviert war: in Hieroglyphen, in Demotisch (Schreibschrift) und in Griechisch. Da der griechische Inschriftenteil ohne Probleme übersetzt werden konnte, stellte der „Stein von Rosette" die Grundlage für die Entschlüsselung der Hieroglyphen dar. Der Begriff „Hieroglyphe" stammt aus dem Griechischen und bedeutet „heiliges eingeritztes Zeichen". Dass die Namen von ägyptischen Königen immer in sogenannten Kartuschen („Zierrahmen") eingefasst waren, war schon einige Zeit zuvor entdeckt worden. Da im griechischen Teil des Steins von Rosette der Name des Pharaos Ptolemäus auftauchte, gelang es dem französischen Wissenschaftler Jean-François Champollion, diesen Königsnamen sowie andere wichtige Wörter wie „Gott" oder „König" in der Hieroglypheninschrift zu finden und damit die ersten Schriftzeichen zu entziffern. Champollions Leistung ermöglichte den Zugang zu einer Sprache, die fast 1500 Jahre lang verstummt war.

M 2 Herstellung von Papyrus

Schaubild

Hieroglyphe	vermutete Aussprache	Dargestelltes Objekt
𓄿	a (kurz)	ägyptischer Geier
𓇋	i (kurz) oder j	Blütenrispe des Schilfrohrs
𓂝	a (lang)	Vorderarm
𓅱	u (kurz oder lang) oder w	Wachtelküken
𓃀	b	Fuß (mit Unterschenkel)
𓊪	p	Sitz, Untersatz
𓆑	f	Hornviper
𓅓	m	Eule
𓈖	n	Wasserlinie
𓂋	r	Mund
𓉔	h	Hof, Gehege
𓎛	scharf gehauchtes h	gewundener Flachs, Docht
𓆓	dsch	Kobra

Hieroglyphe	vermutete Aussprache	Dargestelltes Objekt
𓐍	wie ch in „ach"	Placenta? (oder: Korb von oben gesehen?)
𓄡	wie ch in „ich"	Tierbauch mit Zitzen und Schwanz
𓊃	stimmhaftes s wie in „so"	Riegel
𓋴	stimmloses s wie in „das"	gefaltetes Stück Stoff
𓈙	wie sch in „schon"	Teich
𓈎	wie arabisch q	Hügel
𓎡	k	Korb mit Henkel
𓎼	g	Kruguntersatz
𓏏	t	Brotlaib
𓍿	tsch	Stück Schnur zum Festbinden von Tieren
𓂧	d	Hand
𓏠	m n	Brettspiel
𓋹	anch	Henkelkreuz 7829EX_2

M 3 Tabelle für Hieroglyphen und ihre Bedeutung

M 4 Die Schrift der alten Ägypter – Infotext

1. Das Schriftsystem der Ägypter:

Hieroglyphen muss man sich als eine Art Druckschrift vorstellen, die für Inschriften z. B. in Tempeln oder Gräbern verwendet wurde. Im Alltag wurde hingegen in einer Schreibschrift („hieratisch") auf Papyrusblättern geschrieben. Das Schriftsystem der Ägypter war äußerst kompliziert, denn es existierten mehr als 700 verschiedene Hieroglyphen. Dabei lassen sich verschiedene Zeichentypen unterscheiden:

- Bildzeichen: Es ist unschwer zu erkennen, dass die Ursprünge der Hieroglyphenschrift Bilder waren. Nachdem sich die Bilderschrift zu einer Lautschrift entwickelt hatte, setzte man einen kleinen Strich hinter eine Hieroglyphe, wenn diese tatsächlich ihren Bildinhalt bedeuten sollte.
- Lautzeichen: Geschrieben wurden nur die Konsonanten, wie das auch heute noch im Arabischen der Fall ist. Die Vokale wurden beim Lesen eingefügt.
- Deutzeichen: Es ist nicht leicht, eine Schrift zu lesen, die nur aus Konsonanten besteht. Erschwerend kommt hinzu, dass es nicht üblich war, die einzelnen Wörter voneinander zu trennen. Deutzeichen halfen beim Lesen, z. B. wurde hinter einen Männernamen ein „Mann"-Zeichen gesetzt, hinter einen Frauennamen ein „Frau"-Zeichen. Zudem verwendete man Deutzeichen bei Wörtern, die völlig gleich aussahen, aber unterschiedliche Bedeutungen hatten. Ein Beispiel: Im Deutschen könnte die Konsonantenkombination „LB" u. a. „Lob", „Liebe", „Leib", „Elbe" usw. bedeuten. Zur Klärung des tatsächlich gemeinten Begriffes wäre z. B. das Wort „Wasser" als Deutzeichen hinter dem „LB" ein Hinweis darauf, dass mit „LB" der Begriff „Elbe" gemeint ist.
- Besonderheiten: Nur aus Konsonanten bestehende Wörter sind kaum auszusprechen. Um dies zu ermöglichen, fügen die Ägyptologen e-Vokale zwischen die Konsonanten ein. Dies war im Altertum natürlich nicht der Fall. Wir können heute daher nicht mehr sagen, wie die altägyptische Sprache tatsächlich geklungen hat. Der Name der berühmten Königin Nofretete wurde ursprünglich vermutlich wohl „Nafteta" ausgesprochen.

Hieroglyphen können sowohl von links nach rechts als auch von rechts nach links geschrieben sein, ebenso von oben nach unten oder umgekehrt. Allerdings ist es nicht schwer, die jeweils korrekte Leserichtung herauszufinden: Der Zeilenanfang wird immer durch die Richtung markiert, in die die dargestellten Tiere oder Menschen blicken.
Verbindliche Rechtschreibregeln gab es keine. Wichtig war aber die Devise „richtig ist, was gut aussieht", d. h. die Hieroglyphen mussten zu optisch ansprechenden Gruppen zusammengefügt werden.

Aufgaben

1. Hieroglyphenschrift und Papyrus

a) Erkläre die Besonderheiten der altägyptischen Schrift.
b) Schreibe deinen eigenen Namen mithilfe von Hieroglyphen.
c) Erkläre die Herstellung des Schreibmaterials aus der Papyruspflanze.

→ M1 – M3, Infotext M4

2. Die Bedeutung der Schrift

a) Stelle die Vorteile zusammen, die die Schrift für die alten Ägypter hatte.
b) Erläutere, wie Gemeinschaften, die keine Schrift kennen, Informationen bewahren können.
c) Beurteile die Bedeutung der Schrift für die Geschichte der Menschheit.

→ Infotext M4

Gesellschaft im alten Ägypten

Die Entstehung von Ackerbau und Viehzucht war eine tief greifende historische Veränderung. Auch die ägyptische Gesellschaft beruhte auf der Tätigkeit der Bauern. Welche anderen sozialen Gruppen gab es noch?

M 1 Getreideernte

Wandmalerei aus dem Grab des Menna, Schreiber unter Thutmosis IV., um 1390 v. Chr.; jemand scheint einen tiefen Groll gegen Menna gehegt zu haben, denn die Darstellungen des Grabherrn sind an vielen Stellen (z. B. ausgehackte Gesichter) absichtlich zerstört worden.

Vermessung des Feldes

Abtransport des Getreides

Worfeln (das gedroschene Getreide mit einer Schaufel gegen den Wind werfen, sodass sich die leichte Spreu von den schwereren Körnern trennt)

Vorbereitung zum Dreschen

Aufzeichnung der Erntemenge

Sicheln des Getreides

Dreschen

M 2 Arbeit der Bauern

a) Auf einem Papyrus aus der Zeit um 1200 v. Chr. wurde folgender Text gefunden:

Denkst du nicht, wie es dem Ackersmann geht, wenn man die Steuer von seiner Ernte fordert? Der Wurm hat die Hälfte des Kornes geholt, und das Nilpferd hat das andere gefressen, der Mäuse sind viel auf dem Feld, und die Heuschrecke ist eingefallen, das Vieh frisst, und die Sperlinge stehlen – wehe über die Bauern!

Dem Überrest, der auf der Tenne liegt, dem machen die Diebe ein Ende. Das Gespann stirbt beim Dreschen und Pflügen. Der Schreiber landet am Damm und will die Ernte aufschreiben, seine Wächter haben Stöcke […]. Sie sagen: „Gib Korn her!“ „Es ist keines da!“ Sie schlagen den Bauern lang ausgestreckt, er wird gebunden und in den Graben geworfen.

b) Bericht eines Beamten an seinen Chef:

Ich bin ein tüchtiger Beamter meines Herrn beim Erfüllen der Getreideablieferungen und beim Erfüllen der Steuern. Mein Überschuss an Getreideablieferungen und Steuern: 3632 Krüge Wein waren mein Soll […], ich ließ [meine Leute] 25 368 (Krüge) bringen. 70 Krüge Honig waren mein Soll, der Honig, den ich brachte, war 700 Krüge, also 630 mehr, 70 000 Sack Getreide waren mein Jahressoll, ich brachte 140 000, also einen Überschuss von 70 000 Sack.

Zit. nach: Arne Eggebrecht (Hg.), Das Alte Ägypten. 3000 Jahre Geschichte u. Kultur d. Pharaonenreiches, München: Bertelsmann 1984, S. 204/367 (übers. v. F. W. v. Bissing).

M 3 Gesellschaft im alten Ägypten – Infotext

1. Die Bauern:

Der mit Abstand größte Teil der ägyptischen Bevölkerung bewirtschaftete die Felder. Selbstständige Bauern gab es nur sehr wenige: Die meisten Bauern hatten das Land vom König, von einem Tempel oder von hohen Beamten gepachtet und mussten dafür Abgaben leisten und Steuern zahlen. Trotz der Fruchtbarkeit des Landes war das Leben der Bauern nicht leicht. Sie mussten sehr harte körperliche Arbeit verrichten, und wer das Abgabesoll nicht erfüllte, wurde mit Stockschlägen bestraft. Da die Bauern nicht lesen und schreiben konnten, haben wir kaum Quellen, die ihr Leben aus ihrer eigenen Perspektive beschreiben. Im Prinzip haben sich die Arbeitsbedingungen der ägyptischen Bauern in den vergangenen 5000 Jahren aber nicht wesentlich verändert. Manche der Geräte, die heute auf den Äckern eingesetzt werden, ähneln denen, die auch schon die altägyptischen Bauern verwendeten, und der Esel ist nach wie vor das wichtigste Lastentier.
Während der Zeit der Nilüberschwemmung, wenn die Felder monatelang unter Wasser standen, waren die Bauern mehr oder minder arbeitslos. Dann wurden sie häufig auf staatlichen Großbaustellen beschäftigt, zum Tempelbau oder zur Errichtung von Pyramiden. Obwohl zahlreiche Filme und Bücher entsprechende Geschichten verbreiten, gab es in Ägypten kaum Sklaven.

2. Handwerker und Soldaten:

Fast alle Handwerker und Künstler waren in Werkstätten beschäftigt, die von den Tempeln oder direkt vom König betrieben wurden. Sie hatten aber häufig die Möglichkeit, nach Feierabend zusätzliche Aufträge anzunehmen und sich so noch etwas hinzuzuverdienen.
Als es ab ca. 1500 v. Chr. eine Armee aus Berufssoldaten gab, stellte auch eine Laufbahn als Offizier eine Möglichkeit dar, Karriere zu machen. Gelegentlich konnte man so bis in höchste Ämter aufsteigen – die Generäle Ramses und Haremhab wurden sogar Könige.
Harte körperliche Arbeiten, wie z. B. in Steinbrüchen oder Minen, wurden in der Regel von Kriegsgefangenen oder verurteilten Verbrechern verrichtet.

3. Frauen im alten Ägypten:

Frauen waren den Männern zwar nicht völlig gleichgestellt, aber im Vergleich zu fast allen anderen Ländern der damaligen Zeit genossen altägyptische Frauen viele Rechte und Freiheiten. So konnten sie sich in der Öffentlichkeit frei ohne (männliche) Begleitung bewegen. Zudem durften sie eigenen Besitz haben und Grund und Boden ohne Unterstützung eines Mannes verwalten. Sie waren erbberechtigt und durften ihren Besitz nach eigenen Vorstellungen weitervererben. Alles, was eine Frau mit in die Ehe brachte, blieb ihr Eigentum, selbst nach einer Scheidung. Auch das Vermieten von Grundbesitz gegen Pacht war Frauen erlaubt. Eine Frau konnte gegen einen Mann auch das Gericht anrufen.
Altägyptische Frauen gingen unterschiedlichen beruflichen Tätigkeiten nach. In Bauernfamilien war es üblich, dass auch die Frauen Feldarbeit leisteten. In den Werkstätten der Tempel oder des königlichen Palastes stellten Frauen Leinenstoffe aus Flachs her. Als Hebammen arbeiteten ausschließlich Frauen. Sowohl die königliche Familie als auch jede vornehme Familie beschäftigte für Babys und Kleinkinder eine Amme.
In Privathäusern waren Frauen gelegentlich auch als Hausverwalterinnen angestellt. Priesterinnen waren in altägyptischen Tempeln eine Selbstverständlichkeit. Lediglich eine Beamtenkarriere war fast ausschließlich den Männern vorbehalten.

Aufgaben

1. Die Bauern im alten Ägypten

a) Ordne den Szenen von der Getreideernte (M1) die richtigen Begriffe zu. Beschreibe den jeweiligen Vorgang und bringe die Bilder dann in die richtige Reihenfolge.

b) Fasse die Probleme zusammen, mit denen ein Bauer zu kämpfen hatte (M2).

c) Finde heraus, inwiefern in der Textquelle M2 angesprochene Probleme auch im Grab des Menna (M1) dargestellt sind.

d) Für das Eintreiben von Abgaben und Steuern waren Beamte zuständig. Fasse kurz den Bericht des Beamten (M2b) zusammen. Überlege, welche Gründe er für sein Vorgehen hatte und wie die Auswirkungen für die betroffenen Bauern aussahen.

e) Zu welchem Gesamturteil kommst du bezüglich der Lebensumstände der ägyptischen Bauern?

⤳ M1, M2, Infotext M3

2. Die Gesellschaft im alten Ägypten

a) Erläutere, welche Informationen zur Gesellschaftsordnung im alten Ägypten in der Wandmalerei M1 enthalten sind.

b) Zeichne eine Pyramide und trage an der Spitze den Pharao ein. Suche nun passende Stellen in der Pyramide für die verschiedenen sozialen Gruppen: Handwerker, Soldaten, Beamte, Priester.

⤳ M1, Infotext M3

Die Religion der alten Ägypter

Heute gibt es in Deutschland eine Vielfalt von Religionen. Dies war im alten Ägypten anders. Woran glaubten damals die Menschen?

Re
- falken- oder widderköpfig, oft auch noch mit Sonnenscheibe dargestellt
- Sonnengott
- die morgendliche Sonne wird gern als Skarabäuskäfer dargestellt; Skarabäus = Symbol der Wiedergeburt

Hathor
- als Frau mit Kuhhörnern oder Kuh dargestellt
- Muttergottheit
- Göttin der Fruchtbarkeit, Liebe und Trunkenheit
- Totengöttin

Anubis
- schakalsköpfig
- zuständig für die Mumifizierung

Maat
- Frau mit Straußenfeder auf dem Kopf
- Tochter des Re
- verkörpert Ordnung und Gerechtigkeit

Horus
- falkenköpfig oder als Falke dargestellt
- „der Ferne"
- Himmels- und Königsgott; der Pharao galt als seine Wiedergeburt
- Sohn von Osiris und Isis

Osiris
- dargestellt als Mumie, die Krummstab und Wedel hält;
- Herrscher des Totenreichs, Richter beim Totengericht
- Bruder und Ehemann der Isis, Sohn: Horus

Amun
- Mann mit hoher Federkrone
- „der Verborgene"; König der Götter
- Haupttempel in Karnak
- verheiratet mit Mut, Sohn: Chons

Thot
- ibisköpfig
- oft mit Schreibpalette dargestellt
- Gott der Schreibkunst und Weisheit
- Sekretär der Götter

Isis
- dargestellt als Frau mit Thronhieroglyphe auf dem Kopf
- mächtige Zauberin
- Schwester und Frau des Osiris, Sohn: Horus

M 1 Eine Auswahl wichtiger ägyptischer Götter
Rekonstruktionszeichnungen

M 3 Der Tempel von Luxor

Ein Tempel für den Gott Amun. Errichtet wurde er im 14. und 13. Jahrhundert v. Chr., hauptsächlich von den Königen Amenophis III. und Ramses II., aktuelles Foto.

M 2 Die Religion der alten Ägypter – Infotext

1. Die Götter – Polytheismus und Monotheismus:

Im alten Ägypten gab es Hunderte von Gottheiten – einige waren Tiere, andere hatten einen Tierkopf auf einem Menschenkörper, wieder andere waren vollkommen menschengestaltig. Man darf allerdings nicht annehmen, dass die alten Ägypter sich die Göttin Hathor tatsächlich als Frau mit Kuhkopf vorstellten: Da die meisten Menschen nicht lesen konnten, war es vielmehr wichtig, die zahllosen Gottheiten anhand ihrer bildlichen Darstellung zu erkennen, z.B. auf einer Tempelwand.

Für die alten Ägypter spielte die Familie eine wichtige Rolle. Dies wurde auch auf die Götter übertragen, welche man zu Familien aus Vater, Mutter und Kind anordnete.

Eine Religion, die viele verschiedene Götter verehrt, bezeichnet man als Polytheismus (griech. poly = viel; Theismus = Gottesglaube). Viele antike Hochkulturen waren polytheistische Religionen. Dem Polytheismus steht der Monotheismus (griech. monos = allein) gegenüber. Das Judentum, das Christentum und der Islam sind monotheistische Religionen.

2. Die Tempel:

Kirchen, Moscheen und Synagogen sind heute Orte, wo Menschen zusammenkommen, um zu beten. Ein altägyptischer Tempel hatte eine ganz andere Funktion: Er galt als das Wohnhaus der jeweiligen Gottheit und war der Öffentlichkeit versperrt. Zutritt hatten nur die „Bediensteten" der Gottheit, also die Priester.

Obwohl sich die altägyptischen Tempel in ihrem Aussehen deutlich voneinander unterschieden, gab es doch eine Grundstruktur, die jeder Tempelanlage zugrunde lag: Der Eingang wurde immer von einem Torbau gebildet, der Pylon genannt wird. Dahinter öffnete sich ein großer Hof, an den sich dann das eigentliche Tempelhaus anschloss. Im Innersten des Tempels lag das Allerheiligste, ein im Vergleich zum restlichen Tempel recht kleiner Raum, der – in einem Schrein aus Holz oder Stein – die Götterstatue beherbergte. Ebenfalls im Allerheiligsten oder in einem Nebenraum stand die Barke der Gottheit, ein Schiff aus Holz, auf dem die Götterstatue den Tempel für Prozessionen verlassen konnte. Die einfachen Menschen im alten Ägypten bekamen die Götterstatuen nie zu Gesicht, da diese auch bei Prozessionen immer verborgen blieben.

In einem ägyptischen Tempel wurde es nach innen hin immer dunkler. Das Allerheiligste, das „Wohnzimmer" der Gottheit, war ein fast ganz dunkler Raum, zu dem nur der König und die höchsten Priester Zutritt hatten. Hier wurde die Götterstatue gewaschen, gesalbt und bekleidet, dann wurden ihr unter Gebeten und Beschwörungsformeln Opfergaben dargebracht.

3. Die Priester:

Die Tätigkeiten der altägyptischen Priester waren mit den Aufgaben heutiger Priester nicht zu vergleichen. Die ägyptischen Priester kümmerten sich als Diener des jeweiligen Gottes um die Verehrung der Götterstatue sowie um die Pflege des Tempels. Kontakt mit den Gläubigen gab es praktisch keinen. Manche Priester übten ihre Tätigkeit hauptberuflich aus, andere waren nur alle paar Monate für einige Wochen im Tempel anwesend. Ägyptische Priester konnten auch verheiratet sein.

Im Laufe der Zeit wurden einige ägyptische Tempel sehr reich und mächtig. So überließen viele Pharaonen nach erfolgreichen Feldzügen dem Amun-Tempel in Karnak einen Großteil der Kriegsbeute. Auf diese Weise wurde der Tempel mit der Zeit zu einer Wirtschaftsmacht, die mindestens ebenso reich war wie der König selbst. Die obersten Priester verfügten über einen sehr hohen Lebensstandard. Viele Priester waren zugleich auch Beamte mit einem beträchtlichen Einfluss auf den König und seine Politik.

Aufgaben

1. Ägyptische Götter – Who is Who?

a) Ordne den dargestellten Gottheiten (M1) die passenden Kärtchen zu. Verwende dafür auch den Infotext M2 (Abschnitt 1).

b) Zu Osiris gab es im alten Ägypten eine berühmte Legende. Recherchiere im Internet und fasse die wesentlichen Punkte der Legende zusammen.
➜ M1, Infotext M2, Internet

Jenseitsvorstellungen im alten Ägypten

Als kurz nach der Entdeckung des Grabes des Tutanchamun der englische Adelige Lord Carnarvon, der die Ausgrabungen jahrelang finanziert hatte, plötzlich starb, war für eine Reihe von Zeitungen sofort klar, wer dafür verantwortlich war: Tutanchamun hatte sich aus dem Jenseits an demjenigen gerächt, der seine Ruhe gestört hatte, und die Idee vom „Fluch des Pharao“ war geboren. Obwohl inzwischen klar ist, dass die Todesursache eine Blutvergiftung war, halten sich hartnäckig Gerüchte, dass ägyptische Priester die Gräber z. B. mithilfe von Giften gegen Eindringlinge schützten. Das klingt sehr spannend, entspricht aber nicht den Tatsachen. Welche Vorkehrungen für das Leben nach dem Tod wurden wirklich getroffen?

M 1 Der Totengott Anubis bei einer Mumifizierung
um 1250 v. Chr.

M 2
Eine Mumie
Der Pharao Ramses II. starb 1213 v. Chr., heutiger Zustand.

M 3 Uschebtis

In vielen Gräbern fand man sogenannte Uschebtis, kleine Statuen, die für den Verstorbenen im Totenreich arbeiten sollten,

links: Uschebti aus Kalkstein, um 1250 v. Chr.; Mitte: Uschebti aus Stein, um 1200 v. Chr.; rechts: Uschebti aus Holz, um 1200 v. Chr.

Der Text auf den Uschebtis lautet: „O mein Uschebti! Wenn ich verpflichtet werde, irgendwelche Arbeiten im Totenreich zu leisten – ‚Hier bin ich, ich will es tun!‘ sollst du sagen.“

M 4 Jenseitsvorstellungen im alten Ägypten – Infotext

1. Das Jenseits – „der schöne Westen":

Seit Urzeiten glaubten die Menschen am Nil fest daran, nach dem Tod im Jenseits weiterzuleben. Das Jenseits wurde von den Ägyptern in Richtung des Sonnenuntergangs, also im Westen verortet. Darüber, wie das Leben im „schönen Westen", wie die Ägypter sagten, aussehen würde, gab es verschiedene Vorstellungen. Eine davon sah die „Gefilde der Seligen" als bruchlose Fortsetzung des diesseitigen Lebens an, jedoch in einer Art Paradies, wo alles im Überfluss vorhanden wäre. Um dort weiterleben zu dürfen, mussten jedoch verschiedene Voraussetzungen erfüllt sein.

2. Die Mumifizierung:

Für die alten Ägypter war jeder Mensch aus sechs Bestandteilen zusammengesetzt, die, solange man am Leben war, eine Einheit bildeten. Zu diesen Bestandteilen gehörten z.B. der „Ka" (eine Art Lebenskraft), der oft als Vogel mit Menschenkopf dargestellte „Ba" (die Persönlichkeit oder Seele des Menschen) und der Körper. Starb ein Mensch, dann trennten sich die Einzelteile voneinander. Nach altägyptischen Vorstellungen war ein ewiges Leben nur möglich, wenn sich alle sechs Elemente wieder vereinigten. Daher war es ungemein wichtig, den Körper zu erhalten und vor der Verwesung zu schützen.
Zu diesem Zweck entwickelte man in Ägypten die Kunst der Mumifizierung. Dafür gab es unterschiedliche Verfahren – je vermögender ein Ägypter war, desto luxuriöser war auch seine Mumifizierung. Dabei wurde als Erstes das Gehirn mit einem Haken durch die Nase entfernt. Das Gehirn galt bei den Ägyptern als unbedeutendes Organ, ihrer Ansicht nach steuerte das Herz das Denken und die Gefühle. Ein Schnitt mit einem scharfen Steinmesser öffnete die linke Bauchdecke, woraufhin die Eingeweide entnommen wurden. Diese wurden jeweils für sich weiterbehandelt und dann in vier Gefäßen, den sogenannten Kanopen, beigesetzt. Das Herz verblieb als wichtigstes Organ in der Mumie. Die Einbalsamierer bedeckten den Leichnam anschließend für 40 Tage mit einer Art Salz, wodurch dem Körper jegliche Flüssigkeit entzogen wurde, was eine Verwesung verhinderte. Nachdem man dann den eingefallenen Körper dort, wo es nötig war, mit Leinenkissen oder Sägespänen ausgestopft hatte, um ein möglichst natürliches Aussehen herzustellen, wurde der Körper abschließend in Leinenbinden eingewickelt. Die gesamte Prozedur dauerte in der Regel 70 Tage.

3. Grab und Grabausstattung:

Dem Toten sollten in seinem Grab, dem „Haus für die Ewigkeit", all die Dinge zur Verfügung stehen, die auch schon sein diesseitiges Leben bereichert hatten. Je höhergestellt der Verstorbene war, desto aufwendiger war seine Grabausstattung. An den Grabwänden finden sich oft Darstellungen aus dem Alltagsleben der Menschen. Mit dem Bau des Grabes und der Zusammenstellung der Grabausstattung begann man bereits in jungen Jahren, damit im Falle des Todes alles bereit war. Wurde ein Grab dennoch nicht rechtzeitig fertig, so musste die Bestattung in einem Provisorium stattfinden. Die meisten Menschen im alten Ägypten konnten sich allerdings weder eine teure Mumifizierung noch ein großes Grab mit entsprechender Ausstattung leisten. Sie wurden in Schächten in der Wüste beigesetzt.

4. Das Totengericht:

Als letzte Schwelle vor dem ewigen Leben musste der „Ba" in der großen Gerichtshalle des Osiris, des Herrschers über die Unterwelt, eine Gerichtsverhandlung bestehen, das Totengericht. Erst wenn diese Prüfung positiv ausgefallen war, durfte der „Ba" den Sonnengott Re auf seiner nächtlichen Fahrt durch die Unterwelt begleiten und erhielt die Erlaubnis, sich tagsüber wieder mit seinem Körper zu vereinigen. Das Herz des Verstorbenen wurde beim Totengericht gegen die „Maat" (Ordnung und Gerechtigkeit) aufgewogen, die von einer Feder symbolisiert wurde. Nur wenn das Herz im Gleichgewicht mit der „Maat" war, galt das Totengericht als bestanden. War das Herz schwerer, so wartete bereits ein Untier namens Ammit („die Fresserin") darauf, den Verstorbenen zu verschlingen und ihn so einen zweiten, nun endgültigen Tod sterben zu lassen. Diese Vorstellung stellte für die Ägypter im wahrsten Sinne des Wortes die Hölle dar.

Aufgaben

1. Die Mumifizierung
   a) Belege, dass auf M1 eine Mumifizierung dargestellt ist.
   b) Erkläre mithilfe der Abbildungen den Vorgang der Mumifizierung. Ziehe dazu auch den Infotext heran.
   c) Erkläre, weshalb die Mumifizierung für die alten Ägypter so wichtig war.
   → M1, M2, Infotext M4

2. Die Vorstellungen vom Jenseits
   a) Erläutere die Jenseitsvorstellungen im alten Ägypten mithilfe des Infotextes M4 (Abschnitt 1).
   b) Erkläre, warum die Gräber zum Teil so reich ausgestattet und verziert waren. Näheres erfährst du im Infotext M4 (Abschnitt 2).
   → Infotext M4

Das Totengericht – eine Bildquelle auswerten

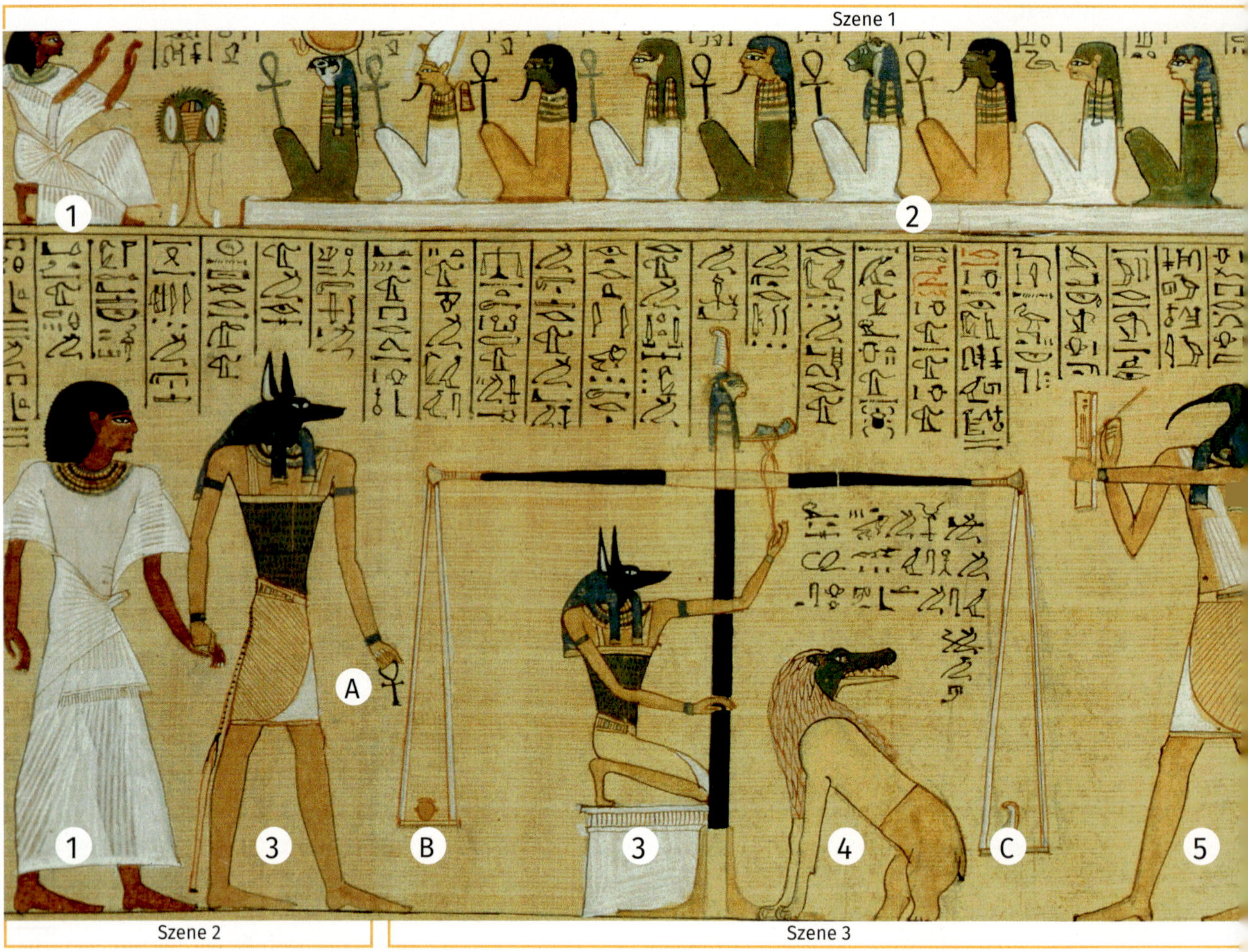

M 5 Das Totengericht des Schreibers Hunefer

In den Totenbüchern der Ägypter kann man erfahren, wie sich die Ägypter den Weg ins Jenseits vorgestellt haben. Dieses Bild aus dem Grab des königlichen Schreibers Hunefer, das man wie einen Comic „lesen" kann, stellt das Totengericht dar. Es zeigt insgesamt vier große Szenen.

Die Ziffern und Buchstaben geben Auskunft darüber, um welche Personen oder Gegenstände es sich handelt.

Legende

① = Hunefer, königlicher Schreiber unter Pharao Sethos I.
② = 14 Gottheiten
③ = Anubis, der Totengott
④ = Ammit, Fresserin der Sünder
⑤ = Thot, der Schreibergott
⑥ = Horus, Sohn des Osiris
⑦ = Osiris, der Herrscher des Jenseits
⑧ = Isis und Nephthys, Schwestern des Osiris
Ⓐ = Anch (Henkelkreuz; Zeichen des Lebens)
Ⓑ = Gefäß mit Hunefers Herz
Ⓒ = Feder der Maat; Maat ist die Göttin der Gerechtigkeit

Szene 4

M 6 Ein Toter spricht

In den Totenbüchern finden sich auch Sprüche zu den einzelnen abgebildeten Ereignissen. Im Grab des Schreibers Hunefer wurde folgender Papyrus gefunden:

Ich habe kein Unrecht gegen Menschen begangen, und ich habe keine Tiere misshandelt. Ich habe nichts Krummes an Stelle von Recht getan. [...] Ich habe keinen Gott beleidigt. Ich habe kein Waisenkind an seinem Eigentum geschädigt. Ich habe nicht getan, was die Götter verabscheuen. Ich habe keinen Diener bei seinem Vorgesetzten verleumdet. Ich habe nicht Schmerz zugefügt und [niemand] hungern lassen. Ich habe keine Tränen verursacht. Ich habe nicht getötet, und ich habe nicht zu töten befohlen.

Zit. nach: Erik Hornung (Hg.), Das Totenbuch der Ägypter (Nachdr. Bibliothek der Alten Welt 1979), Zürich/München: Artemis-Verlag 1990.

Aufgaben

1. Das Totengericht – eine Bildquelle auswerten
   a) Beschreibe die Szenen des Totengerichts.
   b) Der Spruch M6 bezieht sich auf die erste Szene im Bild. Fasse den Inhalt des Spruches zusammen und erläutere die Absicht, die Hunefer damit verfolgte.
   c) Erläutere das Ergebnis des Totengerichts.
   → M5, M6

2. Jenseitsvorstellungen im alten Ägypten
   a) Erarbeite aus dem Infotext stichpunktartig die zentralen Merkmale der Jenseitsvorstellung der Ägypter.
   b) Überprüfe, welche dieser Merkmale sich im Totengericht des Schreibers Hunefer wiederfinden.
   → Infotext M4, M5, M6

Die Pyramiden – Grabstätten der Pharaonen

Keine Hinterlassenschaft der alten Ägypter hat die Fantasie der Menschen in den nachfolgenden Jahrhunderten mehr angeregt als die **Pyramiden**. Sie sind nicht nur als Bauwerke faszinierend, sondern offenbaren viele Informationen über die Gesellschaft, die Kultur und die Religion im alten Ägypten. Was können wir bei einer näheren Beschäftigung darüber erfahren?

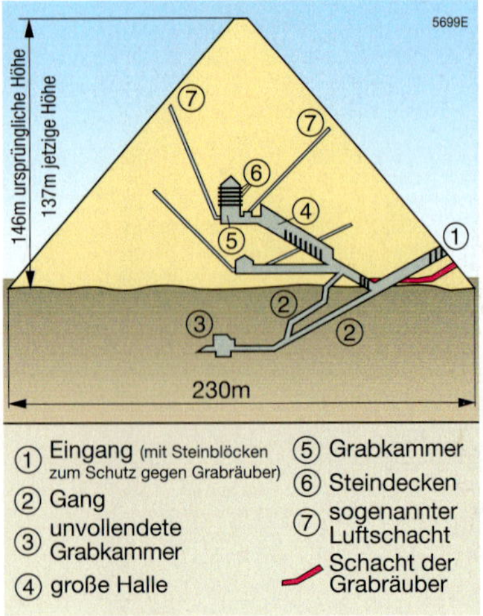

M 1 **Die Cheopspyramide**

M 2 **Die Cheopspyramide in Gize**

Foto, 2016

Training

Erschließung von gegenständlichen Quellen: Bauwerke

Bauwerke lassen sich wie viele Kunstwerke zu den gegenständlichen Quellen zählen. Sie sind jedoch nicht beweglich und sie enthalten zumeist eine Vielzahl von Einzelteilen, die selbst wieder als schriftliche (Inschriften), bildliche (Wandbemalung) oder gegenständliche (Wandverzierung) Quellen gelten können. Nicht alle Bauwerke sind zugleich auch Kunstwerke. Oft dienen sie nur einem bestimmten, eng begrenzten Zweck (Stall, Scheune usw.).

Bei der Erschließung von Bauwerken kann man so vorgehen:

1. Das Bauwerk genau beschreiben

Achte vor allem auf Standort, Größe, Form und Materialien.

2. Die einzelnen Merkmale des Bauwerks entschlüsseln

Untersuche, aus welchen Teilen ein Bauwerk besteht. Achte besonders auf die Gestaltung dieser Teile und die Verzierungen.

3. Die Funktion des Bauwerks bestimmen

Erläutere, wozu das Bauwerk diente und woran dies zu erkennen ist. Beachte auch, ob sich der Verwendungszweck geändert hat.

4. Die Bedeutung des Bauwerks zusammenfassend erklären

M3 Der Bau der Pyramiden – ein Interview

Aus einem Interview mit dem deutschen Ägyptologen Rainer Stadelmann (2000):

War [die] Oberschicht auch für die Organisation der Bauarbeiten zuständig?
Gewiss. Solch ein Bauwerk konnte nur von gut trainierten und hoch angesehenen Spezialisten erstellt werden, keineswegs etwa von Sklaven. [...]

Woher stammten die gewaltigen Mengen Baumaterial [für die Cheops-Pyramide]?
Aus einem Steinbruch in der Nähe – für das Kernmaterial. Den besseren Kalkstein für Außenmauerwerk und Verkleidung baute man in den Hügeln von Mokkatam auf der anderen Nilseite ab.

Und wie brachten die Leute die Brocken hoch?
Über Rampen. Aber ganz sicher nicht mit einer Einzelrampe, wie manche Wissenschaftler meinen. Man hat sogar eine mehrere Kilometer lange Riesenrampe angenommen – die mehr Masse benötigt hätte als die Pyramide selbst. Ich glaube auch nicht, dass eine allmählich ansteigende umlaufende Rampe genutzt worden ist. Das hätten die Ägypter mit ihren beschränkten messtechnischen Möglichkeiten gar nicht schaffen können. Eine umlaufende Rampe hätte es unmöglich gemacht, die Ecken der Pyramide präzise anzupeilen und so das Bauwerk auszumessen. Meiner Einschätzung nach haben sie zunächst mit vielen kleinen Rampen gebaut.

Wie viele waren es bei der Cheops-Pyramide?
Mindestens sechs auf jeder Seite. Über die konnte man laufend das Baumaterial mit Ochsenschlitten hochbringen – auch große Blöcke. Jeweils über eine andere Rampe ging es wieder runter. So schaffte man in ganz kurzer Zeit eine Höhe von etwa 15 bis 20 Meter. [...]

Wie viele Menschen haben mit dem Bau der Cheops-Pyramide zu tun gehabt?
Rund 25 000 – etwa ein Prozent der damaligen ägyptischen Bevölkerung.

Die arbeiteten alle am Bau?
Nein. Mit dem Bau selbst waren 15 000 Mann beschäftigt – und zwar jeweils zu einem Drittel direkt auf der Baustelle und in den Steinbrüchen von Giseh und Mokkatam. Wobei sich 1000 Mann ausschließlich um [die Werkzeuge] gekümmert haben. Für die Transporte [der Steinblöcke] waren weitere 5000 Mann zuständig.
Zwar wurden die meisten Steine von Ochsen herbei- und heraufgeschleppt, aber manche auch von Menschen. Wir haben nachgewiesen, dass 18 Mann einen solchen Steinklotz eine Böschung mit zwölf Prozent Steigung hochbringen können. Und noch einmal rund 5000 Leuten – etwa Bäckern und Köchen – oblag die Versorgung.

Wie lange dauerte der Bau?
Das ist nirgendwo dokumentiert. Immerhin gibt es ein paar Daten, aus denen Rückschlüsse erlaubt sind. Danach würde ich sagen, etwa 30 Jahre – samt aller Kultgebäude, die bei späteren Pyramiden immer mehr an Wichtigkeit gewannen.

Interview mit Rainer Stadelmann, in: Geo Epoche Nr. 3/2000, Das Reich der Pharaonen, Hamburg: Gruner + Jahr 2000, S. 62 ff.

Grundlegende Begriffe

Pyramide
Auf viereckiger Grundlage aufgebautes, spitz zulaufendes steinernes Grabmal der Pharaonen in Ägypten. Die ersten Pyramiden entstanden ab etwa 2600 v. Chr.

Aufgaben

1. **Der Bau der Pyramiden**
   In einem Interview gibt der Ägyptologe Rainer Stadelmann Informationen zum Bau der Pyramiden (M3). Fasse seine wesentlichen Ausführungen zum Bau der Pyramiden zusammen.
   → M3
2. **Die Cheops-Pyramide erschließen**
   a) Erschließe mithilfe des Trainingskastens auf Seite 48 die Cheops-Pyramide.
   b) Erläutere, welche Informationen man aus der näheren Beschäftigung mit den Pyramiden über die Gesellschaft im alten Ägypten erhält.
   c) Erläutere, welche Informationen man aus der näheren Beschäftigung mit den Pyramiden über die religiösen Vorstellungen der alten Ägypter erhält.
   d) Überprüfe und ergänze deine Ergebnisse mithilfe des Infotextes M4 (auf der folgenden Seite).
   → M1, M2, Infotext M4, Trainingskasten Seite 48

Die Pyramiden

M 4 Die Pyramiden – Grabstätten der Pharaonen – Infotext

Auf der Suche nach der perfekten Form:

Die ersten Pharaonen wurden in großen Gruben im Wüstenboden beigesetzt. Zur Markierung der Grabstellen schüttete man Sandhaufen auf, die wiederum mit Ziegelmauern umgeben wurden. Aus diesen Hügeln entstanden mit der Zeit rechteckige Ziegelbauten, die mehrere Meter hoch sein konnten und Mastaba genannt werden.

Um etwa 2700 v. Chr. entstand dann jedoch etwas vollständig Neues: Pharao Djoser ließ die Mastaba über seinem künftigen Grab vergrößern und auf ihr weitere Mastabas errichten. Das Endresultat war eine 60 Meter hohe, sechsstufige Pyramide, die als erstes Steinbauwerk der Menschheitsgeschichte gilt. Unterstützt wurde Djoser von seinem genialen Architekten Imhotep, dem man später nachsagte, auch die Schrift und die Medizin erfunden zu haben, und der sogar als Gott verehrt wurde. Ein Nachfolger Djosers baute schließlich die erste Pyramide mit glatten Außenflächen.

Die aufwärts strebende Pyramidenform sollte dem verstorbenen König als „Himmelsleiter" dienen, da man glaubte, dass verstorbene Könige zu Sternen werden. Neben den Königspyramiden gab es zahlreiche kleinere Pyramiden für die Verwandten der Pharaonen. Außerdem gehörten zu jeder Pyramide große Tempelanlagen, die der Verehrung des verstorbenen Pharaos gewidmet waren.

M 5 Der Sphinx sowie die Chephrenpyramide in Gize
Foto, 2016

Die Cheopspyramide

Die Pyramiden der Pharaonen Cheops, Chephren und Mykerinos, die sich in Gize am Stadtrand von Kairo befinden, wurden bereits in der Antike zu den sieben Weltwundern gezählt.

Die Cheopspyramide ist die größte jemals errichtete Pyramide und stellt eine einzigartige Meisterleistung dar. Sie hatte ursprünglich eine Grundfläche von etwa 230 Metern im Quadrat, was mehr als sieben Fußballfelder ausmacht. Mit einer ursprünglichen Höhe von 146 Metern war sie für fast 40 Jahrhunderte das höchste Bauwerk der Welt. Da die Spitze heute fehlt, beträgt ihre Höhe nun 138 Meter.

Zum Bau der Cheopspyramide wurden weit über zwei Millionen Kalksteinblöcke mit einem durchschnittlichen Gewicht von jeweils 2,5 Tonnen verwendet. Die gigantischen Granit-Deckenbalken der Grabkammer wiegen sogar jeweils etwa 80 Tonnen, was ungefähr dem Gewicht von 16 afrikanischen Elefantenbullen entspricht.

Über die genauen Abläufe beim Bau der Pyramide können wir heute nur Vermutungen anstellen, da es keinerlei Quellen dazu gibt. Weil die Ägypter damals das Rad noch nicht kannten, wurden die Steinblöcke zum Transport gezogen, möglicherweise auf großen Holzschlitten. Das Aufeinanderschichten der einzelnen Steine erfolgte wahrscheinlich mithilfe von Rampen.

Neben technischen Problemen hatte der Bauleiter der Cheopspyramide, Hemiunu, auch mit vielen organisatorischen Herausforderungen zu kämpfen, denn die vielen Tausend Arbeiter mussten natürlich auch untergebracht und verpflegt werden. Die meisten Bauarbeiten, vor allem die schweren Transporte, fanden wohl in Zeiten der Überschwemmung statt, in denen die ägyptischen Bauern „arbeitslos" waren. Die Eingänge sowie die Gänge und Kammern im Inneren der Pyramide wurden nach der Bestattung des Königs mit Steinplatten verschlossen, um die Mumie und die Grabbeigaben vor Räubern zu schützen. Genützt haben diese Sicherungsmaßnahmen jedoch nichts: Im Laufe der Zeit sind alle Pyramiden ausgeraubt worden und sämtliche Königsmumien, auch die des Cheops, sind verschwunden.

Zusatzaufgabe: Die Entstehung der Pyramidenform

M 6 Pyramide von Sakkara

Etwa 100 Jahre vor den Pyramiden von Gize entstand dieses Bauwerk für den Pharao Djoser. Es gilt als die älteste Pyramide Ägyptens, Foto, 2015.

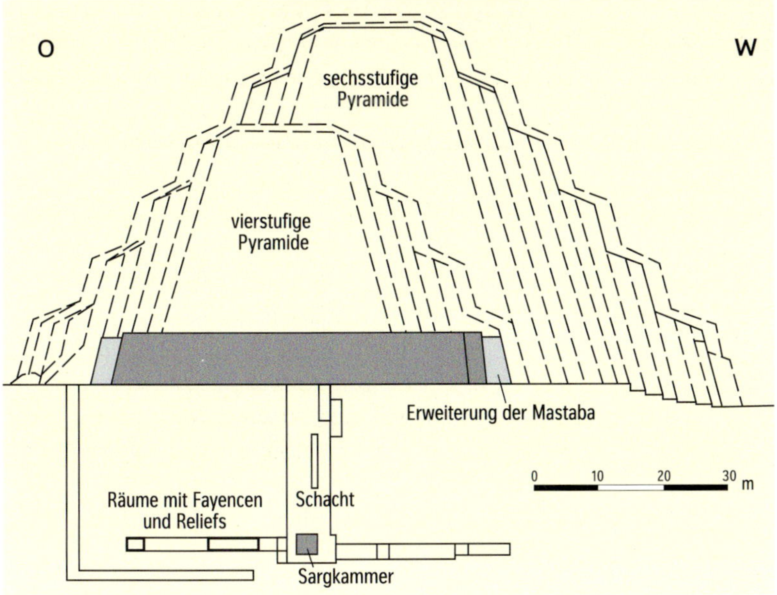

M 7 Aufriss der Stufenpyramide

Info

Hell wie die Sonne

An manchen Stellen sind auch heute noch Reste der ursprünglichen Verkleidung aus Kalkstein zu sehen. Frisch gebrochener Kalkstein ist gleißend weiß, sodass die Pyramide einst hell wie die Sonne strahlte.

Aufgaben

1. **Die Entstehung der Pyramidenform – Zusatzaufgabe**
   Wir beginnen unsere Tour in Sakkara, ungefähr 20 Kilometer südlich von Kairo. Hier entstand die erste ägyptische Pyramide für König Djoser.
   a) Beschreibe anhand der Grafik M7 den Aufbau der Pyramide von Sakkara (M6).
   b) Erläutere die Entwicklungsschritte, die nötig waren, bis aus der Mastaba über dem Grab des Djoser die Pyramide wurde, die man heute noch in Sakkara besichtigen kann (Text).
   Du fährst nach Kairo zurück und besuchst die berühmten Pyramiden von Gize am Stadtrand. Hinweis: Google Earth (unter „Pyramiden Gize") gibt dir einen ausgezeichneten Überblick über das Pyramidenfeld.
   c) Fertige eine Skizze an, die die Lage der drei Pyramiden sowie des Sphinx zeigt.
   d) Fahre mithilfe von Street View vom Sphinx an der Cheops- und Chephrenpyramide bis hinauf zur Pyramide des Mykerinos und notiere interessante Beobachtungen.
   e) Vergleiche den Aufriss der Pyramide des Djoser (M7) mit dem der Cheopspyramide (M2) und erläutere Unterschiede.
   → M1, M2, Infotext M4, M5 – M7, Internet

Ägypten – eine frühe Hochkultur

Das alte Ägypten gilt als eine der frühesten Hochkulturen. Dies stellte einen gewaltigen Schritt in der Menschheitsentwicklung dar. Was sind die wichtigsten Merkmale dieser neuen Kultur?

M 1 Der Pharao und sein Nachfolger

Pharao Sethos I. uns sein Sohn (Ramses II.) vor der Königsliste im Tempel von Abydos, Foto, 2015

Aufgaben

Ägypten – eine frühe Hochkultur

a) Betrachte das Relief „Der Pharao und sein Nachfolger" (M1). Erschließe, welche Merkmale einer Hochkultur sich darin wiederspiegeln.

b) Vervollständige die grafische Übersicht M3 mit dem Titel „Ägypten – eine frühe Hochkultur". Berücksichtige dabei insbesondere die Bedeutung der technischen und kulturellen Leistungen. Verwende auch den Infotext M2.

→ M1, Infotext M2, M3

M 2 Die ägyptische Hochkultur – Infotext

Da Ägypten in vielen Bereichen fortschrittlicher war als andere Kulturen, bezeichnet man die Zeit ab 3000 v. Chr. als Hochkultur in Ägypten. Diese brachte zahlreiche bedeutende Leistungen hervor:

- Großprojekte wie z. B. der Bau der Pyramiden erforderten sehr viel Planung und waren nur möglich, da der ägyptische Staat ausgezeichnet organisiert war. Ein Mann, nämlich der Pharao, hatte das alleinige Sagen und herrschte von seinem Palast aus über ganz Ägypten. Unterstützt wurde er dabei z. B. von seinen Beamten, die den Staat verwalteten, sowie einer schlagkräftigen Armee. Sowohl in der Beamtenschaft als auch bei den Soldaten gab es eine strenge Rangordnung.
- Die Nilüberschwemmung war für die Menschen im alten Ägypten das wichtigste Ereignis des Jahres. Da die genaue Kenntnis des Termins der jährlichen Überschwemmung sehr wichtig war, entwickelten die Ägypter einen Kalender, dessen Grundzüge wir bis heute verwenden.
- Die Ägypter interessierten sich für den Lauf der Gestirne, wobei ihnen wichtige Beobachtungen gelangen. So stellten sie fest, dass der Aufgang des Sterns Sirius stets mit einem Ansteigen des Nils einherging. Dieser Tag war für die Ägypter der Neujahrstag. Wenn das Wasser dann wieder abgeflossen war, verschwanden mit ihm zugleich auch die vorhandenen Grenzsteine, und die Äcker mussten neu vermessen werden. Dabei wurde eine Wissenschaft entwickelt, die Flächenmessung oder Geometrie.
- Als das Zusammenleben der Menschen in der sich entwickelnden ägyptischen Gesellschaft zunehmend komplexer wurde, entstand das Bedürfnis nach einem System zur Übermittlung und Aufbewahrung von Wissen. Dabei ging es wohl in erster Linie um Aufzeichnungen zu wirtschaftlichen und rechtlichen Fragen, z. B. wer wann seine Steuer entrichtet hatte oder wer das Recht besaß, Wasser aus dem Kanal auf sein Feld am Wüstenrand zu leiten. So entstand die Hieroglyphenschrift, mit der man alles Wichtige aufschreiben und organisieren konnte.
- Durch die Fruchtbarkeit des Landes und die planvoll und organisiert betriebene Landwirtschaft wurde es möglich, Vorräte für Notzeiten anzulegen. Außerdem stiegen die Ernteerträge, sodass nicht mehr alle Menschen für die Feldarbeit benötigt wurden. Nach dem Prinzip der Arbeitsteilung wurden zahlreiche Arbeitskräfte zur Errichtung von Tempeln, Palästen und Grabanlagen für die Könige eingesetzt. Auf diese Weise entstanden in Ägypten die ersten großen Steinbauwerke der Menschheit.
- Wenn heute jemand sagt, er sei am 18.01.2005 geboren, dann kann man dieses Datum eindeutig einordnen, denn die Zeitrechnung, die wir verwenden, ist eine sogenannte absolute Chronologie. Das bedeutet, dass sich der Fixpunkt, ab dem gezählt wird – bei unserer Zeitrechnung die Geburt Christi –, niemals ändert. Ganz anders war dies im alten Ägypten. Hier verwendete man eine sogenannte relative Chronologie, d. h. der Fixpunkt blieb nicht gleich, sondern er änderte sich beständig. Immer wenn ein neuer König den Thron bestieg, war dies das „Jahr 1“. Die Ägypter zählten dann die Regierungsjahre bis zum Tod des Herrschers, woraufhin mit dem nächsten Pharao wieder ein neues „Jahr 1“ begann.

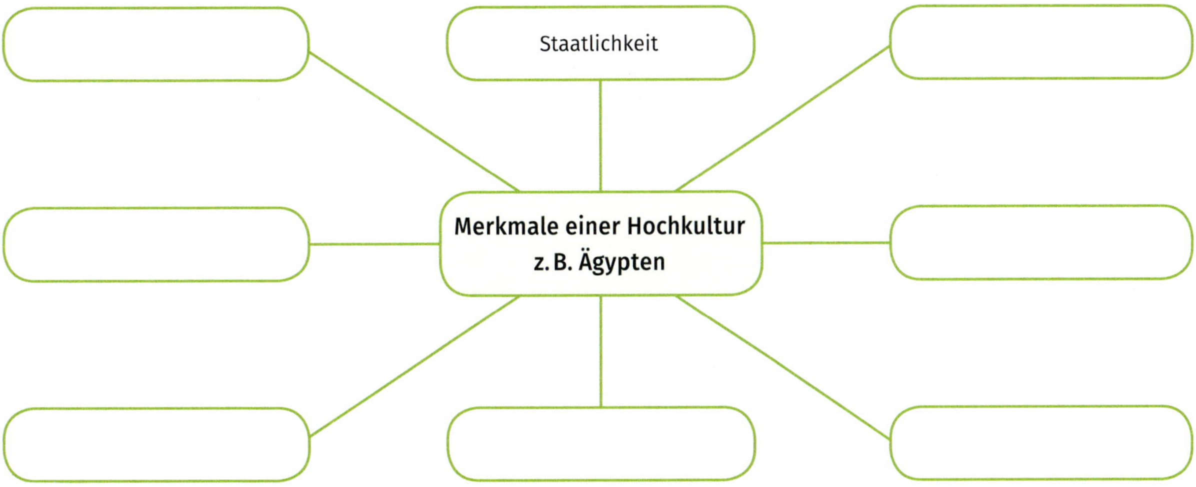

M 3 Ägypten – eine frühe Hochkultur

Wer war Tutanchamun? – Ein alter Koffer liefert Antworten!

Info

Interessanter Film über das Grab:

https://www.youtube.com/watch?v=v__kPz1TmvU

(Hinweis: Der Unterstrich besteht aus zwei Unterstrichen!)

Die Ausgangssituation

Vor einem Haus in deiner Nachbarschaft sind eine Reihe von alten Koffern auf die Straße gestellt worden. Ehe sie von der Sperrmüllabfuhr abgeholt werden, durchstöberst du sie neugierig mit deinen Freunden. Die ersten Koffer sind mit altmodischer Kleidung vollgestopft, aber im letzten stoßt ihr auf Spannenderes! Zwischen mehreren Büchern über den Pharao Tutanchamun finden sich allerlei Dinge, die der ehemalige Besitzer im Laufe der Zeit über den ägyptischen König zusammengetragen hat: Ausschnitte aus einer englischen Zeitung und einem Buch, einige Fotos, Übersetzungen von altägyptischen Texten sowie der Link für einen Film auf youtube. An einigen Stellen gibt es handschriftliche Notizen.

Welche Informationen zu Tutanchamun und seinem Leben liefern die Materialien?

Im Unterschied zu deinen Freunden hast du bereits einiges über Altägypten in der Schule gelernt und stehst ihnen deswegen als Experte zur Verfügung.

Aufgaben

Aufgabe 1

a) Arbeite heraus, über welches Ereignis der Auszug aus dem Buch berichtet, und beantworte dabei die Fragen: Wer? Was? Wo? Wann?

b) Deine Freunde sind ein wenig verwirrt, denn ihrer Meinung nach sind ägyptische Könige nur in Pyramiden beigesetzt worden. Erkläre ihnen, warum sie einem Irrtum aufgesessen sind.

c) Fasse zunächst knapp zusammen, was im Youtubeclip (Info-Kasten) zu sehen ist, und erläutere dann, welcher weitere Aspekt der Vorkehrungen der Ägypter für das Jenseits deutlich wird.

d) In Deutschland wird die Störung der Totenruhe bestraft, Mumien aus dem alten Ägypten werden aber dennoch im Museum ausgestellt. Wie beurteilst du dies?

Das Grab des Pharaos Tutanchamun im Tal der Könige wird geöffnet
Howard Carter (rechts) und ein Mitarbeiter öffnen die Türvermauerung zur Sargkammer, 17. Februar 1923.

Bericht Howard Carters über die Ereignisse am 27. November 1922:

Der entscheidende Moment war gekommen. Mit zitternden Händen machte ich eine winzige Öffnung in die obere linke Ecke [der versiegelten Tür]. Dunkelheit und leerer Raum, so weit unser Teststab reichte, zeigte, dass das, was auch immer auf der anderen Seite war, nichts enthielt ... ich vergrößerte das Loch ein wenig, führte eine Kerze hindurch und spähte hinein ... zuerst konnte ich nichts erkennen ..., aber als sich meine Augen allmählich an das Licht gewöhnten, tauchten bald Einzelheiten aus dem Inneren der Kammer auf, seltsame Tiere, Statuen aus Gold – und überall schimmerndes Gold. Einen Moment lang ... war ich vor Verwunderung stumm, und als Lord Carnarvon, der die Spannung nicht mehr aushielt, ängstlich fragte: „Können Sie etwas sehen?", war alles, was ich herausbrachte, „Ja, wunderbare Dinge!"

Zit. nach: Thomas G. H. James, Große Pharaonen: Tutanchamun und Ramses II., Augsburg: Weltbild 2004, S. 81.

Aufgabe 2

a) Die berühmte Goldmaske habt ihr bestimmt alle schon einmal gesehen. Sie bedeckte einst das Gesicht der Mumie Tutanchamuns. Beweise deinen Freunden, dass es sich dabei um die Darstellung eines Pharaos handelt.

b) Um mehr über Tutanchamun zu erfahren, googelt ihr den Namen. Fasst knapp zusammen, was man heute über Tutanchamuns Familie weiß.

c) Dem König wurden viele Stühle mit ins Grab gegeben. Vom Thronsessel habt ihr ein Foto im Koffer gefunden. Beschreibe die abgebildete Szene und erläutere, wie das Verhältnis zwischen Anchesenamun und ihrem Mann dargestellt wird.

d) Nun fällt euer Blick auf den Brief, den Tutanchamuns Frau nach seinem Tod an den König der Hethiter schickte. Fasst kurz die Absicht zusammen, die Anchesenamun mit ihrem Brief verfolgte.

e) Schuppiluliuma schickte einen seiner Söhne, Zannanza, nach Ägypten, der jedoch ermordet wurde, bevor er dort ankam. Anchesenamun heirate daraufhin einen hohen Beamten, der viel älter als sie war und der dann Pharao wurde. Von der Zeit nach der Hochzeit sind keine Quellen über Anchesenamun mehr überliefert. Bewertet diese Ereignisse und findet eine Erklärung dafür.

Thronsessel des Tutanchamun

Tutanchamun war mit seiner Halbschwester Anchesenamun verheiratet. Die Rückseite des Thronsessels (links) aus seinem Grab im Tal der Könige zeigt das Ehepaar.

Goldmaske aus dem Grab des Tutanchamun

Als Tutanchamun mit knapp 20 Jahren stirbt, ist seine Witwe nur unwesentlich älter. Sie schrieb wohl folgenden Brief an Schuppiluliuma, den König der Hethiter. Die Hethiter, im Gebiet der heutigen Türkei, waren damals neben Ägypten die wichtigste Großmacht:

Mein Gatte ist gestorben. Einen eigenen Sohn aber habe ich nicht. Von Dir aber sagt man, dass Du viele Söhne besitzt. Wenn Du mir einen Sohn von Dir gibst, soll er mein Gatte werden. Niemals aber werde ich einen meiner Diener nehmen und ihn zu meinem Gatten machen. Eine [solche] Befleckung fürchte ich!

Zit. nach: Bernd Janowski/Gernot Wilhelm (Hg.), Texte aus der Umwelt des Alten Testaments (TUAT), Neue Folge Bd. 2: Staatsverträge, Herrscherinschriften und andere Dokumente zur politischen Geschichte, Gütersloh: Gütersloher Verlagshaus 2005, S. 148f.

Aufgaben

Aufgabe 3

a) Zum Schluss beschäftigt ihr euch mit der Übersetzung der Stele. Erschließt sowohl, warum sich Ägypten beim Regierungsbeginn Tutanchamuns in einer schwierigen Situation befand, als auch, was der König dagegen unternahm.

b) Wie war es zu diesen Problemen überhaupt gekommen? Fasst die Informationen zusammen, die ihr dazu im Internet findet.

c) Gib deinen Freunden einen kurzen Überblick über die damalige Religion.

d) Tutanchamun war ungefähr neun Jahre alt, als er die Entscheidungen traf, von denen die Stele berichtet. Nehmt dazu Stellung.

e) Trage deine Ergebnisse zusammen und gestalte damit ein Plakat.

Die sogenannte Restaurationsstele

Auf ihr berichtet Tutanchamun von den Problemen, die er vorfand, als er König wurde, und wie er mit ihnen umging. Übersetzung von wichtigen Stellen:

Nun aber erschien seine Majestät als König, als die Tempel der Götter und Göttinnen von Elephantine bis zu den Sümpfen des Deltas im Begriff waren zu verfallen. Ihre Götterschreine waren dabei, zugrunde zu gehen und zu Schutthügeln zu werden, die von Unkraut überwuchert waren. Die Räume im Tempelinnersten, wo man die Götterbilder aufbewahrte, sahen aus, als ob es sie nie gegeben hätte, und ein jeder konnte durch die Tempel laufen. Das Land befand sich im Chaos und die Götter wandten sich von ihm ab. Wenn ein Heer nach Palästina gesandt wurde, um die Grenzen Ägyptens zu erweitern, dann hatte es nicht den geringsten Erfolg. Wenn man zu einem Gott betete, um ihn um einen Rat zu bitten, dann erschien er überhaupt nicht. Genauso verhielt es sich, wenn man zu einer Göttin betete; sie erschien überhaupt nicht.

[...]

Seine Majestät stellte Denkmäler für die Götter her und gestaltete ihre Statuen aus reinem Elektron [Legierung aus Gold und Silber] [...]. Er stellte ihre Heiligtümer wieder her als Bauwerke für die Ewigkeit und stattete sie für immer mit Opfergaben aus. [...] Er übertraf alles, was seit der Zeit seiner Vorfahren getan worden war. Er setzte Priester und Propheten ein. [...]

Übersetzt von Alexander Heim, München

Restaurationsstele des Tutanchamun
um 1350 v. Chr. entstanden. Die Stele, die ursprünglich im Tempel von Karnak stand, befindet sich heute im Ägyptischen Museum in Kairo. Pharao Haremhab ließ später den Namen Tutanchamuns durch seinen eigenen ersetzen.

Nachwirkungen bis heute
Obwohl seit dem Ende der Herrschaft der ägyptischen Könige, der Pharaonen, fast 2000 Jahre vergangen sind, sind bis heute zahllose Überreste der Kultur des alten Ägyptens erhalten geblieben. Ebenfalls aus dem Pharaonenreich stammt eine Reihe von Vorstellungen des späteren Christentums, so z. B. die Unsterblichkeit der Seele oder das Konzept eines Gerichts nach dem Tode, um das ewige Leben zu erlangen.

Eine Hochkultur
Ägypten wird durch die Flussoase des Nils bestimmt. Die regelmäßig wiederkehrende Überschwemmung regelte das Zusammenleben der Menschen im alten Ägypten und führten zugleich zu grundlegend neuen technischen und kulturellen Leistungen in der Geschichte der Menschheit. Ab 3000 v. Chr. entwickelte sich hier eine Hochkultur: Astronomische Beobachtungen waren die Basis des ägyptischen Kalenders. Mithilfe der Geometrie konnte das Land vermessen werden. Die Hieroglyphenschrift und die Herstellung von Papyrus ermöglichten Aufzeichnungen verschiedenster Art. Damit entstand in Ägypten eine zuvor nicht gekannte Form von Staatlichkeit.

Herrschaft und Gesellschaft im alten Ägypten
Im alten Ägypten bildete sich eine nach Rang streng gegliederte Gesellschaft heraus. An ihrer Spitze stand der Pharao, der als unumschränkter Herrscher galt. Diese Form der Alleinherrschaft wird auch als Monarchie bezeichnet. Beamte und Priester sowie Handwerker und Bauern bildeten verschiedene soziale Gruppen. Kunst- und Bauwerke spiegeln diese soziale Ordnung wider.

Die Religion
Der Glaube im alten Ägypten kannte eine Vielzahl verschiedener Götter, er war also polytheistisch. Zentral war die Vorstellung von einem Weiterleben nach dem Tod. Die Pyramiden waren prächtige Grabanlagen für die Pharaonen.

Das Ende des ägyptischen Reiches
Das alte ägyptische Reich hatte eine erstaunlich lange Lebensdauer: Rund 3000 Jahre lang regierten die Pharaonen das Land am Nil. Erst im Jahr 30 v. Chr. gelang es den Römern, Ägypten in ihr Imperium einzugliedern.

Das alte Ägypten ist allerdings nur ein Beispiel für eine frühe Hochkultur – in verschiedenen Teilen der Welt gab es damals ähnliche Entwicklungen. Andere Gebiete, zu denen auch Mitteleuropa zählte, blieben davon hingegen unberührt.

GRUNDLEGENDE DATEN
ab 3000 v. Chr.:
Hochkultur in Ägypten

GRUNDLEGENDE BEGRIFFE
Pharao

Monarchie

Pyramide

3000 v. Chr | 2700 | 2400 | 2100 | 1800 | 1500 | 1200 | 900 | 600 | 300 | Chr. Geburt

ab 3000 v. Chr.:
Entstehung der ägyptischen Hochkultur

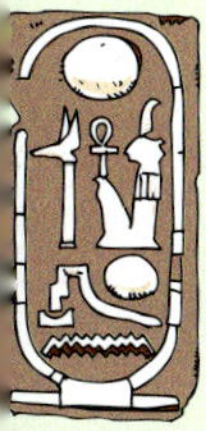

um 3400 v. Chr.:
Erste Schriftzeichen

um 2700 v. Chr.:
Erste Pyramiden entstehen

1500 v. Chr.:
Höhepunkt der ägyptischen Kultur

um 1300 v. Chr.:
Tutanchamun

30 v. Chr.:
Ägypten wird römische Provinz

03

DIE GRIECHISCHE ANTIKE

M 1 **Die Akropolis in Athen,** aktuelle Fotografie
M 2 **Thronender Zeus,** Bronzestatuette, 6. Jahrhundert v. Chr.
M 3 **Die Propyläen in München,** aktuelle Fotografie
M 4 **1928 – IX. Olympiade Amsterdam,** Werbeplakat von 1928
M 5 **Hoplitenphalanx,** Abbildung auf einer korinthischen Kanne, um 650 v. Chr.
M 6 **„Bunte Götter“,** Plakat (Ausschnitt) zur gleichnamigen Ausstellung, 2010
M 7 **Der Deutsche Bundestag,** aktuelle Fotografie

Die Welt der Griechen

Grundlegende Begriffe

Antike

Die Zeit der griechisch-römischen Kultur im Altertum. Sie dauerte von etwa 800 v. Chr. bis 500 n. Chr. Manchmal werden auch die frühen Hochkulturen wie z. B. Ägypten dazugerechnet.

Die griechische Landschaft ist von hohen Gebirgen, tief eingeschnittenen Flusstälern und einer Vielzahl von Inseln geprägt, was die Verbindungen zwischen den einzelnen Städten und Ortschaften erschwert. In der **Antike**, der Zeit der griechisch-römischen Kultur im Altertum, zählten die Siedlungen meist nur ein paar Tausend Einwohner. Trotz der Unwegsamkeit des Geländes entwickelten aber schon die alten Griechen ein deutliches Zusammengehörigkeitsgefühl. Was vereinte die durchaus unterschiedlichen Bewohner dieser Region, dass sie sich alle als Griechen verstanden?

M 1 **Das antike Griechenland – eine physisch-geografische Karte**

M 2 **Blick auf die Gebirgslandschaft der griechischen Insel Naxos**

Naxos gehört zu den mittleren Inseln der Kykladen, Foto von 2001.

Die Welt der Griechen

M 3 Die Welt der Griechen – Infotext

1. Der Beginn der griechischen Geschichte:

Über die ersten Jahrhunderte griechischer Geschichte weiß man nur wenig. Wissenschaftler vermuten, dass seit etwa 2000 v. Chr. verschiedene Stämme ins heutige Griechenland einwanderten. Hier vermischten sie sich während eines langen Zeitraums mit der ansässigen Bevölkerung. Die regierenden Fürsten ließen sich gewaltige Burgen errichten; die mächtigste davon stand in Mykene. Ausgelöscht wurde die mehrere Jahrhunderte überdauernde mykenische Kultur wohl durch fremde Völker. Da aus dieser Zeit keine schriftlichen Quellen überliefert sind, setzen die Historiker Informationen über die sogenannten „dark ages" („dunkle Zeiten") stückchenweise aus archäologischen Funden zusammen. Später lichtet sich das historische Dunkel dann wieder und es lassen sich mehrere griechische Stämme unterscheiden, die durch eine gemeinsame Sprache, Lebensweise und Religion miteinander verbunden waren.

2. Die Gemeinsamkeiten der Griechen:

Ihren Heimatort nannten die Griechen **Polis**, d.h. Stadtstaat. Die Bürger achteten auf die politische Selbstständigkeit ihrer Polis und waren stolz auf ihre Freiheit und ihr eigenes Recht.
Die stark gegliederte Küstenlandschaft sowie die zahlreichen Buchten und Inseln der Region bildeten die Voraussetzung dafür, dass die Griechen schon früh zur See fuhren. Über die Seefahrt kamen sie auch mit dem an der östlichen Mittelmeerküste beheimateten Volk der Phöniker in Kontakt, von dem sie das Alphabet übernahmen. Die Schrift ermöglichte Aufzeichnungen sowohl für den Handel, die Verwaltung und die Wirtschaft als auch in den Bereichen Wissenschaft und Kunst.
Neben der gemeinsamen Sprache und Schrift festigten auch religiöse Kulte das Zusammengehörigkeitsgefühl der Griechen, die sich selbst als „Hellenen" bezeichneten – alle nicht griechisch sprechenden Fremden galten ihnen hingegen als „Barbaren".
Für die antiken Griechen gehörten Homers Dichtungen „Ilias" und „Odyssee" zum grundlegenden Wissensbestand. Personen und Geschehnisse dieser Texte waren allgegenwärtig. So schmückten kunstvoll ausgestaltete Szenen der Sagen unter anderem auch Vasen und Schalen. Die „Ilias" erzählt von der Belagerung Trojas durch die Griechen, die „Odyssee" von den Irrfahrten des Odysseus. Man geht heute davon aus, dass beide Texte zahlreiche ältere, zuvor nur mündlich verbreitete Sagen künstlerisch vereinigen. Der Name Homer steht dabei wahrscheinlich nicht für einen einzelnen Autor, sondern für mehrere Dichter, die die Sagen nach und nach zusammenfassten. Die antiken Griechen waren allerdings von der Existenz einer Person dieses Namens überzeugt.
Aufgrund ihrer Lebensweise, Sprache, Kultur und Religion war es den in einzelnen Poleis voneinander getrennt lebenden Griechen möglich, sich als ein einheitliches Volk von Hellenen zu fühlen.

Grundlegende Begriffe

Polis
Im antiken Griechenland eine Stadt einschließlich des umliegenden Landgebietes. Die Polis (Mz. = Poleis) war politischer und religiöser Mittelpunkt ihres Gebietes und Tagungsort des Rates und der Volksversammlung. Man spricht daher auch von einem Stadtstaat, obwohl viele Poleis kaum die Größe eines Dorfes überschritten.

Aufgaben

1. **Die geografische Lage Griechenlands – mit einer Geschichtskarte arbeiten**
   a) Formuliere, ausgehend von der Unterschrift der Karte M1, mit eigenen Worten das Thema der Karte.
   b) Benenne anhand der Karte und des Fotos M2 die landschaftlichen Besonderheiten des antiken Griechenlands.
   c) Erkläre, wie die landschaftliche Beschaffenheit Griechenlands das Entstehen der Poleis, also von selbstständigen Stadtstaaten, begünstigte.
   → M1, M2, Infotext M3

2. **Die Gemeinsamkeit der Griechen – einen Infotext auswerten**
   a) Nenne die Gemeinsamkeiten, die die Griechen miteinander verbanden. Werte dazu den Infotext (zweiter Abschnitt) aus.
   b) Erörtere, welche der damaligen Gemeinsamkeiten heute noch von Bedeutung sind.
   → Infotext M3

Der Kampf zwischen Aias und Hektor aus Homers „Ilias“ – Text- und Bildquelle im Vergleich

M 4 Eine Schale als gegenständliche Quelle

Auf der rotfigurigen Schale aus Athen (etwa um 480 v. Chr.) ist der in der Ilias (siehe M6) beschriebene Kampf zwischen Aias und Hektor, dem Sohn des trojanischen Königs Priamos, abgebildet. Die Schale hat eine Höhe von ca. 12 cm, einen Durchmesser von 36 cm und befindet sich heute im Musée du Louvre, Paris.

M 5 Griechisches Alphabet

Die Griechen entwickelten aus dem phönikischen Alphabet im 9. Jahrhundert v. Chr. ihre eigene Schrift, die u. a. grundlegend für die lateinische Schrift wurde.

Α	α	Alpha	a
Β	β	Beta	b
Γ	γ	Gamma	g
Δ	δ	Delta	d
Ε	ε	Epsilon	e
Ζ	ζ	Zeta	z
Η	η	Eta	ä
Θ	ϑ	Theta	t (th)
Ι	ι	Jota	i, j
Κ	κ	Kappa	k
Λ	λ	Lambda	l
Μ	μ	My	m

Ν	ν	Ny	n
Ξ	ξ	Xi	x
Ο	ο	Omikron	o (kurz)
Π	π	Pi	p
Ρ	ϱ	Rho	r
Σ	σ	Sigma	s
Τ	τ	Tau	t
Υ	υ	Ypsilon	ü, u
Φ	φ	Phi	f (ph)
Χ	χ	Chi	ch
Ψ	ψ	Psi	ps
Ω	ω	Omega	o (lang)

M 6 Ein Kampf zwischen einem griechischen und einem trojanischen Helden in der Ilias

Aias war der Sohn eines griechischen Königs. Er war groß gewachsen und einer der wichtigsten Kämpfer der Griechen vor Troja. Der Textausschnitt berichtet vom Beginn des einen Tag dauernden Kampfes mit Hektor, dem bedeutendsten Kämpfer der Trojaner. Die moderne Übersetzung verwendet keine Großschreibung:

Aias kam auf ihn zu, seinen schild hoch wie ein turm –
gehämmerte bronze auf sieben lagen leder; tychios von hyle,
ein meister seines faches, hatte viel arbeit darauf verwendet
die haut von sieben riesigen stieren übereinander zu vernähen,
um darauf eine glänzend polierte platte aus bronze zu nageln;
ihn vor seine breite brust haltend trat aias telamonides jetzt
zu hektor heran und drohte, seine stimme ein tiefer baß:
hektor! mann gegen mann, da wirst du bald merken
wozu die besten krieger unseres landes fähig sind [...]

Homer, Ilias. Übertragen v. Raoul Schrott, München: Hanser 2008, S. 149 f.

Aufgaben

1. Text- und Bildquelle im Vergleich

a) Fasse mit eigenen Worten die Handlung zusammen, über die die Quelle M6 berichtet.

b) Formuliere die Ansprache des Aias mit deinen eigenen Worten und überlege dir die Antwort Hektors.

c) Entscheide, wer auf dem Vasenbild M4 Hektor und wer Aias ist. Begründe deine Auswahl auch mithilfe der Textquelle.

d) Auf dem Vasenbild sind neben den Kämpfern noch zwei andere Figuren abgebildet. Welche Bedeutung könnten sie aufgrund ihrer Gesten haben? Ihre Namen kannst du mithilfe des griechischen Alphabets (M5) entschlüsseln.

↝ M4 – M6

2. Die Gemeinsamkeiten der Griechen

Die Griechen lebten in Poleis, in voneinander getrennten Stadtstaaten. Erkläre anhand der vorliegenden Quellen (M4 – M6), warum sie trotzdem ein Zusammengehörigkeitsgefühl entwickelten.

↝ Infotext M3, M4 – M6

Die griechische Kolonisation

Ausgehend vom damaligen griechischen Kernland (das heutige Griechenland und die westliche Türkei) besiedelten die alten Griechen nach und nach den gesamten Mittelmeerraum. Wie konnte eine Kultur, die in kleinen Orten entstanden war, die damalige Welt so beeinflussen, dass sie sogar noch unsere Gegenwart prägt?

M 1 Die griechische Kolonisation – eine Geschichtskarte

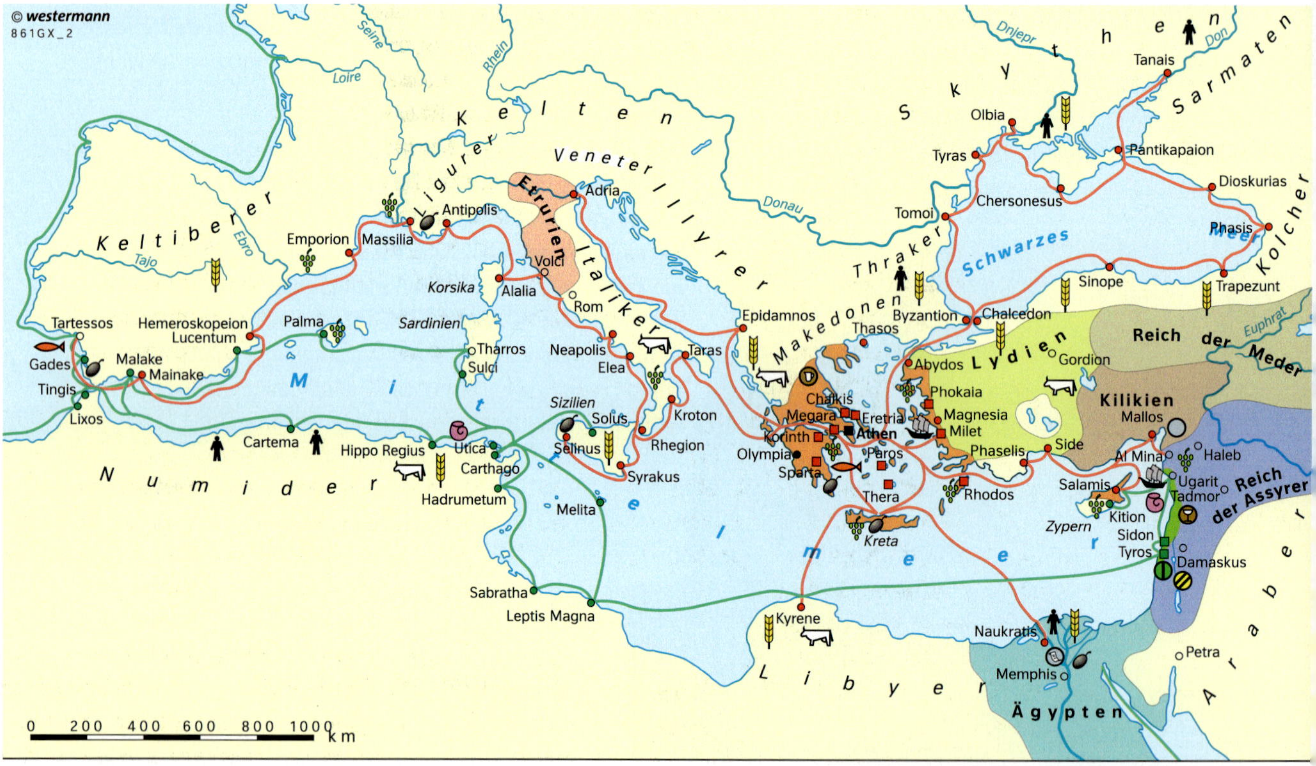

Phönikische Kolonisation (11.–7. Jahrh. v. Chr.)
- Herrschaftsgebiet
- Mutterstadt
- Tochter- oder Enkelstadt (Auswahl)

Griechische Kolonisation (8.–6. Jahrh. v. Chr.)
- Herrschaftsgebiet
- Mutterstadt
- Tochter- oder Enkelstadt (Auswahl)

Handelswege
- Phöniker
- Griechen
- *Kelten* Stammesgebiet
- sonstige Siedlung

Landwirtschaft
- Getreide
- Wein
- Olivenöl
- Holz
- Fischfang
- Viehzucht

Gewerbe
- Keramik
- Glas
- Papyrus
- Kosmetika
- Wolle, Wollwaren
- Purpur
- Schiffbau
- Sklaven

Aufgaben

1. Die griechische Kolonisation

a) Formuliere in eigenen Worten das Thema der Karte.

b) Nenne die Länder, die heute auf dem Gebiet der antiken griechischen Welt liegen.

c) Nenne die südlichste, die nördlichste, die westlichste und die östlichste griechische Enkel- oder Tochterstadt.

d) Beurteile, ob man, ausgehend von der Karte, von einer griechisch geprägten Mittelmeerwelt sprechen kann.

→ M1

2. Die Gründung einer Kolonie

a) Erschließe den Bericht von Herodot. Verwende dafür den Trainingskasten auf Seite 65.

b) Arbeite die Gründe heraus, die Herodot für eine Auswanderung nennt.

c) Herodot verfasste seine „Historien“ einige Jahrhunderte nach der großen Kolonisation. Arbeite heraus, wie er versucht, Glaubwürdigkeit zu vermitteln.

→ M3, Infotext M4

Migration in der Antike – eine schriftliche Quelle zur griechischen Kolonisation

M 2 Herodot

Griechischer Geschichtsschreiber, Geograf und Völkerkundler, römische Kopie einer griechischen Büste, 4. Jahrhundert v. Chr.

M 3 Die Gründung einer Kolonie

Herodot (etwa 484–430 v. Chr.) gilt als Begründer der Geschichtsschreibung. In seinen „Historien" berichtet er unter anderem über die Wanderungen, die letztlich zur Gründung von Kyrene in Nordafrika führten. Der Textausschnitt endet mit der Besiedlung der Insel Platea, von wo aus die Griechen Kyrene gründeten:

Gerade zu dieser Zeit wollte Theras [...] Lakedaimon [Sparta] verlassen, um eine Kolonie zu gründen. Theras stammte also aus dem Geschlecht des Kadmos und war der Mutterbruder der Söhne des Aristodemos, Eurysthenes und Prokles. Solange diese Söhne noch Kinder waren, hatte Theras als ihr Vormund den Königsthron von Sparta inne. Aber die Brüder wuchsen heran und übernahmen selber die Herrschaft, und Theras, dem es unerträglich war, einen Herrscher über sich zu haben, da er selber das Herrschen geschmeckt hatte, wollte nicht länger in Lakedaimon bleiben und sagte, er wolle auswandern zu seinen Verwandten. Nun wohnten auf der Insel Thera, früher Kalliste genannt, die Nachkommen eines Phoinikers [...].
Zu ihnen also wollte Theras mit einem Teil der Spartiaten auswandern; er wollte gemeinsam mit ihnen wohnen und ihr Freund werden, nicht sie vertreiben. [...] Die Insel Kalliste aber erhielt nach Theras, der sich auf ihr ansiedelte, den Namen Thera. [...].
Ein Nachkomme jenes Theras, Grinnos [...], König der Insel Thera, kam nach Delphi, um im Namen seiner Stadt eine Hekatombe [Festopfer] zu opfern. Einige Bürger reisten mit ihm, darunter Battos [...]. Während nun der König Grinnos von Thera das Orakel[1] befragte, gab die Pythia eine ganz andere Antwort: Er solle eine Stadt in Libyen gründen. Er erwiderte darauf: „Herr! Ich bin zu alt und müde, mich auf den Weg zu machen. Heiße doch einen der Jüngeren hier die Sache unternehmen!"
Mit diesen Worten wies er auf Battos. Weiter geschah damals nichts, und als sie heimgekehrt waren, ließen sie den Orakelspruch auf sich beruhen, denn sie wussten nicht, wo Libyen lag und wagten doch nicht, eine Kolonie ins Ungewisse und Unbekannte auszudehnen.
Nun aber blieb sieben Jahre lang der Regen in Thera aus, und während dieser Jahre verdorrten alle Bäume auf der Insel mit Ausnahme eines einzigen. Die Theraier befragten das Orakel, und die Pythia erinnerte sie an das Gebot des Gottes, eine Kolonie in Libyen zu gründen.

1 Zum Orakel von Delphi und der Pythia vgl. Seite 82

Herodot, Historien, hrsg. v. H. W. Haussig, übers. v. A. Horneffer, Stuttgart: Kröner 1971, S. 305 ff.

Training

Erschließung einer schriftlichen Quelle

Schriftliche Quellen geben uns Auskunft über frühere Geschehnisse und Zusammenhänge. Es gibt eine Fülle von Gattungen: private Briefe und öffentliche Reden; amtliche Akten und private Aufzeichnungen, ausführliche Berichte und kurze Hinweise.
Vorab muss geklärt werden, ob die Quellen echt sind. Es gab und gibt nämlich immer wieder Fälschungen. Dann ist stets genau zu überlegen, was der Autor aussagen wollte, ob seine Mitteilungen zutreffend sind und in welchen Zusammenhang sie einzuordnen sind.

Beim Umgang mit den Quellen kommt es darauf an, die Informationen, die sie enthalten, durch sinnvolle Fragen zu erschließen.

Vorgehen zur Erschließung von schriftlichen Quellen:

1. Den Inhalt erfassen
Fasse die wesentlichen Aussagen des Textes knapp zusammen.

2. Die Textart benennen
Bestimme die Gattung des Textes (Brief, Rede usw.) und erwäge, welche besonderen Merkmale ihn kennzeichnen.

3. Urheber und Leser des Textes bestimmen
Untersuche die Entstehung und die Adressaten des Textes. Wichtig ist dabei die Absicht des Verfassers.

4. Die Bedeutung des Textes zusammenfassend erklären
Verdeutliche, welche Frage du mit der Quelle beantworten willst. Formuliere dann eine Antwort.

Griechische Kolonisation

M 4 Griechische Kolonisation – Infotext

1. Die Gründe der griechischen Kolonisation:

Seit dem 8. Jahrhundert breiteten sich die Griechen im Mittelmeerraum und im Schwarzmeergebiet aus. Diese Kolonisation genannte Wanderungsbewegung hatte mehrere Ursachen, u.a. Bevölkerungswachstum, Landnot und Ernährungskrisen, Handelsinteressen, verbesserter Zugang zu Rohstoffen wie Metall oder Holz, Ehrgeiz von Einzelpersonen sowie die Möglichkeit, Konflikte im Inneren der städtischen Gemeinschaften abzubauen. Eine wichtige Quelle stellen die „Historien“ des Geschichtsschreibers Herodot aus dem 4. Jahrhundert v. Chr. dar, der über diese Auswanderung berichtet.

Die Griechen waren nicht die ersten Kolonisten: Zuvor hatten bereits die Phöniker den Mittelmeerraum besiedelt. Sie waren ein Volk, das an der Ostküste des Mittelmeers, im heutigen Syrien und im Libanon, siedelte.

Die Kolonisation führte zu einer großen Anzahl griechischer Poleis, die das Mittelmeergebiet kulturell prägten. Die Kolonien lagen dabei zwar oft weit entfernt von den Ausgangsorten, blieben ihnen aber dennoch verbunden. Deshalb werden sie auch als Tochterstädte bezeichnet. Die Kolonien wurden meist als selbstständige Städte angelegt. Für die Mutterstädte bedeuteten die Kolonien einen Zuwachs an Ansehen – sie sicherten ihre Handelsverbindungen und konnten in Notlagen Hilfe leisten. Es lässt sich allerdings nicht erkennen, dass Kolonien gegründet wurden, um die Macht der Mutterstädte planvoll zu vergrößern.

Die Kolonien trugen auch zur Verfestigung des griechischen Selbstverständnisses bei. In der Begegnung mit anderen Völkern und Kulturen wurden sich die Griechen ihrer kulturellen und sprachlichen Eigenart verstärkt bewusst. Die Gemeinsamkeiten der Sprache, der Kultur, der Religion und des Zusammenlebens in der Polis stellten ein Band dar, das alle Griechen miteinander vereinte, ohne dass daraus ein einheitliches Reich entstand.

2. Wanderungsbewegungen – früher und heute:

Wanderungsbewegungen oder **Migrationen**, wie der Fachbegriff lautet, sind immer wieder in der Geschichte zu beobachten. Auch heute verlassen viele Menschen ihre Heimat, die Gründe dafür ähneln teilweise denen der antiken Griechen.

Aufgrund der schnellen Nachrichtenübertragung ist uns heute sehr bewusst, dass beständig und weltweit Migrationsbewegungen im Gange sind. Diese vollziehen sich zum einen schneller als die Migrationen im antiken Griechenland, zum anderen sind heute weltweit deutlich mehr Menschen unterwegs. Allein für das Jahr 2015 waren es 65 Millionen Flüchtlinge; dies sind mehr Menschen, als in ganz Großbritannien leben.

Obwohl auch immer mehr Menschen nach Europa kommen, werden die meisten Flüchtlinge in anderen Staaten aufgenommen. Überdies gibt es eine große Anzahl von Binnenflüchtlingen, die zwar ihre Heimat verlassen, dabei aber keine Landesgrenzen überschreiten. Die Motive der Flüchtenden sind auch heute vielfältig.

Grundlegende Begriffe

Migration

(von „migrare“, lateinisch „wandern“). Verlagerung des Lebensmittelpunktes in eine andere Gegend oder ein anderes Land.

M 5 Überfahrt auf schrottreifen Booten

Flüchtlinge auf dem Mittelmeer, 2014

Migration in der Gegenwart – ein Bericht

M 6 „Grenzenlos und hürdenreich"

Suli Kurban, eine im Jahre 1999 aus China nach Deutschland geflüchtete Uigurin, berichtet (2015):

Ich bin Uigurin. Uiguren leben in der Region, die von den Chinesen als Autonome Region Xinjiang bezeichnet wird. Sie liegt ungefähr 5600 Kilometer von Deutschland entfernt. Xinjiang liegt im Nordwesten Chinas, direkt an der alten Seidenstraße[1], und war über 2000 Jahre eines der wichtigsten Handelszentren der Welt. In ganz China leben etwa zehn Millionen Uiguren.

In München lebt die weltweit größte uigurische Gemeinde außerhalb Chinas. Wir Uiguren leben deshalb hier, weil wir in China ständigen Menschenrechtsverletzungen ausgesetzt sind. Hunderttausende Chinesen wurden nach Xinjiang umgesiedelt und so sind wir Uiguren in unserer Heimat zu einer Minderheit geworden. Meine Muttersprache Uigurisch wurde aus dem Bildungssystem verdrängt. Statt Uigurisch wird in Schulen und Universitäten nur noch Chinesisch unterrichtet.

Wir dürfen unsere Religion nicht leben. Unsere uigurische Kultur und Identität drohen zu verschwinden. Wer sich für die Rechte der Uiguren einsetzt, riskiert lange Haftstrafen, Folter und sogar Tod.

Das war auch der Grund, aus dem sich meine Eltern entschlossen, mit uns Kindern zu fliehen. Das war 1999. Ich war damals elf Jahre alt. Wir hatten nicht genug Geld, deshalb blieb mein Vater erst mal zurück. Meine Mutter erzählte uns, dass wir meine Tante in Deutschland besuchen gehen. Sie hatte befürchtet, dass wir Kinder uns sonst verplappern würden. [...]

In dem Asylbewerberheim[2] gab es vier Baracken, pro Baracke 13 Familien, mindestens 40 Kinder. Ein Gemeinschaftsbad und eine Küche.

Fremde Sprachen und Gesichter. Es gab keine Privatsphäre[3]. Meine Mutter, mein Bruder und ich teilten uns ein Zwölfquadratmeterzimmer. Da wurde geschlafen, gegessen und es wurden Hausaufgaben gemacht. Freunde kamen nicht zu Besuch. Ich verheimlichte, wo wir lebten. [...]

Für uns Kinder war es anfangs wie ein Abenteuer. So viele Kinder aus den unterschiedlichsten Ländern. Immer war jemand zum Spielen da. Man war nie allein. Es gab Angebote von der Caritas[4]. Man hatte zwar keine „normalen" Freunde, aber für einen selbst die besten Leute um sich, weil alle das gleiche Schicksal teilten.

Für meine Mutter war es nicht so einfach. In China hatte sie als Managerin in einer Erdölfirma gearbeitet und mein Vater war ein erfolgreicher Geschäftsmann, der mit allem Möglichen handelte, von Schafsfellen bis Autos. In Deutschland war meine Mutter plötzlich allein mit uns Kindern, ohne ihren Partner, ohne Arbeit, ohne Anerkennuung. Immer in Unsicherheit. Wir hatten lediglich eine Duldung und hätten jederzeit abgeschoben werden können.

1 Alte Seidenstraße: Netz von Karawanenwegen, das in der Antike den Mittelmeerraum mit China verband
2 Asylbewerberheim: Staatlich finanzierte Unterkunft für Menschen, die in Deutschland einen Antrag auf Asyl (Zuflucht für politisch Verfolgte) gestellt haben
3 Privatsphäre: ganz persönlicher Bereich im Leben eines Menschen
4 Caritas: weltweit tätiges soziales Hilfswerk der katholischen Kirche

Suli Kurban, Grenzenlos und hürdenreich, in: Cornelia v. Schelling/Andrea Stickel (Hg.), Die Hoffnung im Gepäck. Begegnungen mit Geflüchteten, München: Allitera 2015, S. 87, 91.

Aufgaben

1. **Die griechische Kolonisation – einen Infotext auswerten**
   a) Erkläre den Begriff „Kolonisation".
   b) Nenne die Gründe für die griechische Kolonisation.
   c) Vergleiche die Gründe für die Kolonisation, die im Infotext (M4) und in der Quelle von Herodot (M3) genannt werden. Erkläre die Unterschiede.
   → M3, Infotext M4
2. **Migration heute – ein Bericht**
   a) Erschließe aus dem Text, warum Suli Kurban und ihre Eltern aus China geflohen sind.
   b) Erkläre, wie sich der Aufenthalt im Asylbewerberheim auf die Kinder und die Eltern auswirkte.
   c) Informiere dich über die Gründe für die Auswanderung oder Flucht von Menschen in der heutigen Zeit. Suche Beispiele aus verschiedenen Erdteilen.
   → M6
3. **Migrationen damals und heute – ein Vergleich**
   a) Vergleiche die Motive für Wanderungen damals und heute.
   b) Erschließe mithilfe des Infotextes M4 (Abschnitt 2) wichtige Unterschiede zwischen Migrationen damals und heute.
   → M1 – M3, Infotext M4, M5 – M6

Woher wissen wir etwas über die alten Griechen?

Oft wird in Büchern und Filmen der Eindruck erweckt, dass etwas so und nicht anders geschehen ist. Doch woher weiß man überhaupt, was wann in der griechischen Geschichte geschehen ist? Und: Kann man sich da immer sicher sein?

Da kein Historiker sich in eine Zeitmaschine setzen kann, um selbst zu erfahren, wie es im alten Griechenland zugegangen ist, muss er sich mit den heute noch vorhandenen „Zeugen" aus dieser Zeit beschäftigen, also mit Quellen unterschiedlichster Art, die etwas über die griechische Antike erzählen. Diese werden nach wissenschaftlichen Regeln untersucht und ausgewertet.

Zum Glück gibt es Archäologen

Man kann zwischen schriftlichen und nicht-schriftlichen Quellen unterscheiden, für die Geschichtswissenschaft ist die schriftliche Quelle die bedeutendste. Leider fällt diese aber für das Griechenland der Frühzeit (bis 800 v. Chr.) fast vollständig aus. Daher sind die Historiker bei der Erforschung dieses Zeitraums in ganz besonderer Art und Weise auf die Archäologen und deren Forschungsergebnisse angewiesen.

Anhand archäologischer Grabungen, bei denen Überreste von Siedlungen, Palästen oder auch Grabstätten aus dieser Zeit gefunden und untersucht werden, können z. B. Rückschlüsse auf die Organisation der damaligen Gemeinschaft ge-

M 1 Ein Relief aus dem 5. Jahrhundert v. Chr.

Asklepios, der griechische Gott der Heilkunst, behandelt eine Frau.

zogen werden: Der Historiker erfährt anhand der unterschiedlichen Ausgestaltung der Gebäudereste oder der Grabbeigaben, dass wohl höher und niedriger gestellte Bevölkerungsschichten existiert haben und ein König oder zumindest Anführer an der Spitze der Gemeinschaft gestanden hat.

Aber nicht nur für die griechische Frühzeit, sondern für die gesamte griechische Geschichte sind die Forschungsergebnisse der Archäologie eine unverzichtbare Ergänzung. Woher weiß man beispielsweise, ob es einen athenischen Politiker mit dem Namen Aristeides, einen Sohn des Lysimachos, wirklich gegeben hat? Könnte ein antiker Schriftsteller diese Person nicht auch einfach frei erfunden haben? Hier haben die Archäologen eine Tonscherbe mit dem eingeritzten Namen gefunden, wie sie beim Scherbengericht in Athen verwendet worden ist – ein Beweis mehr dafür, dass es ihn wohl wirklich gegeben hat und man überlegt hat, ihn zu verbannen.

Darüber hinaus spielen archäologische Fundstücke auch eine wichtige Rolle, wenn man untersuchen möchte, über welche Strecken die Griechen Handel betrieben haben oder wie weit sich ihr kultureller Einfluss ausgebreitet hatte: Findet man nämlich griechische Vasen oder auch Münzen in anderen Ländern, so kann man davon ausgehen, dass wohl früher eine Handelsbeziehung zwischen den beiden Ländern bestanden hat – davon abgesehen, weiß man dadurch, dass es überhaupt so etwas wie Geld gab. Findet man dann wiederum eine große Menge an Münzen in einem Versteck, also einen richtigen „Schatz“, könnte dies ein Hinweis darauf sein, dass die Menschen wohl in Bedrängnis gekommen sind – vielleicht durch herankommende Feinde – und ihr Hab und Gut verstecken mussten.

M 2 Ein Gefäß aus dem 5. Jahrhundert v. Chr.

Ein Fischhändler in Athen.

M 3 **Thukydides**
Historiker, gilt als Begründer der wissenschaftlichen und politischen Geschichtsschreibung, zeitgenössische Büste.

M 4 **Eine antike Handschrift**
Der berühmte griechische Philosoph Aristoteles verfasste im 4. Jahrhundert v. Chr. das Werk „Der Staat der Athener", von dem nur diese eine handschriftliche Abschrift aus der Antike überliefert ist. Sie befindet sich in einem ägyptischen Papyrusbuch aus der Zeit um 100 n. Chr.

Was erfährt man aus den schriftlichen Quellen?

Die Griechen der Antike verwendeten zum Schreiben Wachstafeln, Tontafeln, Steintafeln, Papyrusrollen oder Pergament mit Tinte bzw. Farbe. Bei den schriftlichen Quellen wird allgemein zwischen literarischen und nicht-literarischen Texten unterschieden.

Zu den literarischen Texten gehören die Werke der Geschichtsschreiber, wie Herodot oder Thukydides, und der große Bereich der Dichtung, d. h. Gedichte, Epen, Theaterstücke, Biografien bekannter Personen oder Reden. Der Grieche Plutarch hat im ersten Jahrhundert nach Christus seine berühmten „Doppelbiografien" geschrieben, in denen er jeweils das Leben einer wichtigen Person der griechischen und römischen Geschichte einander gegenüberstellt. Für die Geschichte Athens in klassischer Zeit sind die Komödien des Aristophanes, wie „Die Wolken" oder „Die Frösche", sehr wertvolle Zeugnisse, da in ihnen brennende gesellschaftliche Probleme um Krieg und Frieden oder Reichtum und Armut recht unverblümt dargestellt werden. Dadurch erhält ein Historiker einen Einblick in die Dinge, mit denen sich die Athener in ihrem Leben auseinandergesetzt haben. Allerdings gibt es immer mehrere Möglichkeiten der historischen Deutung. Aus zeitgenössischen Reden und Briefen erfährt man ebenfalls sehr viel über die gesellschaftlichen und wirtschaftlichen Verhältnisse im alten Griechenland.

Neben diesen literarischen Werken haben die Griechen auch eine Fülle an Sachliteratur produziert, in der sie sich mit Pflanzen- oder Tierkunde, Geografie, Politik, Philosophie und Medizin beschäftigt haben. Daher weiß man beispielsweise, wie sich die Griechen das Funktionieren des menschlichen Körpers vorgestellt oder sich Krankheiten erklärt haben. Der griechische Arzt Hippokrates gilt bis heute als der Begründer der wissenschaftlichen Medizin.

Eine große Bedeutung kommt auch den Inschriften (Epigrafen) und Papyri, den auf Papyrusrollen aufgeschriebenen Texten, zu. Inschriften haben Gesetzestexte oder Volksbeschlüsse zum Inhalt und geben uns daher Aufschluss z. B. über die Rechtsprechung. Besonders informativ sind Papyri, da man diese nicht nur bruchstückhaft gefunden hat, sondern teilweise ganze Bibliotheken, was natürlich eine zusammenhängende Deutung erleichtert. Auf diesen Papyri sind Steuererklärungen, Ehe-, Ausbildungs- oder Kaufverträge festgehalten worden, wodurch man viel über das Wirtschaftsleben Ägyptens in hellenistischer und römischer Zeit erfährt. Da die Untersuchung und Deutung dieser Quellenarten ein Spezialwissen erfordern, hat man dafür sogar eigene Forschungsbereiche gebildet, die Epigrafik und die Papyrologie.

Ein Puzzle mit vielen tausend Teilen

Historiker müssen also ganz verschiedenartige Informationen und Quellen auswerten und vergleichen, um daraus zu einem Gesamtbild zu kommen und die Vergangenheit beschreiben zu können. Forschungsergebnisse der Archäologie werden ergänzt oder mit schriftlichen Quellen verglichen, die aus der jeweiligen Zeit stammen oder Auskunft über sie geben. Die großen Epen des Homer, „Ilias" und „Odyssee", stellen beispielsweise die wichtigsten schriftlichen Quellen über die griechische Frühzeit dar. Diese entstanden zwar nicht zu dieser Zeit, aber in ihnen wird vermutlich die Gesellschaft zu dieser Zeit beschrieben. Allerdings ist der Wahrheitsgehalt dieser Quellen nicht gesichert, d. h. man weiß einfach nicht, ob man sich auch wirklich auf die Aussagen verlassen kann. Dazu kommt, dass

Homer als Einzelperson wohl gar nicht existiert hat, sondern man mit diesem Namen vermutlich mehrere Autoren bezeichnet, die um 800 v. Chr. die Geschichten niedergeschrieben haben, die man sich schon lange Zeit mündlich weitererzählt hat. Der Vergleich mit Grabungsfunden bestätigt aber viele Aussagen aus Homers Werken.

Auch sind die meisten Texte der antiken Geschichtsschreibung gar nicht komplett erhalten oder werden nur in einem anderen Text erwähnt. Daher gibt es oft für größere Zeitabschnitte keine zuverlässige Überlieferung der Geschichte, zwischen einem historischen Ereignis und dem antiken Bericht können außerdem Jahrhunderte liegen. Wie heute gab es nämlich auch damals schon Leute, die sich mit der weit zurückliegenden Vergangenheit beschäftigt haben. In diesem Fall muss man dann genau überprüfen, welche Quellen wiederum der antike Autor verwendet hat, und ob man ihm tatsächlich Glauben schenken kann.

Es gehen auch immer wieder Quellen verloren: sei es durch Raub, Umweltkatastrophen oder unsachgemäße Aufbewahrung. Auf der anderen Seite tauchen aber in regelmäßigen Abständen neue Funde auf: Die Entdeckung oder Enträtselung eines bisher unbekannten „Puzzleteils" kann dann wiederum die Deutung eines anderen verändern – manchmal sogar eines großen Teils der Geschichte überhaupt. Die Quellenbasis ist also nicht konstant und die Geschichte nie „fertig".

Die Arbeit der Historiker gleicht einem riesigen Puzzle, das oft in jahrelanger Arbeit fertig gestellt wird – und das meist nicht einmal ganz vollständig. Vieles weiß man nach wie vor nicht genau. Daher werden in den Darstellungstexten der Historiker auch oft die Wörter „wohl", „vermutlich", „wahrscheinlich" oder ähnliche verwendet, was dir in deinem Geschichtsbuch vermutlich auch schon aufgefallen ist.

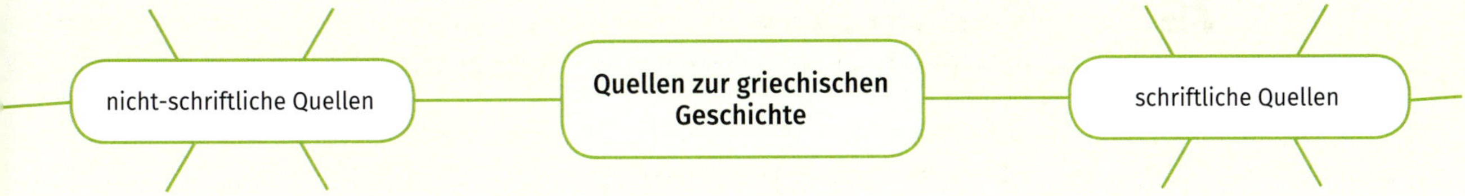

M 5 **Grundlage einer Mindmap**

Aufgaben

1. Quellen zur griechischen Geschichte

a) Erstelle nach dem oben abgebildeten Muster eine Mindmap, die einen Überblick über Quellen gibt, die für die griechische Geschichte wichtig sind.

b) Markiere diejenigen Quellen, die als besonders glaubwürdig gelten können.

↝ Text, M1–M5

2. Antike Geschichtsschreibung

a) Erörtere, welche Vorteile und welche Nachteile antike Geschichtswerke als Quellen haben.

b) Erörtere, welche Vorteile und welche Nachteile archäologische Funde als Quellen haben.

↝ Text

Die Olympischen Spiele

Rekorde, Medaillen, spektakuläre Siege und dramatische Niederlagen von Athletinnen und Athleten prägen das Erscheinungsbild der modernen Olympischen Spiele. Alle vier Jahre stehen diese sportlichen Großereignisse im Mittelpunkt der Nachrichten. Doch ihr Vorbild waren die Wettkämpfe im antiken Griechenland. Was unterscheidet die antiken Olympischen Spiele von den heutigen?

M 1 Das Heiligtum von Olympia

Blick von Osten, Rekonstruktionszeichnung

M 2 Plan der antiken Bauten von Olympia

Grundriss von Olympia

Heiliger Bezirk: Tempel, Altäre und Ähnliches
Bauten des Heiligtums ohne religiöse Funktion
Bauten mit Aufgaben für die Wettkämpfe

Ⓐ Zeustempel mit Statue des Phidias
Ⓑ Heiliger Bezirk des Pelops
Ⓒ Großer Zeus-Altar von 8 m Höhe
Ⓓ Tempel der Hera
Ⓔ Tempel der Göttermutter Gaia
Ⓕ Bouleuterion (Rathaus)
Ⓖ Prytaneion (Verwaltung)
Ⓗ Schatzhäuser:

I Sikyon	VII (unbekannt)
II Syrakus	VIII Selinunt
III Epidamnos	IX Metapont
IV Byzanz	X Megara
V Sybaris	XI Gela
VI Kyrene	

Ⓘ Werkstatt des Phidias, in der die Zeus-Statue hergestellt wurde
Ⓚ Gästehaus
Ⓛ Palästra (Trainingsplatz für Ringer und Faustkämpfer)
Ⓜ Gymnasion (Sportplatz)
Ⓝ. Bad
Ⓞ Stadion (Bahn für Wettläufer mit Start- und Zielschwellen; links: Sitze der Schiedsrichter)

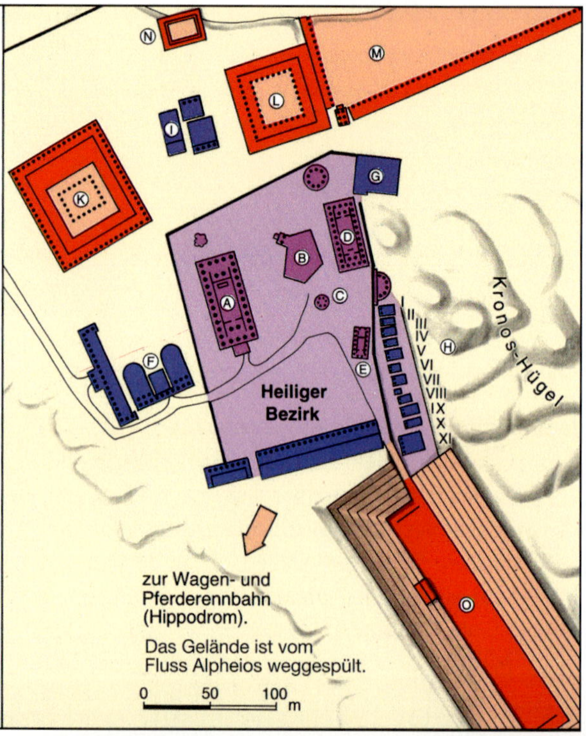

M3 Die Olympischen Spiele – Infotext

1. Die antiken Olympischen Spiele:

Die antiken Olympischen Spiele fanden ausschließlich in Olympia statt, an dem heute noch Reste der damaligen Anlagen zu besichtigen sind. Archäologische Funde, bildliche Darstellungen auf Vasen und Schalen sowie überlieferte schriftliche Quellen geben uns wichtige Informationen über die damaligen Wettkämpfe. Erhaltene Siegerlisten deuten darauf hin, dass die Spiele seit mindestens 776 v. Chr. veranstaltet wurden. Den vierjährigen Abstand zwischen den Spielen bezeichneten die Griechen als „Olympiade“, wobei die Olympiaden auch zur Datierung von Ereignissen genutzt wurden. Ihren größten Glanz hatten die Olympischen Spiele im 5. Jahrhundert v. Chr.

Die in den Spielen zum Ausdruck kommende Freude an Wettbewerben gilt als typisches Kennzeichen der griechischen Kultur. Neben den Olympischen Spielen gab es an zahlreichen Orten auch regelmäßige Theater- und Gesangswettbewerbe.

2. Ein religiöses Fest:

Die antiken Olympischen Spiele waren mehr als nur sportliche Auseinandersetzungen – sie waren eines der wichtigsten religiösen Feste in ganz Griechenland. Das Großereignis war dem Göttervater Zeus gewidmet. Ein Opferfest zu seinen Ehren bildete sogar den wichtigsten Teil der Spiele. Im zentralen Tempel im Heiligtum von Olympia befand sich ein Zeus-Standbild aus Gold und Elfenbein, das der Bildhauer Phidias um 430 v. Chr. gefertigt hatte. Es wurde zu den sieben Weltwundern der Antike gezählt.

Für das Zusammengehörigkeitsgefühl der Griechen waren die Olympischen Spiele von zentraler Bedeutung, da die Teilnehmer und Zuschauer aus dem gesamten Mittelmeerraum zusammenkamen.

3. Der Ablauf der Olympischen Spiele:

An den Wettkämpfen in Olympia durften nur freie griechische Männer teilnehmen. Für junge Frauen fand jedoch außerhalb der Spiele alle vier Jahre ein Wettlauf über 160 Meter zu Ehren der Göttin Hera statt, die als Gemahlin von Zeus ebenfalls in Olympia verehrt wurde.

Ein Start bei den Olympischen Spielen war nur aussichtsreich, wenn zuvor langfristig und intensiv trainiert wurde. Dies setzte eine finanzielle Unabhängigkeit der Athleten voraus, die in der frühen Zeit der Spiele nur bei Adligen gegeben war. In späteren Zeiten unterstützten dann die Poleis ihre Sportler.

Um eine gefahrlose Anreise zu ermöglichen, wurde schon im Frühjahr ein für ganz Griechenland geltender Friede verkündet, der allerdings nicht immer eingehalten wurde. Der Andrang zu den Spielen war so stark, dass eine große Anzahl der Teilnehmer, Zuschauer und Händler im Freien oder in Zeltstädten übernachten musste. Die Spiele hatten immer auch den Charakter eines Volksfestes, das mehrere Tage andauerte. Es begann mit Opferungen und der Vereidigung der Teilnehmer vor dem Standbild des Zeus im Ratsgebäude, dem Bouleuterion. Die Wettkämpfe für Männer und Jungen fanden an den folgenden Tagen statt. Höhepunkt war das Opferfest für Zeus, das mit dem Vollmond zusammenfiel. Dabei wurden Ochsen geschlachtet und teilweise auf einem meterhohen Altar verbrannt.

Die Olympischen Spiele endeten mit der Siegerehrung. Die Namen der Sieger wurden verkündet und in Listen festgehalten. Als Siegespreis winkte in Olympia lediglich ein Lorbeerkranz, in ihren Heimatstädten wurden die Sieger jedoch bei der Heimkehr glänzend empfangen, reich beschenkt und mit vielen Vorrechten versehen, sodass sich ein Sieg auch finanziell lohnte. Manche Athleten ließen Siegerstatuen aufstellen, einige bekleideten später auch wichtige Ämter in ihrer Polis.

4. Das Ende der Olympischen Spiele in der Antike:

Die Olympischen Spiele fanden auch dann noch statt, als Griechenland unter römische Herrschaft kam. Erst die allgemeine Ausbreitung des Christentums führte zu ihrem Verbot. Die letzten Wettkämpfe wurden 395 n. Chr. ausgetragen. – bis sie 1894 wiederbelebt wurden.

Aufgaben

1. Olympische Spiele – antike Bauten untersuchen

a) Erarbeite mithilfe des Grundrisses M2 und des Infotextes M3 die Aufgaben der Olympischen Spiele.

b) Vergleiche den Grundriss M2 mit der Rekonstruktionszeichnung M1. Beachte insbesondere das Stadion.

→ M1 – M3

2. Olympische Spiele – einen Infotext auswerten

a) Erarbeite aus dem Text, warum die Olympischen Spiele für das Zusammengehörigkeitsgefühl der Griechen so wichtig waren. Beachte besonders Abschnitt 3.

b) Nenne die Elemente, an denen der religiöse Charakter der Spiele deutlich wird.

c) Erstelle aus dem Text ein Schaubild, in dem die einzelnen Informationen möglichst anschaulich miteinander verbunden sind.

→ Infotext M3

Antike Sportarten rekonstruieren – der Weitsprung

M 4 Wettkämpfe im antiken Olympia

Laufdisziplinen
Kurzstreckenlauf (192,25 m)
Mittelstreckenlauf (346,56 m)
Langstreckenlauf (3845 m)
Waffenlauf (384,5 m, ursprünglich wurden Waffen, Helm, Schild und Beinschienen getragen)

Fünfkampf
Diskuswurf
Speerwurf
Weitsprung
Kurzstreckenlauf
Ringkampf

Schwerathletik
Ringkampf
Faustkampf
Pankration (eine Mischung aus Faust- und Ringkampf)

Wagen- und Pferderennen
Sie bildeten den Höhepunkt der olympischen Disziplinen.

M 5 Weitsprung-Darstellung
Vase aus Athen, um 500 v. Chr.

M 6 Sprunggewicht aus Stein
Fund aus Olympia, 300 v. Chr.

Aufgaben

Die olympischen Wettkämpfe
a) Beschreibe die Disziplin „Weitsprung" im antiken Olympia.
b) Vergleiche die antike Disziplin mit dem Weitsprung, wie er heute üblich ist.
c) Stellt in der Klasse Sprunggewichte her (z. B. aus mit Sand gefüllten Wasserflaschen) und führt auf dem Sportplatz den antiken Weitsprung durch. Stellt die Ergebnisse in einer Tabelle den Weitsprungergebnissen aus dem Sportunterricht gegenüber.
M4 – M6

Der Olympiapark in München – antike Bezüge in der heutigen Lebenswelt

M 7 **Der Olympiapark in Müchen**

Zu den Olympischen Sommerspielen 1972 wurde in München der Olympiapark errichtet. Insbesondere die Zeltdachkonstruktion wurde weithin beachtet. Die Anlage bestand unter anderem aus den hier (Foto von 2008) abgebildeten Sportstätten: 1 Schwimmhalle, 2 Olympiahalle, 3 Olympiastadion, 4 Radstadion (2015 abgerissen).

Aufgaben

Die Olympischen Spiele – früher und heute

a) Vergleiche die Anlage im antiken Olympia mit der Olympiaanlage in München. Nenne Gemeinsamkeiten und Unterschiede.

b) Erschließe aus dem Vergleich, welche zentrale Bedeutung die Olympischen Spiele damals und heute hatten.

c) Erstelle eine Tabelle, in der du die antiken und modernen Olympischen Spiele gegenüberstellst. Achte dabei auf folgende Vergleichspunkte: Austragungsort, Bauten, Teilnehmer, Sportarten, Dauer, Zweck, Siegerehrung.

d) Zeige in Form eines Radioberichts, den du zusammen mit deinem Partner erstellst, Unterschiede und Gemeinsamkeiten zwischen den antiken und den modernen Olympischen Spielen auf. Berücksichtigt dabei auch die Frage, ob die Olympischen Spiele zu einer friedlicheren Welt beitrugen bzw. beitragen.

M1 – M7

M 1 **Das Theater in Epidaurus auf der Peloponnes**

Es ist nach dem Vorbild des Dionysos-Theaters erbaut, Foto, um 2000.

Das Theater im antiken Griechenland

Im antiken Griechenland entstanden die Grundelemente des Theaters, die bis heute nachwirken: Bühne und Zuschauerraum; Schauspieler, die eine Rolle spielen; Darbietung einer ernsten oder lustigen Handlung. Auch wenn das Theater damals einen anderen gesellschaftlichen Stellenwert besaß als heute, finden sich die Werke von Aischylos, Aristophanes, Euripides oder Sophokles bis in die Gegenwart auf den Bühnen in aller Welt. Wie verlief eine Theateraufführung im antiken Griechenland?

M 2 **Schauspieler mit Maske**

Im antiken griechischen Theater wurden auch die Frauenrollen von Männern gespielt. Sie trugen Masken, anhand derer man das jeweilige Geschlecht und die Rolle erkennen konnte, Vase, 5. Jh. v. Chr.

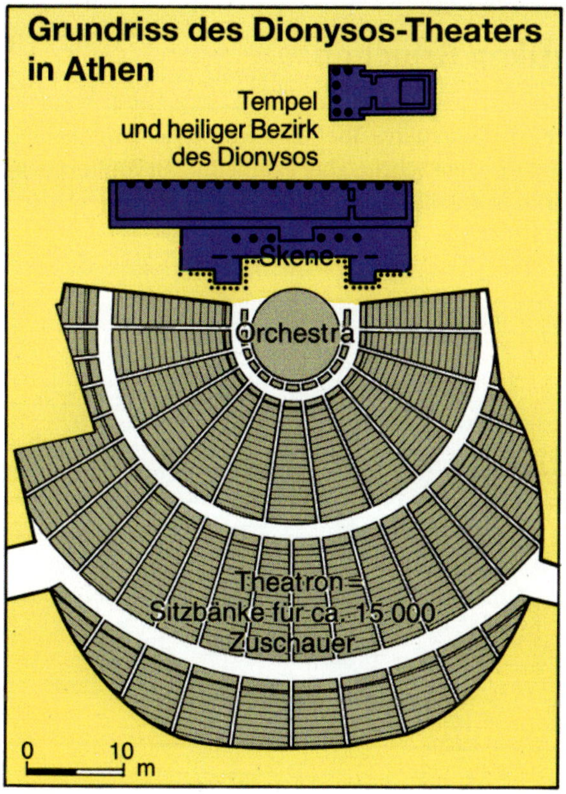

M 3

M 4 Theater im antiken Griechenland – Infotext

1. Der Ursprung des Theaterspiels:

Das Theaterspiel in Griechenland steht in engem Zusammenhang mit der Ausübung der Religion. Chorgesänge und feierliche Umzüge bei der Verehrung des Dionysos, des Gottes des Rausches, der Ekstase und der Fruchtbarkeit, bildeten den Ursprung für die griechischen Dramen. Bei den Dramen unterscheidet man zwischen Tragödien und Komödien:

- Tragödien bezogen ihre Stoffe meist aus den Götter- und Heldensagen der homerischen Zeit und stellten oft menschliche Grundkonflikte dar.
- Komödien bildeten das Verhalten oder die Politik der Zeitgenossen lustig und oft derb ab, um Missstände und Fehlverhalten zu kritisieren.

2. Die Aufführungen:

Aufgeführt wurden die Tragödien Anfang April an mehreren Festspieltagen zu Ehren des Gottes Dionysos. Diese Aufführungen waren verbunden mit einem Preiswettkampf dreier Dichter. Drei Tragödien bildeten hierbei eine Trilogie, die durch ein heiteres Nachspiel zur Tetralogie ergänzt wurde. Die Aufführungen begannen jeweils am Vormittag mit der ersten Tragödie und endeten am Abend mit einem sogenannten Satyrspiel, das als Kontrast zu den vorangegangenen Tragödien heitere Episoden aus dem Leben der Begleiter des Dionysos präsentierte.
Die Sprache des antiken Theaters war feierlich und an ein Versmaß gebunden, was durch den religiösen Rahmen des Theaters bedingt war. Ein Einsatz des Gesichtsausdrucks (Mimik) war den Schauspielern nicht möglich, denn sie trugen Masken, an denen die Zuschauer die verschiedenen Figuren der Tragödie erkannten. Man unterschied beispielsweise zwischen Schreckens-, Greisen-, Männer-, Jünglings- oder Frauenmasken.
„Sprechende Requisiten" wie der Botenstab des Götterboten Hermes erleichterten die Einordnung der Figuren. Schauspieler waren ausschließlich Männer, die auch die weiblichen Rollen übernahmen. Um größer zu wirken und ihren Eindruck auf den Freilichtbühnen zu steigern, trugen sie dicksohlige Schaftstiefel (Kothurnen).

Aufgaben

Das Theater in der Antike – verschiedene Materialien auswerten

a) Beschreibe anhand des Fotos M1 und des Grundrisses M3 den Aufbau des griechischen Theaters.
b) Erkläre, warum es sich bei dem Vasenbild M2 um die Darstellung einer Theaterszene handelt.
c) Erkläre mithilfe des Infotextes, welche Mittel die antiken Schauspieler hatten, das Geschehen auf der Bühne möglichst allen Zuschauern zu vermitteln.
d) Informiere dich kurz über die im Infotext genannten Autoren.
e) Nenne die Unterschiede und Gemeinsamkeiten von antikem und heutigem Theater. Lege dazu eine Tabelle mit zwei Spalten an.

→ M1 – M4

Die Religion der antiken Griechen

Woher wissen wir eigentlich etwas Genaueres über die Religion der Griechen? Es gab keine allgemein verbindliche heilige Schrift, aber es gibt Ruinen von Tempeln, Abbildungen auf Gefäßen und schriftliche Zeugnisse.

M 1 Gebet des Aias vor seinem Selbstmord

Nach dem Tod des Helden Achill in einer Schlacht kommt es zwischen Aias und Odysseus zum Streit um die Waffen Achills. Obwohl Aias die Leiche Achills aus der Schlacht gerettet hat, kann er sich gegen Odysseus nicht durchsetzen. Aias gerät in rasende Wut und tötet in seinem Wahn Schafherden. Wieder bei Sinnen kann er die Schmach nicht ertragen und stürzt sich von allen verlassen in sein Schwert. Diese attische Vase entstand um 460/50 v. Chr.

M 2 Opfer für Dionysos

Griechisches Relief, 4. Jahrhundert v. Chr.

M 3 Ein Orakel

König Ägeus befragt die Priesterin Pythia in Delphi.
In der Hand hält sie den Lorbeerzweig Apollons, Trinkschale um 440 v. Chr.

Info

Delphi

Delphi war eine griechische Stadt, in der das berühmte Orakel ansässig war. Heute gehören die Ausgrabungen der antiken Stätte zum Weltkulturerbe der UNESCO.

M 4 Die Religion der antiken Griechen – Infotext

1. Götter beherrschen die Welt:

Den Göttern wurde der oft wolkenverhangene Berg Olymp als Wohnort zugeschrieben. Die Griechen stellten sich ihre Götter – abgesehen von ihrer ewigen Jugend und ihrer Macht – sowohl vom Aussehen als auch vom Verhalten her wie Menschen vor. Daher gab es unter den griechischen Göttern Freundschaft und Liebe ebenso wie Betrug und Feindschaft.

An der Spitze der Götterfamilie stand Zeus. War Zeus ursprünglich nur ein Gott, der für Himmelserscheinungen wie Blitz und Donner zuständig war, so wurde er im Laufe der Zeit zum Wächter der Gerechtigkeit. In dieser Funktion durchschaute er alles Tun und Handeln der Menschen und bestrafte deren Vergehen.

Die Religion der Griechen war polytheistisch – es wurden viele Götter verehrt. Der Glaube an eine Göttervielfalt erlaubte es den Menschen, unverständliche und widersprüchliche Ereignisse leichter durch unterschiedliche Akteure zu erklären: So glaubten die Griechen bei Gewittern, Zeus wäre zornig, und die Liebe war für sie ein Werk der Göttin Aphrodite. Überhaupt erschien den Griechen die gesamte Welt voller Götter und Fabelwesen – in Quellen wohnten Nymphen, Bäume wurden von Satyrn oder Faunen bevölkert und Flüsse von Flussgöttern, deren Wohlwollen man mit Gebeten oder Opfern zu erlangen suchte.

2. Formen religiöser Verehrung:

Die Griechen kannten keinen eigenen Priesterstand, wie er in Ägypten üblich war. Offizielle religiöse Handlungen wurden von Priestern vollzogen, die man jährlich neu wählte. Im Zentrum der religiösen Kulte stand das Opfer: Um die Götter gnädig zu stimmen, schlachteten die Priester Tiere und verbrannten ausgewählte Stücke davon auf dem Opferaltar. Die größten und besten Stücke der Opfertiere wurden anschließend in einem Festmahl verzehrt. Das Opfern war jedoch nicht allein Priestern vorbehalten; auch der einzelne Gläubige konnte opfern.

Eine wesentliche Rolle in der griechischen Lebenswelt spielten religiöse Zentren und Kultstätten wie Olympia, die allen Hellenen heilig waren. Die Griechen glaubten, dass an diesen Orten eine Gottheit mit den Gläubigen direkt in Verbindung treten und Auskünfte über die Zukunft geben könnte. Gesandtschaften aus ganz Griechenland besuchten deshalb etwa das Heiligtum in Delphi. Hier äußerte sich nach der Vorstellung der Griechen der Gott Apollon. Die Pythia, eine Priesterin, saß in ihrer „Cella", dem Innenraum, auf einem dreifüßigen hohen Stuhl aus Bronze und wurde unter der Einwirkung von Dämpfen in eine Art Rauschzustand versetzt. Die Griechen glaubten, dass die Pythia in diesem Zustand göttliche Botschaften verkünden konnte. Sie stellten sich vor, dass Apollon auf Fragen antworte und in schwierigen politischen und privaten Situationen Lösungen aufzeige.

Als Dank für günstige Antworten oder eingetroffene Prophezeiungen wurden aus ganz Griechenland Weihgeschenke und Beuteanteile nach Delphi gesandt, die in Schatzhäusern aufbewahrt wurden.

M 5 Thronender Zeus

Griechische Bronzestatuette, Höhe 12 cm, 6. Jahrhundert v. Chr.

Aufgaben

1. Die Menschen und die Götter

a) Erkläre mithilfe der Abbildungen die Kontaktaufnahme der Griechen mit den Göttern.

b) Beurteile, ob die Abbildungen auf Vasen und Reliefs wichtige Quellen sind.

↝ M1 – M3

2. Die griechischen Götter

a) Erstelle eine Übersicht über wichtige griechische Götter (Merkmale, Zuständigkeiten, Verwandschaftsverhältnisse). Vergleiche diese mit der ägyptischen Götterwelt (Seite 48).

b) Nenne Besonderheiten der griechischen Götterwelt.

↝ Infotext M4 und Seite 48

Athen – die größte Polis Griechenlands

Die Redewendung „Eulen nach Athen tragen“ steht dafür, etwas Überflüssiges zu tun. Sie geht auf den griechischen Dichter Aristophanes zurück, der damit in seiner Komödie „Die Vögel“ auf den Reichtum Athens verweist: Die attischen Münzen waren nämlich mit einer Eule geschmückt. Woher kam dieser Reichtum?

M 1 **Die Polis der Athener (im 5. Jahrhundert v. Chr.)**

Aufgaben

Athen – die größte Polis Griechenlands

a) Arbeite anhand der Karte die Besonderheit der Polis Athen heraus. Verwende dafür den Trainingskasten „Erschließung von Geschichtskarten“ auf Seite 30.

b) Erarbeite aus dem Infotext M2, worin der Reichtum Athens bestand.

→ M1, Trainingskasten auf Seite 30, Infotext M2

M 2 Athen: die größte Polis Griechenlands – Infotext

1. Die Landwirtschaft in der größten Polis Griechenlands:

Die Polis der Athener umfasste die gesamte Halbinsel Attika – die Fläche von rund 2500 Quadratkilometern entspricht ungefähr dem heutigen Großherzogtum Luxemburg. Wie ganz Griechenland war auch die Landschaft Attikas in der Antike geprägt durch waldreiche Berge und landwirtschaftlich genutzte Täler. Der Boden war besonders geeignet für den Anbau von Wein, Feigen und Oliven, aber auch Gemüse und Getreide wurden angepflanzt. Die Athener bauten in Attika angesichts der geringen Niederschlagsmengen mehr Gerste als Weizen an.
In Gebieten, die zum Ackerbau nicht geeignet waren, wurde Weidewirtschaft betrieben. Das Frühjahr und den Sommer verbrachte das Vieh in den Bergen, die Wintermonate dagegen in tiefer gelegenen, wärmeren Regionen. Schafe und Ziegen lieferten Wolle und Milch, aus der auch Käse hergestellt wurde. Zudem dienten die Tiere in Notzeiten als Ergänzung der sonst überwiegend pflanzlichen Nahrung, die allerdings immer durch den Fischfang bereichert wurde.

2. Antiker Bergbau:

Schon seit dem ausgehenden siebten Jahrhundert v. Chr. war Athen auf Getreideeinfuhren angewiesen, um die Bevölkerung ausreichend ernähren zu können. Finanziert wurde der Import durch den Silberbergbau im Lauriongebirge sowie durch die Ausfuhr handwerklicher Produkte.
Wissenschaftler nehmen an, dass die Athener im sechsten Jahrhundert v. Chr. mit dem Abbau von Zink und Blei begonnen haben. Im Verlauf des fünften vorchristlichen Jahrhunderts verwandelte sich das Gebiet nördlich von Kap Sunion in eine für damalige Zeiten riesige Bergwerkslandschaft mit mehr als 2000 Schächten und 200 Anlagen zur Aufbereitung und Verhüttung des Erzes. Die Minen selbst verblieben im Besitz der Polis und trugen ganz erheblich zu Athens Macht und Reichtum bei.

M 4 Tetradrachme
Rückseite: Eule der Athena und Ölzweig. 6. Jh. v. Chr., Silber

3. Handwerk und Handel:

Besonders begehrt waren die Töpferwaren der Handwerker aus Attika. Aus Ton wurden vor allem Geschirr, Trink- und Lagergefäße hergestellt, wieder andere Töpfereien wurden zu rituellen Zwecken verwendet, etwa als Grabschmuck. Attische Vasen waren ein gefragter Exportartikel. Von Vasenmalereien und Wrackfunden weiß man, dass attische Waren auf Segelschiffen im gesamten Mittelmeerraum und Schwarzmeergebiet vertrieben wurden.
Mit dem Warenhandel über weite Entfernungen entwickelte sich zugleich auch das Münzwesen. Das aus einer Goldlegierung und später aus Silber geprägte Metallgeld war in Kleinasien seit Beginn des 6. vorchristlichen Jahrhunderts im Gebrauch. Der besondere Reichtum Athens begründete den Einfluss Athens im gesamten Mittelmeerraum.

M 3 Ein Frachtschiff
Abbildung auf einer Keramikschale aus Athen, 6. Jahrhundert v. Chr.

Gegenständliche Quellen untersuchen – eine attische Vase

M 5 **Attische Schale (Erzgießerei-Schale)**

Material: Ton,

Art: rotfigurig,

Höhe: 12 cm, Durchmesser: 30,5 cm,

Motive:

Außen (oben): Erzgießerei (Herstellung zweier Bronzestatuen),

Innen: Hephaistos übergibt Thetis die Waffen des Achilles,

Fundort: Vulci (Italien),

Datum der Herstellung: Anfang des 5. Jhs. v. Chr.,

Hephaistos: griechischer Gott des Feuers, der Schmiede und der Handwerker,

Thetis: Meeresnymphe, die schönste der Nereiden, wie die Töchter der Meeresgötter Doris und Nereus genannt wurden,

Achilles: griechischer Held vor Troja, Hauptfigur der Ilias, Sohn des Königs Peleus und der Meeresnymphe Thetis.

M 6 Griechische Keramik – Infotext

Scherben griechischer Keramik oder auch vollständig erhaltene Stücke stellen wichtige Quellen für die Erforschung der griechischen Antike dar. Dabei reicht die Bandbreite der gefundenen Keramik von einfacher Gebrauchskeramik, die in günstiger Massenproduktion hergestellt wurde, bis hin zu sehr aufwändig gestalteten und bemalten Einzelstücken, die beispielsweise für aristokratische Symposien (Gastmähler) zur Dekoration und auch zur Darstellung des sozialen Status des Gastgebers gefertigt wurden. Die darauf gezeigten Bilder leisten heute einen wesentlichen Beitrag zur Erforschung z. B. des antiken griechischen Kultur- und Alltagslebens oder der Mythologie.
Man kann bei der Malerei auf den Vasen oder Schalen zwischen zwei Hauptstilen unterscheiden: Der sogenannte schwarzfigurige Stil zeichnet sich durch schwarze Figuren auf rotem Grund aus und war vor allem zwischen dem 7. und 5. Jh. v. Chr. verbreitet. Er wurde abgelöst durch den rotfigurigen Stil, bei dem sich rote Figuren auf schwarzem Grund befinden.
Athen war ein Zentrum der antiken Vasenmalerei und exportierte große Mengen attischer Keramik, z. B. nach Italien zu den Etruskern.

Training

Erschließung von bildlichen Quellen: Vasenbilder

Vasen zählen zu den gegenständlichen Quellen, da sie dreidimensionale Objekte sind. Sie lassen sich daher auch wie andere gegenständliche Quellen erschließen.

Wenn sie bemalt sind, sind sie aber zugleich auch bildliche Quellen. Insbesondere die hochwertige attische Keramik war mit Abbildungen sowohl aus dem Alltagsleben als auch aus der Welt der Sagen und Mythen versehen. Diese Keramik ist heute für uns eine wichtige Quelle.

Die attischen Töpfer und Vasenmaler waren sehr stolz auf ihr handwerkliches Können. Sie signierten ihre Erzeugnisse sogar mit ihren Namen.

Bei der Erschließung von bildlichen Quellen kann man so vorgehen:

1. Das Bild genau beschreiben
Benenne die einzelnen Bildelemente. Gehe dabei systematisch vor (z. B. von links nach rechts, von vorne nach hinten, von der Mitte an den Rand)!

2. Die einzelnen Teile des Bildes entschlüsseln
Zeige, welche Bedeutung die einzelnen Elemente haben. So kann eine Krone darauf hindeuten, dass ein König dargestellt werden soll.

3. Schöpfer und Betrachter des Bildes bestimmen
Untersuche, wer die Quelle geschaffen hat, welchem Zweck sie diente und wer sie wofür verwendete.

4. Die Bedeutung des Bildes zusammenfassend erklären
Verdeutliche, welche Frage du mithilfe des Bildes beantworten willst. Formuliere dann eine Antwort.

Aufgaben

1. Gegenständliche Quellen untersuchen – eine attische Vase

a) Erschließe die Vasenbilder M5 mithilfe des Trainingskastens auf dieser Seite.

b) Erkläre die Abbildungen auf der Innenseite und der Außenseite der Schale.

c) Erläutere den inhaltlichen Bezug zwischen beiden Abbildungen.

d) Ist der Name „Erzgießerei-Schale“ gut gewählt? Begründe deine Meinung und schlage gegebenenfalls eine treffendere Bezeichnung vor.

→ M5

2. Griechische Keramik

Zeige anhand der Vase M5, welche Bedeutung Keramik für das antike Griechenland hatte. Verwende dafür auch den Infotext M6.

→ M5, M6

Grundlegende Begriffe

Demokratie

Herrschaftsform, in der das Volk über die Politik bestimmt. Die ursprüngliche Form entstand in der Polis Athen im 6. und 5. Jh. v. Chr. In ihr konnten alle männlichen Bürger in der Volksversammlung direkt über Sachfragen abstimmen (direkte Demokratie). Frauen, Fremde und Sklaven besaßen keine politischen Rechte.

Im Gegensatz dazu basiert der moderne Demokratiebegriff auf den für alle geltenden Menschenrechten wie Freiheit und Gleichheit. Zudem werden in den meisten modernen Demokratien im Unterschied zur direkten Demokratie in der Antike in der Regel Volksvertreter (Abgeordnete) in Parlamente gewählt, die dort stellvertretend für alle Bürgerinnen und Bürger beraten und entscheiden (repräsentative Demokratie).

Verfassung

Die politische Grundordnung eines Staates bezeichnet man als Verfassung. Hierzu zählen alle Regelungen über die Staatsform, die Leitung des Staates und über die Bildung und Aufgaben der Staatsorgane. Obwohl Verfassungen in der Regel schriftlich festgelegt sind, gibt es auch Staaten ohne geschriebene Verfassung.

Wer herrschte im antiken Athen?

Die Bundesrepublik Deutschland ist ein Staat mit einer demokratischen Ordnung. Der Begriff **Demokratie** stammt aus dem Griechischen und bedeutet wörtlich „Volks-Herrschaft". Die damaligen Verhältnisse unterschieden sich jedoch deutlich von den heutigen. Gleichwohl gilt die **Verfassung** des antiken Athens, d.h. die politische Grundordnung, als frühestes Beispiel für politische Entscheidungen durch eine Mehrheit des Volkes.

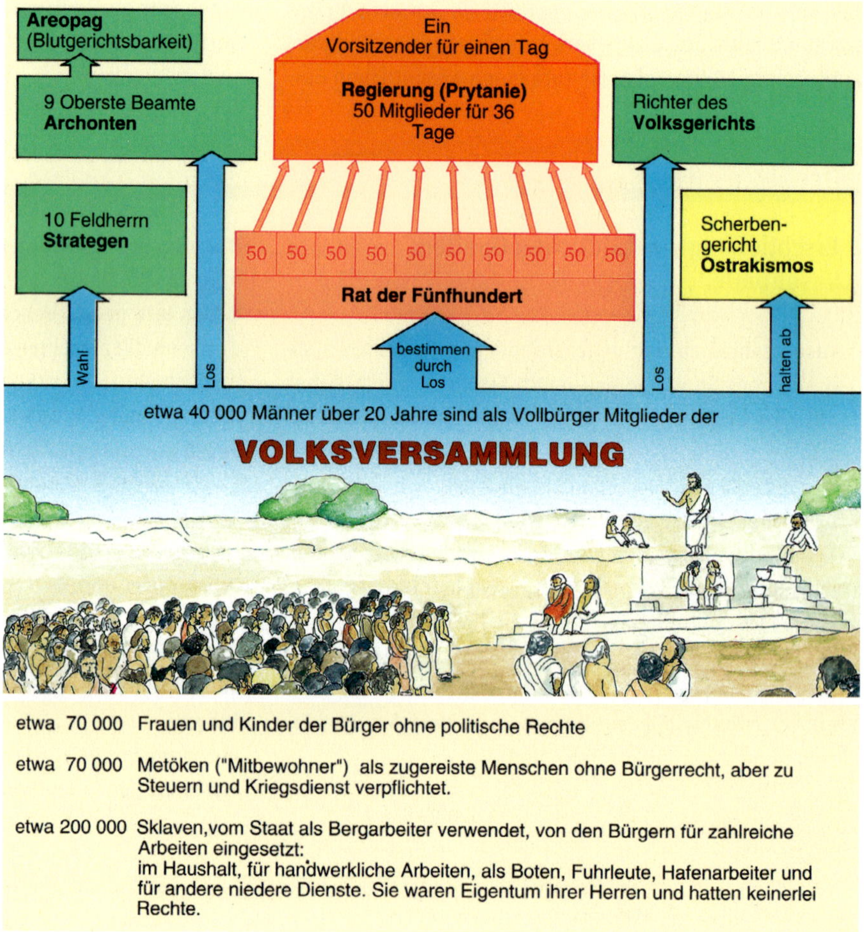

Training

Erschließung von Schaubildern

Schaubilder geben Sachverhalte in bildlicher Form wieder. Sie verwenden Schrift und Symbole (z. B. Pfeile). Die Anordnung der einzelnen Elemente soll Zusammenhänge verdeutlichen.

Bei der Erschließung von Schaubildern kann man so vorgehen:

1. Das Thema des Schaubilds bestimmen

Benenne mithilfe der Überschrift den Inhalt des Schaubilds.

2. Die einzelnen Elemente des Schaubilds erläutern

Beschreibe die einzelnen Teile. Achte dabei auf Farben, Symbole und Schriftgestaltung.

3. Die Beziehungen zwischen den einzelnen Elementen erklären

Zeige, wie die einzelnen Teile zusammenhängen. Wichtig sind dabei Linien und Pfeile, aber auch andere Gestaltungselemente.

4. Die Informationen, die das Schaubild enthält, zusammenfassend erläutern

Stelle die zentralen Aussagen möglichst knapp dar.
Du kannst auch darauf eingehen, ob das Schaubild deiner Meinung nach gelungen ist.

M 2 Wer herrschte im antiken Athen? – Infotext

1. Von der Monarchie zur Aristokratie:

In vielen griechischen Poleis scheint zunächst ein König geherrscht zu haben. Diese Herrschaft eines Einzelnen wird als Monarchie bezeichnet. An die Monarchie schloss sich vielfach die Herrschaftsform der **Aristokratie** an, die wörtlich übersetzt „Herrschaft der Besten" bedeutet. Tatsächlich handelte es sich dabei aber um eine Oberschicht, die aus einer Gruppe reicher Familien bestand. Die Aristokraten waren Großgrundbesitzer und verfügten somit über die Mittel, Pferde und Waffen zur Verteidigung der Polis zu unterhalten.

Mit der Zeit wurden zur Verteidigung der Polis zunehmend Hopliten – das sind schwer bewaffnete Kämpfer – eingesetzt, die in einer Schlachtreihe, der sogenannten Phalanx, kämpfen konnten. Da Bauern, Händler und Handwerker in der Lage waren, eine solche Ausrüstung zu bezahlen und Kriegsdienst leisteten, forderten auch sie politischen Einfluss, den sie nach und nach durchsetzen konnten.

2. Die Krise der Aristokratie:

Viele Bauern waren bei den Großgrundbesitzern verschuldet, die sie bei Zahlungsunfähigkeit sogar versklaven konnten. Als sich die Situation in Athen zuspitzte, bemühte sich Solon (etwa 640–560 v. Chr.), der selbst ein Angehöriger der Oberschicht war, um einen Ausgleich. Er erreichte, dass den Kleinbauern die Schulden erlassen wurden, und verbot den Großgrundbesitzern, die Bauern zu versklaven. Mit dieser sogenannten Lastenabschüttelung sollte der innere Frieden in der Polis wieder hergestellt werden.

Doch der Konflikt dauerte an. Diese Auseinandersetzung nutzte der Adlige Peisistratos (um 560–527 v. Chr.) aus und herrschte als „Tyrann", das heißt als Alleinherrscher. Er war erfolgreich, weil er die wirtschaftliche Lage der Handwerker und Bauern verbessern konnte. Als jedoch nach seinem Tod 527/528 v. Chr. zwei seiner Söhne versuchten, die Alleinherrschaft gewaltsam weiterzuführen, wurde der eine ermordet und der andere musste aus Athen fliehen.

3. Auf dem Weg zur Demokratie:

Eine wichtige Etappe in der weiteren Entwicklung stellten die Maßnahmen des Kleisthenes dar (508/507 v. Chr.). Er wollte den Einfluss verschiedener Gruppen aus der Oberschicht beschränken und die Errichtung einer Tyrannis mithilfe einer Neuaufteilung der Bevölkerung erschweren: Zunächst teilte Kleisthenes Attika in drei Gebiete – Stadt, Binnenland und Küstenregion – mit jeweils zehn Zonen ein. Dann fasste er immer drei Zonen, und zwar eine aus der Stadt, eine aus dem Binnenland und eine aus der Küstenregion, zu einer sogenannten Phyle zusammen. So entstanden insgesamt zehn Phylen. Sie bildeten die Grundlage für das Militärwesen und für die politische Ordnung. Aus jeder Phyle wurden 50 Ratsherren bestimmt, die im „Rat der 500" die wichtigen politischen Entscheidungen vorbereiteten.

Das letzte Wort aber hatte die Volksversammlung, welche die wichtigste politische Einrichtung der Polis war. Die obersten vom Volk gewählten Beamten, die sogenannten Archonten, hatten die Beschlüsse schließlich auszuführen. Um eine Tyrannis zu verhindern, wurde das „Scherbengericht" eingeführt: Falls mindestens 6000 Bürger den Namen eines Politikers, den sie für zu machtgierig hielten, auf eine Tonscherbe schrieben, musste dieser für zehn Jahre Athen verlassen. Nach der griechischen Bezeichnung für Scherbe – Ostrakon – wurde dieses Verfahren Ostrakismos genannt.

Das Recht der politischen Teilhabe war in Athen an den Bürgerstatus gebunden, d.h. es kam nur männlichen erwachsenen Vollbürgern zu. Frauen, dauerhaft in Athen lebende Ausländer (Metöken) und Sklaven besaßen hingegen keine politischen Rechte.

Grundlegende Begriffe

Aristokratie

(griech. = Herrschaft der Besten). Staatsform, wo im Unterschied zur Monarchie oder Demokratie ein bevorzugter Teil des Volkes herrscht. In der Regel handelt es sich dabei um eine privilegierte, oftmals grundbesitzende Adelsschicht.

Aufgaben

1. Die attische Demokratie – einem Schaubild Informationen entnehmen

a) Erschließe das Schaubild „Die attische Demokratie". Verwende dafür den Trainingskasten auf Seite 88.

b) Demokratie wird auch beschrieben als Herrschaft durch das Volk. Zeige mithilfe des Schaubildes, wer damals zum Volk gerechnet wurde.

↷ M1

2. Antike Demokratie – einen Infotext auswerten

a) Erkläre die Begriffe Monarchie, Aristokratie und Demokratie.

b) Nenne die wichtigsten Stationen auf dem Weg zur Demokratie in Athen.

↷ Infotext M2

Attische Demokratie und die Perserkriege

M 3 Das Perserreich

Das Perserreich wurde im 6. Jahrhundert v. Chr. von Kyros begründet. Sein Grabmal steht heute noch im Iran. Er unterwarf viele Gebiete, sodass das Perserreich von Europa bis nach Indien reichte. In Persien lebten die Errungenschaften der alten Hochkulturen fort, wie sich heute noch an den Resten von Straßen, Kanalsystemen und Handelsrouten ablesen lässt. Es war ein vielfältiges Großreich, das die Kulturen der Unterworfenen meist bestehen ließ und sich auf Abgaben beschränkte.

M 4 Attische Demokratie und die Perserkriege – Infotext

1. Voraussetzungen der Perserkriege:

Im Verhältnis zu den vielen, kleinen griechischen Poleis war Persien eine Großmacht. Selbst Athen konnte politisch und wirtschaftlich nicht mithalten. Trotzdem schlugen die zwei persischen Versuche (480 v. Chr. und 490 v. Chr.) fehl, Griechenland und vor allem Athen zu unterwerfen.

2. Die innenpolitische Bedeutung der Perserkriege:

Der Erfolg der Athener im Jahr 480 v. Chr. war vor allem der Flotte zu verdanken. Zum Schutz gegen die persische Großmacht hatte der athenische Staatsmann Themistokles (um 525–459 v. Chr.) eine große Anzahl von Kriegsschiffen bauen lassen. Für deren Besatzung benötigten die Athener eine Vielzahl von Ruderern. Hierfür kamen die bislang an politischen Entscheidungen nicht beteiligten Besitzlosen, die Theten, in Frage.

Zwar hatten die Reformen des Kleisthenes mehr Mitbestimmung für das Volk gebracht. Die Theten waren allerdings weiterhin von der politischen Teilhabe ausgeschlossen. Sie waren nämlich bislang militärisch unerheblich. Das änderte sich mit dem Flottenbau. Als Belohnung für den militärischen Dienst auf den Schiffen bekamen die Theten das Recht, politisch mitzuentscheiden.

Darüber hinaus wurde in der Folgezeit die Demokratie weiter ausgebaut: Die Archonten wurden ausgelost. Das bedeutete, dass jeder Bürger grundsätzlich als führender Beamter tätig sein konnte. Um allen männlichen Vollbürgern die Teilnahme am politischen Leben tatsächlich zu ermöglichen, erhielten die Teilnehmer an den Volksversammlungen und Gerichtssitzungen Tagegelder, sogenannte Diäten. Somit konnten alle männlichen Bürger Athens mitbestimmen und ohne persönliche Nachteile Ämter ausüben. Frauen, Fremde und Sklaven durften allerdings nicht mitbestimmen. Auch wenn manches in Athen anders geregelt war als in der Gegenwart, kann die athenische Demokratie als Vorläufer unserer heutigen politischen Ordnung gelten.

3. Die außenpolitische Bedeutung der Perserkriege:

Trotz der Siege über das persische Großreich blieb die Gefahr eines militärischen Eingreifens der Perser bestehen. Zum Schutz der griechischen Poleis in Kleinasien wurde 477 v. Chr. der Attische Seebund gegründet. Unter der Führung Athens vertrieb der Seebund die Perser aus ihren europäischen Stützpunkten.

M 5 **Nachbau einer Triere**

Foto, 2016

Info

Triere

Die Triere war ein besonders wendiges, nur 5,5 m breites und 37 m langes Schiff, das mit einem großen Rammsporn gegnerische Schiffe angreifen und versenken konnte. Um die dafür notwendige Geschwindigkeit und Schlagkraft zu erreichen, wurden auf einer Triere besonders viele Ruderer benötigt. Insgesamt setzte man pro Schiff 170 Ruderer ein, dazu kamen noch einmal etwa 30 Mann an sonstiger Besatzung. Bei 200 Schiffen wurden also 40 000 Mann allein für die Flotte nötig.

Hinweis

Die Perserkriege werden in diesem Schulbuch auch auf den Seiten 106 ff. behandelt.

Aufgaben

1. Die Perserkriege

a) Schildere knapp den Verlauf und das Ergebnis der Perserkriege.

b) Erläutere die Bedeutung der Flotte für den Kriegsverlauf.

→ M3 – M5

2. Attische Demokratie und die Perserkriege

a) Erläutere, wie die Theten ihre politischen Forderungen begründeten.

b) Erkläre, wie sich die Perserkriege auf die inneren Verhältnisse in Athen auswirkten. Berücksichtige dabei vor allem den Infotext M4 (Abschnitt 2).

→ M3, Infotext M4, M5

Demokratie damals und heute

M 6 „Was ist eigentlich Demokratie?"

Die Bundeszentrale für politische Bildung schreibt über „Demokratie" Folgendes (2018):

Was ist eigentlich Demokratie? Die deutsche Wiedergabe des griechischen Wortes als „Volksherrschaft" ist nicht sehr aussagekräftig. Das Volk kann Herrschaft auf verschiedene Weise ausüben. In den kleinen überschaubaren Stadtstaaten des antiken Griechenlands kam das Volk, das waren damals die freien Männer, auf dem Marktplatz zusammen und stimmte über die Gesetze ab. In den heutigen Großstaaten ist diese Form direkter Demokratie nicht mehr praktikabel [zu verwirklichen]. Das Volk kann in der modernen Massendemokratie die Herrschaft nur mittelbar und indirekt ausüben, indem es sie auf Vertreter (Repräsentanten) überträgt.

www.bpb.de/politik/grundfragen/deutsche-demokratie/39287/demokratie [letzter Zugriff: 13.5.2018]

M 7 Deutscher Bundestag in Berlin

Bundeskanzlerin Angela Merkel (CDU) spricht am 15.10.2015 im Deutschen Bundestag in Berlin. Die Abgeordneten des Bundestags werden alle vier Jahre gewählt. Sie diskutieren und treffen politische Entscheidungen.

M 8 Antike und moderne Demokratie

	Demos/Volk	Form
Antike Demokratie in Athen		
Moderne Demokratie in Deutschland	politische Rechte für alle Bürger über 18 Jahre	Entscheidung politischer Fragen durch gewählte Abgeordnete

Aufgaben

1. Demokratie damals und heute

a) Nenne die Unterschiede, die in M6 aufgezählt werden.

b) Übertrage die Tabelle M8 in dein Heft und ergänze die Zeile für die antike Demokratie in Athen.

c) Bei der Beschäftigung mit der Demokratie im alten Athen stößt man auf zwei Meinungen: „Die Demokratie in Athen ist auch für uns vorbildlich." – „Die Demokratie in Athen kann für uns kein Vorbild sein." Welche Position vertrittst du? Begründe deine Meinung.

d) Veranstaltet zu der Streitfrage aus Aufgabe 1c) eine Diskussion in der Klasse.

→ M1, M2, M6–M8

2. Demokratie in der Schule

a) Ihr wollt euch auf ein Ziel für den Wandertag einigen. Erläutere kurz, wie es bei euch zu einer Entscheidung kommt.

b) Beurteile, ob euer Verfahren deiner Meinung nach demokratisch verläuft.

c) Wäge ab, ob euer Verfahren eher zur antiken oder zur modernen Demokratie passt.

d) Im Bayerischen Erziehungs- und Unterrichtsgesetz (Artikel 62, Absatz 3) heißt es:
„Ab Jahrgangsstufe 5 wählt jede Klasse aus ihrer Mitte eine Klassensprecherin oder einen Klassensprecher und ihren bzw. seinen Stellvertreter."
Diskutiert, ob diese Regelung eher zur antiken oder zur modernen Demokratie passt.

→ M1, M2, M6–M8

Zusatzmaterial: Die attische Demokratie – Anregung zu einem Rollenspiel

M 9 Anleitung zu einem Rollenspiel

Stellt euch folgende Situation vor: Wir befinden uns im Jahre 445 v. Chr. in Athen. Gerade ist ein Handelsschiff im Hafen von Athen angekommen. Einer der Passagiere, der Kaufmann Gorgyros aus Kreta, trifft sich mit dem attischen Kaufmann Sosias. Zufällig ist es der Tag, an dem die Volksversammlung getagt hat. Gorgyros will hierüber mehr erfahren, und er lässt sich genau erklären, wie und von wem Athen denn eigentlich regiert wird. Dazu stellt er Sosias eine Menge Fragen. Aber er fragt nicht nur seinen Geschäftsfreund Sosias. Im Hause des Kaufmannes trifft Gorgyros noch weitere Personen:

- Aspasia, die Ehefrau des Kaufmannes Sosias,
- Dromon, einen der Sklaven des Sosias, der im Haushalt arbeiten muss, und
- Melesios, einen Metöken, der gelegentlich bei Sosias Einkäufe macht.

Das Rollenspiel

Bildet fünf Gruppen. Überlegt zunächst, welche Fragen Gorgyros dem Kaufmann Sosias stellen könnte, um etwas über die Demokratie in Athen zu erfahren. Einige Beispiele:

- Wer regiert Athen?
- Was ist die Volksversammlung?
- Warum soll jeder Bürger an der Versammlung teilnehmen?
- Ist es nicht schlecht für das Geschäft, wenn die Bürger einen ganzen Tag auf der Volksversammlung zubringen?
- Gibt es überhaupt eine Möglichkeit, den Ablauf einer Volksversammlung zu beeinflussen?
- Kann man die Themen, die einen interessieren, überhaupt zur Sprache bringen?
- Ist überhaupt jeder Bürger fähig, vor so vielen Leuten seine Meinung zu formulieren?

An Aspasia, die Frau des Sosias, an den Sklaven Dromon, aber auch an den Metöken Melesios stellt Gorgyros zusätzlich andere Fragen. Formuliert auch diese und vergesst nicht, euch hierzu Antworten zu überlegen.

Info

Die Volksversammlung von Athen

Die Volksversammlung fand viermal im Monat statt. Dabei konnten alle Männer über zwanzig, deren Väter und Mütter freie Athener waren, auf der Pnyx, einem Hügel in der Stadt, zusammenkommen, um über Gesetze abzustimmen. Die Pnyx bot Raum für etwa 8000 Menschen. Lediglich für die Regierungsmitglieder, die Prytanen, waren Holzbänke aufgestellt. Die Bürger setzten sich wohl auf den blanken Stein oder sie standen.
Die Tagesordnung, die fünf Tage vor der Versammlung bekannt gemacht wurde, wurde zwar von den Prytanen erstellt, jedoch konnten zu den Tagesordnungspunkten Änderungs- und Zusatzanträge eingereicht werden.
Viele Punkte der Tagesordnung wurden im Rat vorberaten und ohne große Diskussionen verabschiedet. Jeder unbescholtene Bürger hatte das Recht, Vorschläge zu machen, die der „Rat der 500" der Volksversammlung vorlegen musste. Tatsächlich ergriffen sowohl einfache Handwerker, Kleinbauern oder Krämer ebenso das Wort wie Großgrundbesitzer.

M 10 Die Pnyx, der Ort der Volksversammlung (Ekklesia) in Athen, 4. Jahrhundert v. Chr.
Modell auf der Grundlage archäologischer Funde

Aufgaben

Demokratie im antiken Athen: ein Rollenspiel – Zusatzmaterial
Gestaltet ein Gespräch, in dem die genannten Personen auf die Fragen des Gorgyros Antwort geben.
→ M9

M 1 **Ein Tempel für Athene**

Der Parthenon-Tempel auf der Akropolis in Athen, heutiger Zustand

Die Blütezeit Athens

Die Akropolis ist das Wahrzeichen Athens. Sie erinnert bis heute an die **Blütezeit Athens im 5. Jahrhundert v. Chr.** Der Machtzuwachs und der Wohlstand Athens waren eine Folge des Sieges über die Perser. Was zeichnete diese Blütezeit Athens aus?

M 2 **Die Akropolis in Athen**

Rekonstruktionszeichnung mit den Bauten des 5. und 4. Jahrhunderts v. Chr.:

① Propyläen: Eingangstorhalle. Die Stufen der Treppe waren niedrig, damit auch Opfertiere hinaufkamen

② Bronzestandbild der Göttin Athene als Kriegerin. Die goldene Lanzenspitze soll vom Meer aus sichtbar gewesen sein

③ Parthenon: Tempel der Göttin Athene als Jungfrau. Im Innern das Standbild der Göttin aus Gold und Elfenbein

④ Erechtheion: Tempel des Erechtheus mit der Göttin Athene als Stadtherrin

⑤ kleiner Tempel der Siegesgöttin Nike

M 3 Eine Rede von Perikles

Perikles hielt im Winter 431/430 v. Chr. eine Rede auf gefallene Athener. Dabei sprach er über das Selbstverständnis der Athener. Darüber berichtet der griechische Geschichtsschreiber Thukydides:

Die Staatsverfassung, die wir haben, richtet sich nicht nach den Gesetzen anderer, viel eher sind wir selbst für manchen ein Vorbild, als dass wir andere nachahmten. Mit Namen heißt sie, weil die Staatsverwaltung nicht auf wenige, sondern auf die Mehrheit ausgerichtet ist, Demokratie. [...] Mit derselben Sorgfalt widmen wir uns dem Haus- wie dem Staatswesen, und ist auch jeder von uns seinen eigenen Arbeiten zugewandt, so zeigt er doch im staatlichen Leben ein gesundes Urteil. Einzig und allein bei uns heißt doch jemand, der nicht daran teilnimmt, nicht untätig, sondern unnütz; und nur wir entscheiden in Staatsgeschäften selber oder denken sie doch richtig durch, denn nicht schaden nach unserer Meinung Worte den Taten, sondern vielmehr, sich nicht durch das Wort vorher belehren zu lassen, ehe man an die nötige Tat herangeht.

Thukydides, Der Peloponnesische Krieg, übers. u. hrsg. v. Helmuth Vretska, Stuttgart: Reclam 1996, S. 162–164.

M 5 Porträt des Perikles (ca. 495–429 v. Chr.)

Büste aus römischer Zeit. Der Helm weist auf das Amt des Strategen hin, er soll aber auch dazu gedient haben, eine Schädeldeformation zu verbergen. Perikles, ein Verwandter des Kleisthenes, war nach den Perserkriegen der einflussreichste Politiker in Athen. Gestützt auf das Strategenamt, in das er bis zu seinem Tod 429 v. Chr. wiederholt gewählt wurde, und sein rhetorisches Talent gewann Perikles in der Volksversammlung immer wieder eine Mehrheit für seine Politik.

M 4 Die Blütezeit Athens – Infotext

Trotz des Sieges der Athener über das Perserreich blieb die Gefahr eines militärischen Angriffs durch die Perser weiter bestehen. Zum Schutz der griechischen Poleis in Kleinasien wurde daher der Attische Seebund gegründet. Unter der Führung Athens vertrieb er die Perser vollends. Da sich die Polis Sparta zurückhielt, besaß Athen im Bündnis die Vorherrschaft und verwaltete die Beiträge der Bündnispartner. Bundesgenossen, die aus dem Seebund ausscheiden wollten, wurden von Athen mit militärischer Gewalt daran gehindert.

Die Athener bauten nun ihre zerstörte Stadt größer und prächtiger als zuvor wieder auf. Sie erneuerten die Bebauung des alten Burgberges, die Akropolis, die 30 Jahre in Trümmern gelegen hatte. Auf Anregung von Perikles, der zu dieser Zeit die Politik der Polis bestimmte, entstanden unter der Leitung des Bildhauers Phidias auf der Akropolis mehrere Prachtbauten. Im Mittelpunkt stand der Parthenon, das Heiligtum für Athene, die Schutzgöttin der Polis. An herausragender Stelle gelegen, verdeutlichte dieser Tempel dem Besucher der Stadt schon von Weitem den politischen Anspruch Athens. Der Marktplatz, die Agora, war das Zentrum der Polis. Auf dem Pnyx-Hügel wurde ein großer Platz für die Volksversammlungen mit einer Rednerbühne geschaffen.

Athen entwickelte sich infolge der Seebund-Politik zur griechischen Vormacht. Das rapide Anwachsen der Macht Athens führte aber zugleich auch zu einer zunehmenden Konkurrenz mit der Polis Sparta. Die langfristige Folge davon war ein über Jahrzehnte andauernder Krieg um die Vormachtstellung. Der „Peloponnesische Krieg" mit Sparta (431 bis 404 v. Chr.) beendete die Vorherrschaft Athens in Griechenland. Geblieben sind die baulichen Überreste der Blütezeit Athens.

Aufgaben

1. Die Blütezeit Athens

a) Stelle die Gründe für den Aufstieg Athens dar. Werte dazu den Infotext M4 aus.

b) Erarbeite aus dem Text M3, welche Vorzüge Perikles den Athenern zuspricht. Ziehe dazu den Trainingskasten auf Seite 65 heran.

→ M3–M5, Trainingskasten Seite 65

2. Die Akropolis

a) Erläutere die Funktionen der Bauten auf der Akropolis.

b) Erkläre, warum die Akropolis heute als Wahrzeichen von Athen gilt.

→ M1–M2, M4

Der Parthenon in Athen – einen griechischen Tempel untersuchen

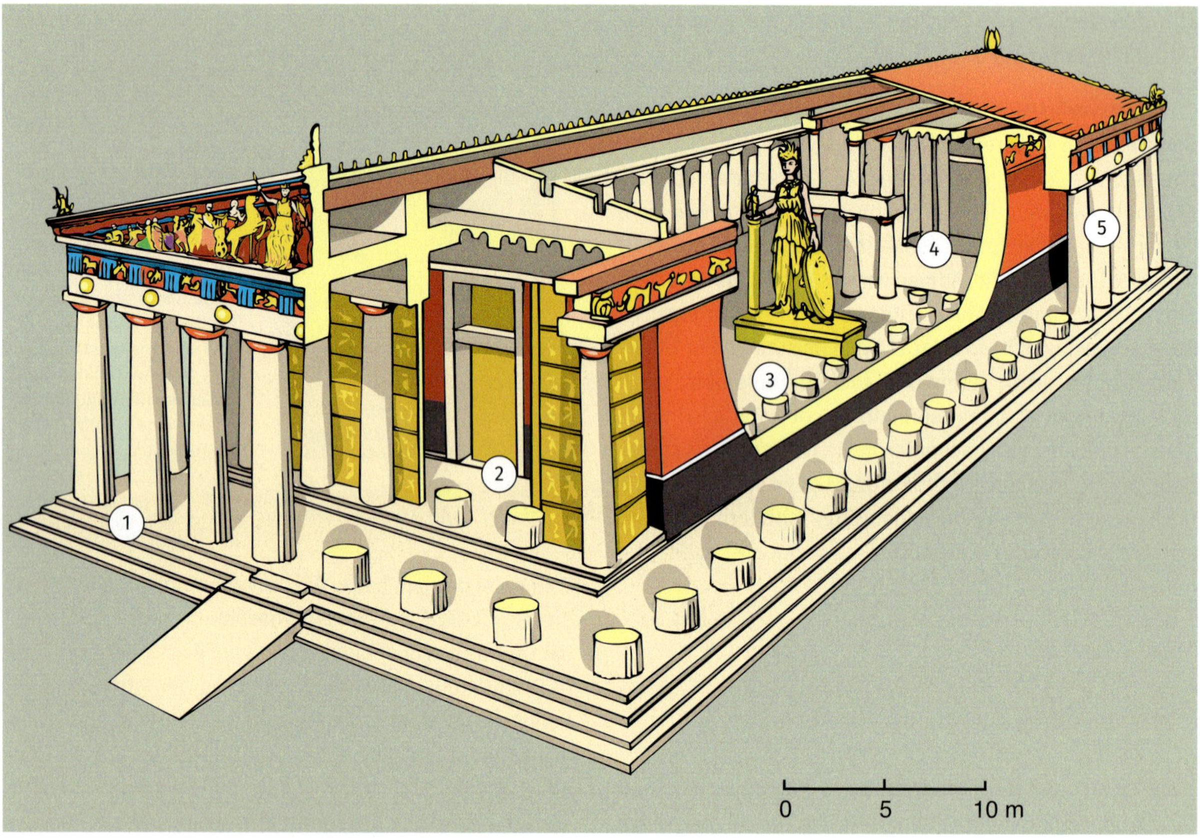

M 6 Rekonstruktionszeichnung des Parthenons in Athen

Aufbau: Ringhalle, Vorhalle, Cella mit dem 11 Meter hohen Gold-Elfenbein-Bildnis der Athene des Bildhauers Phidias, Aufbewahrungsort für Weihegeschenke und Kultgeräte, Rückhalle

In Griechenland wurden Tempel vermutlich seit dem 9. oder 8. vorchristlichen Jahrhundert gebaut. Im zentralen Innenraum, der Cella, befand sich die Götterstatue. Die Cella durfte nur von Priestern betreten werden. Deshalb versammelten sich die Gläubigen vor dem Tempel am Altar. Dort opferten und beteten sie.

Der Tempel symbolisierte mit seiner Basis die Unterwelt, mit seinen Säulen die Welt der Menschen und mit seinem Giebelfeld die Götterwelt. Weil Tempel heilige Orte waren, dienten sie auch dazu, Gelder von Privatleuten und Staaten zu verwahren. Sie boten auch Verfolgten Schutz und Zuflucht.

Aufgaben

1. Der Parthenon

a) Ordne die unter der Rekonstruktionszeichnung aufgeführten Bestandteile den Nummern der Zeichnung zu.

b) Suche im Internet weitere Informationen. Gib dazu zunächst den Suchbegriff „Parthenon“ ein. Werte die ersten fünf Suchergebnisse aus.

c) Beurteile die ausgewählten Seiten im Hinblick auf die Ergiebigkeit und Glaubwürdigkeit der Informationen.

d) Stelle deine Ergebnisse zum Parthenon in einem kurzen Vortrag der Klasse vor. Orientiere dich dabei am Trainingskasten „Erschließung von gegenständlichen Quellen: Bauwerke“ auf Seite 48.

M6, Seite 48, Internet

2. Die Bedeutung der griechischen Antike

„Die moderne Welt hat den alten Griechen viel zu verdanken.“ Suche im Kapitel „Die griechische Antike“ nach passenden Beispielen und erstelle dazu eine kleine Präsentation (z. B. als Plakat).

Kapitel „Die griechische Antike“

Das antike Griechenland und wir

Auf unseren Euro-Geldscheinen erscheint im Wasserzeichen und auf dem Sicherheitsstreifen das Porträt der „Europa“, einer Figur der griechischen Mythologie. Diese Gestaltung weist darauf hin, dass die Grundlagen der europäischen Geschichte, Kunst und Kultur im antiken Griechenland gelegt wurden. Auch viele unserer Wissenschaften und Auffassungen über die Welt gründen wesentlich in antiken griechischen Vorstellungen. Nicht zuletzt fand in der griechischen Antike auch ein erstes systematisches Nachdenken über die Formen des Zusammenlebens der Menschen statt.

Getrennte Poleis und gemeinsame Kultur

Aufgrund der geografischen Gegebenheiten entwickelte sich in Griechenland kein einheitliches Staatswesen, vielmehr prägten einzelne Stadtstaaten, die Poleis, die griechische Geschichte. Die Religion, die Sprache und die Mythen, wie sie etwa im Werk Homers übermittelt wurden, bildeten allerdings die gemeinsame Kultur aller Griechen. Von besonderer Bedeutung waren die Olympischen Spiele.

Migration und Kolonisation

Früh widmeten sich die Griechen der Seefahrt. Diese brachte sie in Kontakt mit anderen Kulturen. Landknappheit, Überbevölkerung und Spannungen in den Poleis führten neben anderen Gründen zur griechischen Kolonisation (750 bis 550 v. Chr.). Durch sie entstanden im Gebiet des Mittelmeeres und des Schwarzen Meeres zahlreiche griechische Siedlungen. Die Auswanderung der griechischen Kolonisten war eine der großen Migrationen in der Geschichte.

Die Polis Athen und die Demokratie

Eine besondere Rolle im antiken Griechenland spielte Athen, das zur führenden Macht aufstieg. Die Vorherrschaft und der Wohlstand dieses Stadtstaates waren insbesondere durch die Siege gegen die Perser begründet. In der Blütezeit Athens im 5. Jahrhundert v. Chr. entstanden die bis heute berühmten Bauten auf der Akropolis.

In einem längeren Entwicklungsprozess setzte sich in Athen erstmals die politische Herrschaftsform der Demokratie („Volksherrschaft“) durch. Die Anzahl der Bürger mit politischen Mitspracherechten nahm stetig zu, bis schließlich alle männlichen Bürger in der Volksversammlung über die Angelegenheiten der Stadt entschieden. Andere Gruppen wie Frauen, Sklaven und Fremde blieben jedoch ausgeschlossen. Diese Entwicklung bildete – auch für Griechenland – eine Ausnahme. Auch wenn die Demokratie in Athen als Vorläuferin unserer heutigen politischen Ordnung gelten kann, gibt es doch eine Reihe von wichtigen Unterschieden.

GRUNDLEGENDE DATEN

5. Jh. v. Chr.:
Blütezeit Athens

GRUNDLEGENDE BEGRIFFE

Antike

Migration

Polis

Aristokratie

Demokratie

Verfassung

1200 v. Chr | 1100 | 1000 | 900 | 800 | 700 | 600 | 500 | 400 | 300 | 200

1200 v. Chr.
Beginn der griechischen Antike

„Dunkle Jahrhunderte“

776 v. Chr.:
Älteste Siegerlisten in Olympia

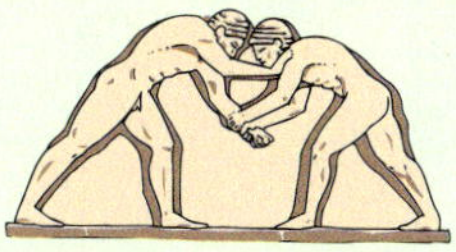

Griechische Kolonisation

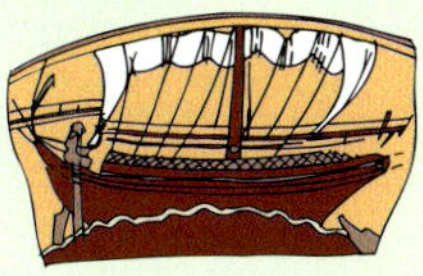

5. Jahrhundert v. Chr.:
Blütezeit Athens

Perikles

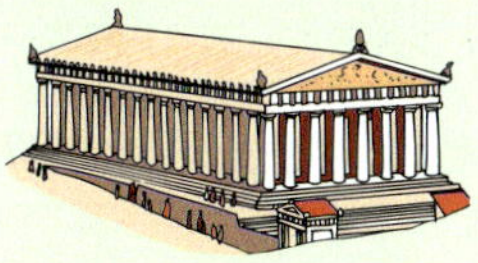

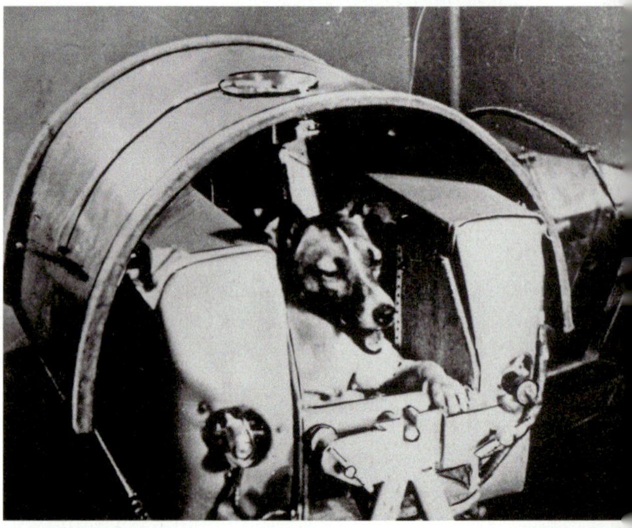

04

MENSCHEN MACHEN GESCHICHTE

Es gibt unterschiedliche Ansätze, die Geschichte zu betrachten: Untersucht man z. B. geschichtliche Ereignisse in ihrer zeitlichen Abfolge („chronologisch“), so betreibt man Ereignisgeschichte.

Interessiert man sich für die Kultur eines Landes, also z. B. die Gesellschaft, Religion oder auch Bauwerke, dann verfolgt man einen thematischen Ansatz. Dies bedeutet, dass ein bestimmtes Thema in den Mittelpunkt der Untersuchungen gestellt wird, z. B. die griechischen Tempel.

Untersucht man den Einfluss von Einzelnen, dann lässt sich dies als biografischer oder personaler Ansatz bezeichnen.

Auf den folgenden Seiten lernst du drei große Herrscherpersönlichkeiten der Antike näher kennen, nämlich

- die ägyptische Königin Hatschepsut,
- den griechischen Staatsmann und Feldherrn Themistokles und
- Alexander den Großen.

Die folgenden Fragen sollen dabei im Mittelpunkt stehen:

- Welche Möglichkeiten hatten die Herrscher, nach ihren Wünschen zu regieren und „Geschichte zu machen“?
- Wie sehr waren sie dabei von den Umständen ihrer Zeit und ihres Landes abhängig?
- In welcher Art und Weise wurden die Herrscher in Bildnissen oder Textquellen dargestellt?
- Wo waren die Grenzen ihrer Macht und wo stießen die Herrscher sogar auf Widerstand?

M 1 **„Napoleon Bonaparte überquert die Alpen über den Sankt-Bernhard-Pass“,** Gemälde von Jacques-Louis David, 1801

M 2 **Fall der Berliner Mauer,** Foto, 9. November 1989

M 3 **Marie Curie in ihrem Labor,** Foto, um 1900

M 4 **Der Hund Laika im Sputnik, dem ersten Satelliten im All,** Foto, 1957

M 5 **„Ausbruch des Vesuv“ 1782,** zeitgenössisches Gemälde von Pierre Jacques Volaire

M 6 **Die Königin Hatschepsut,** altägyptische Statue

M 7 **Ein Politiker aus dem antiken Athen,** antike Büste, die vermutlich Themistokles zeigt

M 8 **Alexander der Große,** antikes Mosaik (Ausschnitt)

Hatschepsut – Porträt einer Herrscherin

Als der französische Wissenschaftler Jean-François Champollion 1828 eine Reise nach Ägypten unternahm, stieß er in einem Tempel bei Luxor auf ein neues Rätsel: Als er die Schriftzeichen neben Reliefs, die einen ägyptischen König zeigten, übersetzte, stellte er verblüfft fest, dass von einer Frau die Rede war. Wie war dies zu erklären? Offensichtlich handelte es sich bei der Herrscherdarstellung um eine Frau, die sich als Mann präsentierte – ihr Name war Hatschepsut. Wie konnte eine Frau in Ägypten regieren? Warum war es notwendig, dass sie dabei als Mann auftrat?

M 1 Statuen der Hatschepsut

oben: Sitzstatue aus Rosengranit, heute im Rijksmuseum Leiden, Niederlande

Mitte: Sitzstatue aus Kalkstein, heute im Metropolitan Museum of Art, New York

rechts: kniende Statue aus Rosengranit, Weihopfer, heute im Ägyptischen Museum, Kairo

Aufgaben

1. **Drei Statuen der Hatschepsut – Herrscherbildnisse untersuchen**
   a) Erschließe die drei Herrscherbildnisse. Verwende dafür den Trainingskasten auf Seite 97.
   b) Weise nach, dass es sich bei allen drei Statuen um Darstellungen eines Pharaos handelt.
   c) Bringe die drei Statuen in die zeitlich richtige Reihenfolge und überprüfe, inwiefern sie einen Entwicklungsprozess hin zur vollkommen männlichen Darstellung Hatschepsuts zeigen.
   ↝ M1

2. **Die Geburt der Hatschepsut im Spiegel zeitgenössischer Quellen**
   a) Fasse zusammen, wovon die beiden Quellen M2 und M3 berichten.
   b) Arbeite die Unterschiede heraus, die im Hinblick auf das Geschlecht Hatschepsuts zwischen Text- und Bildquelle bestehen, und finde eine Erklärung dafür.
   c) Erörtere mögliche Gründe, warum Hatschepsut die Geschichte ihrer Geburt in der dargestellten Art und Weise aufzeichnen ließ.
   ↝ M2, M3

Training

Umgang mit Herrscherbildnissen

Erschließung von gegenständlichen Quellen: Herrscherbildnisse

Bildnisse eines Herrschers dienten nicht dazu, ihn als Individuum, als unverwechselbare Einzelperson darzustellen. Vielmehr kam es darauf an, ihn als Inhaber eines politischen Amtes, das heißt von politischer Macht darzustellen. Deshalb sind oft die Zeichen seiner Herrschaft und eine Ehrfurcht gebietende Körperhaltung wichtiger als die persönlichen Merkmale. Mitunter ist nur erkennbar, dass ein König dargestellt wird, aber nicht, welcher es sein soll.

Herrscherbildnisse auf Gemälden und anderen Abbildungen zählen zu den bildlichen Quellen, Standbilder jedoch zu den gegenständlichen Quellen. Dreidimensionale Statuen von Herrschern sind oft kunstvoll gestaltet und enthalten Elemente, die ihre Macht darstellen sollen.

Bei der Erschließung von dreidimensionalen Herrscherbildnissen kann man so vorgehen wie bei der Erschließung von gegenständlichen Quellen:

1. Die gegenständliche Quelle genau beschreiben
Stelle die wichtigen Informationen wie Größe, Material, Standort und Gestaltung zusammen. Achte auch auf einzelne Elemente.

2. Die einzelnen Merkmale der gegenständlichen Quelle entschlüsseln
Erkläre, welche Bedeutung die einzelnen Elemente haben (z. B. Krone als Zeichen eines Königs).

3. Schöpfer und Betrachter bestimmen
Erläutere, wer das Bildnis in wessen Auftrag angefertigt hat und welche Wirkung es beim Betrachter erzeugen sollte.

4. Die Bedeutung der gegenständlichen Quelle zusammenfassend erklären
Bestimme den Zweck des Bildnisses und wie die angestrebte Wirkung erreicht werden sollte.

M 2 Die Geburt der Hatschepsut im Text

In ihrem Totentempel lässt Hatschepsut ihre Geburt darstellen. Dort heißt es zum Beispiel:

Es kam der herrliche Gott, Amun, der Herr der Throne der beiden Länder, nachdem er die Gestalt der Majestät ihres Gemahls angenommen hatte, des Königs von Ober- und Unterägypten, Thutmosis' I. zu [Ahmose, der Mutter der Hatschepsut]. Er fand sie, wie sie im Innersten ihres Palastes ruhte. Da erwachte sie durch den Duft des Gottes, und sie lächelte Seiner Majestät entgegen.

[...]

Dann sprach Amun, der Herr der Throne der beiden Länder, zu [Ahmose]: „Hatschepsut ist also der Name dieser, deiner Tochter, die ich in deinen Leib gelegt habe. [...]

Sie wird das herrliche Königtum im ganzen Land ausüben. Mein Ruhm wird ihr gehören, mein Ansehen wird ihr gehören. Sie wird die beiden Länder beherrschen. [...]"

Zit. nach: Emma Brunner-Traut (Bearb.), Altägyptische Märchen, München: Diederichs 1989, S. 111/113, 120.

M 3 Die Geburt der Hatschepsut im Bild

Die Göttin Hathor stellt dem Gott Amun den König von Ober- und Unterägypten vor, und Amun erkennt das Kind mit den Worten an: „Er ist es, den ich gezeugt habe, mein Sohn." Nachzeichnung eines Reliefs aus dem Totentempel der Hatschepsut.

Themistokles – Politiker und Stratege

Das Leben des griechischen Heerführers und Politikers Themistokles verlief nicht in geraden, vorhersehbaren Bahnen. Er musste sich gegen zahlreiche Widerstände durchsetzen und entsprach wohl auch nicht dem Idealtypus eines Athener Politikers. Wer war dieser Mann?

M 1 Hermenbüste des Themistokles
1. Hälfte des 5. Jh. v. Chr., gefunden 1939 in Ostia, heute im Museum Ostia. Vorbild für diese Herme war wohl die vermutlich von Themistokles selbst gestiftete Statue im Tempel der Artemis Aristobule in Athen.

M 2 Kopf der Statue des Harmodios
2. Hälfte des 6. Jh. v. Chr., Marmor, heute im Nationalmuseum Neapel, Italien

M 3 Kopf der Statue des Harmodios
2. Hälfte des 6. Jh. v. Chr., Marmor, heute im Nationalmuseum Neapel, Italien

Info

Porträtdarstellungen im antiken Griechenland
Die Porträtbüste des Themistokles gilt in der Forschung als erste Büste, die individuelle Züge zeigt. Die Darstellungen der beiden Tyrannenmörder Harmodios und Aristogeiton hingegen weisen keine, auf die jeweils dargestellte Person bezogene Merkmale auf, sondern entsprechen dem klassischen Schönheitsideal des alten Griechenland.

Aufgaben

1. Vergleich der Porträtdarstellungen
a) Zeige auf, inwiefern das Bildnis des Themistokles M1 dessen individuellen Züge zeigt. Achte dabei besonders auf den Ausdruck und die Proportionen des Gesichts. Welche Wirkung sollte das Porträt deiner Meinung nach haben?
b) Vergleiche die drei Porträtdarstellungen M1 – M3. Halte die Unterschiede in einer Tabelle fest.
→ M1 – M3

2. Hatschepsut und Themistokles
a) Vergleiche die Büste des Themistokles (M1) mit einer Statue von Hatschepsut. Nenne Gemeinsamkeiten und Unterschiede.
b) Moderne Politiker werden selten in einem Standbild dargestellt. Nenne Gründe dafür.
→ M1, eine Statue von Hatschepsut

Themistokles im Urteil eines antiken Zeitgenossen – eine Textquellen erschließen

M 3 Eine schriftliche Quelle

Plutarch (etwa 45–125 n. Chr.) war ein griechischer Schriftsteller, der ein umfangreiches Werk verfasste. Besonders bekannt sind seine Biografien berühmter Männer, in denen er Folgendes über den jungen Themistokles berichtet:

Schon in seiner Kindheit war er [Themistokles], wie man einstimmig versichert, voller Feuer, und er ließ nicht nur einen gesunden, natürlichen Verstand, sondern auch eine besondere Neigung zu großen Unternehmungen und Staatsgeschäften erkennen. Die Stunden, welche ihm zur Erholung vom Lernen übrig blieben, verwendete er nicht, wie es Knaben sonst zu tun pflegen, für Spiel und Müßiggang; stattdessen arbeitete er für sich selbst Reden aus, die eine Verteidigung oder eine Anklage eines seiner Spielkameraden enthielten. Daher sagte auch sein Lehrmeister oft zu ihm: „Aus dir, Junge, wird einmal etwas Großes werden, entweder etwas recht Gutes oder etwas recht Böses." Studien, die zur Bildung der Sitten oder gar dem Vergnügen dienen, betrieb er nur nachlässig und mit großem Widerwillen. Anders war es auf Gebieten, wo seine Talente lagen: Allen Lehren, die auf Klugheit oder eine geschickte Geschäftsführung abzielen, schenkte er eine weit größere Aufmerksamkeit, als man bei seinem Alter erwarten konnte. Wenn ihn später gelegentlich manche Leute damit aufziehen wollten, dass sie in den feinen [schöngeistigen] Künsten besser geübt wären als er, entgegnete er ihnen schroff: „Ich verstehe zwar nicht, eine Leier zu stimmen oder mit einer Harfe umzugehen, aber ich verstehe mich darauf, einen kleinen, unansehnlichen Staat, dessen Verwaltung ich bekomme, groß und berühmt zu machen."

Zit. nach: Johann Friedrich Salomon Kaltwasser (Hg./ÜS), Des Plutarchus von Charoneia vergleichende Lebensbeschreibungen, Magdeburg: Keil 1800 (sprachl. modernisiert).

Training

Erschließung einer schriftlichen Quelle

Bei der Erschließung von schriftlichen Quellen kann man so vorgehen:

1. Den Inhalt erfassen
Fasse die wesentlichen Aussagen des Textes knapp zusammen.

2. Die Textart benennen
Bestimme die Gattung des Textes (Brief, Rede usw.) und erwäge, welche besonderen Merkmale ihn kennzeichnen.

3. Urheber und Leser des Textes bestimmen
Untersuche die Entstehung und Verbreitung des Textes. Wichtig ist dabei die Absicht des Verfassers.

4. Die Bedeutung des Textes zusammenfassend erklären
Verdeutliche, welche Frage du mit der Quelle beantworten willst. Formuliere dann eine Antwort.

Aufgaben

1. **Themistokles im Urteil eines antiken Zeitgenossen – eine Textquelle erschließen**
   a) Erschließe die schriftliche Quelle von Plutarch (M3). Verwende dafür den Trainingskasten auf dieser Seite.
   b) Beurteile, ob die Einschätzung von Plutarch berechtigt ist. Verwende dafür auch den Infotext M4.
   → M3, Infotext M4

Themistokles – Politiker und Stratege

M 4 Themistokles – Infotext

Eine überraschende Karriere in Athen:

Themistokles wurde 524/23 v. Chr. in einem Dorf in der Nähe von Athen geboren. Sein Vater entstammte einem Adelsgeschlecht, seine Mutter war vermutlich keine Athenerin, sondern kam wahrscheinlich aus entlegenen Gebieten der griechischen Welt. Im Verständnis der Athener war dies ein Makel. So schien eine politische Karriere für Themistokles zunächst kaum vorstellbar. Nach Aussage verschiedener antiker Quellen war Themistokles aber wohl schon als Kind besonders ehrgeizig und setzte auch später sehr viel daran, Macht und Ruhm zu erlangen.

Bereits im Alter von 30 Jahren wurde er zum Archonten und bekleidete damit das höchste Amt in der Polis Athen. Sein größtes politisches Anliegen war der Ausbau der athenischen Seemacht durch den Bau von Schiffen und die Ausweitung des Hafens Piräus zu einem Kriegshafen. Themistokles sah Athen nämlich nicht nur von den Persern bedroht, sondern auch durch die benachbarte Insel Ägina. Zunächst fand Themistokles für seine Pläne kein Gehör. Als einige Jahre später die Perser wieder begannen, aktiv gegen Griechenland vorzugehen, stießen seine Pläne auf immer breitere Zustimmung. Schließlich gelang es ihm, seine Konkurrenten zu verdrängen. Themistokles wurde der einflussreichste Politiker Athens.

Themistokles – ein Wegbereiter der Demokratie:

Kernstück der neuen Flotte war ein neuartiger Schiffstyp, die sogenannte Triere. Um den großen Bedarf an Ruderern zu decken, setzte man auf die Theten. Diese Bevölkerungsgruppe bestand aus zwar freien, aber besitzlosen Bürgern, die wählen, selbst aber kein Amt übernehmen durften. Da sie nicht genügend Vermögen besaßen, um sich eine Kampfausrüstung zu kaufen, waren sie in den kriegerischen Auseinandersetzungen Athens bisher unwichtig gewesen. Nun aber stieg ihre Bedeutung für die Polis Athen stark an, da sie als Ruderer gebraucht wurden. Der politische Einfluss der Theten wuchs und sie erlangten rasch mehr politische Rechte. Die Demokratie erstarkte.

Die Seeschlacht von Salamis:

Themistokles schätzte die Perser als die größte Bedrohung für Griechenland ein. Er sollte recht behalten: Im Frühjahr 480 v. Chr. setzte sich ein gewaltiges persisches Herr zu Land und zur See gegen Griechenland in Bewegung. Zu Land versuchten die Spartaner erfolglos die Perser an den Thermopylen, einem Gebirgspass, aufzuhalten. Das persi-

M 5 Griechenland zur Zeit der Perserkriege 500–478 v. Chr.

Hinweis

Die Perserkriege werden auf den Seiten 86–87 behandelt. Dort befindet sich auch eine Karte, die die Ausdehnung des Perserreiches zeigt.

sche Heer zog nach Athen und zerstörte die Stadt bis auf die Grundmauern.

Themistokles hatte die Athener rechtzeitig überzeugen können, die Polis zu verlassen. Die Frauen, Kinder und Alten waren in Sicherheit gebracht worden. Die wehrfähigen Männer sammelten sich auf Kriegsschiffen, die sich in der Meerenge von Salamis neu formierten.

Durch eine List lockte er die Perser in die Meerenge und damit in eine Falle: In den engen Gewässern war die schwerfällige persische Flotte kaum manövrierfähig, sodass die wendigen griechischen Trieren den Angreifern eine vernichtende Niederlage bereiten konnten.

Ein Jahr darauf wurden sowohl das persische Landheer als auch die persische Restflotte besiegt – auch für diese beiden Einsätze hatte sich Themistokles persönlich stark engagiert.

Themistokles zwischen den Fronten:

Nach dem Sieg bei Salamis befand sich Themistokles auf dem Höhepunkt seiner Macht. Dieser währte jedoch nicht lange: Hatten die Rivalen Sparta und Athen noch gemeinsam gegen die Perser gekämpft, so brach ihre Rivalität in der Folgezeit umso stärker auf. Das zur Seemacht gewordene Athen begann auf Themistokles' Drängen mit der Errichtung einer Schutzmauer um die Stadt. Das sahen die Spartaner als eine feindliche Aktion an. Doch auch den Athenern selbst wurde Themistokles zu mächtig: Sie verbannten ihn durch einen Ostrakismos, also ein Scherbengericht, im Jahr 471 v. Chr.

Danach lebte Themistokles in Argos, von wo aus er weiterhin gegen Sparta arbeitete. Sparta brachte daraufhin das Gerücht in Umlauf, Themistokles hätte sich mit Persien verbündet. Athen verurteilte Themistokles in Abwesenheit wegen Hochverrats zum Tode, was ihn zur Flucht veranlasste. Schutz fand Themistokles nun tatsächlich nur noch beim neuen persischen König Artaxerxes I., der bereit war, den ehemaligen Gegner aufzunehmen.

Bis zu seinem Tod um 459 v. Chr. lebte Themistokles als angesehener Fürst im persischen Reich. Sein oft zwiespältiges Verhalten, aber auch seine großen politischen Erfolge regen bis heute Historiker und Schriftsteller dazu an, sich mit ihm zu beschäftigen. Hat Themistokles Geschichte gemacht?

M 6 Themistokles (525–459 v. Chr.)

Zeitgenössische Büste, die vermutlich Themistokles darstellt.

M 7 Ostrakon (Tonscherbe)

Sie ist mit dem Namen Themistokles und dessen Deme (Gemeinde) Phrearrios beschriftet.

Hinweis

Das Scherbengericht wird in diesem Schulbuch auch auf den Seiten 84–85 behandelt.

Aufgaben

1. Der Politiker Themistokles in Athen

a) Untersuche, wie viel Macht Themistokles in Athen hatte.

b) Beurteile anhand von Beispielen, ob er diese Möglichkeiten nutzte.

c) Zeige anhand von Beispielen die Grenzen seiner Macht.

→ M1–M3, Infotext M4, M5–M7

2. Themistokles – einen Lexikonartikel verfassen

Erstelle für ein Kinderlexikon einen Text über Themistokles. Gehe dabei auf sein Leben, seine Taten und seine geschichtliche Bedeutung ein. Verwende folgende Grundlegenden Daten und Begriffe: 5. Jahrhundert v. Chr. Blütezeit Athens, Antike, Polis und Demokratie.

→ M1–M3, Infotext M4, M5–M7

M 1 Alexandermosaik

Dieses berühmte Mosaik zeigt die entscheidende Szene aus der Schlacht bei Gaugamela. In der Mitte der Perserkönig Dareios, links Alexander der Große. Das in Pompeji gefundene Mosaik (5,82 x 3,13 m) entstand nach einer griechischen Vorlage aus dem 3. Jahrhundert v. Chr.

Alexander der Große – Feldherr und Eroberer

Noch heute beflügelt allein der Name Alexanders des Großen die Phantasie: ein gerade einmal Zwanzigjähriger an der Spitze der stärksten Militärmacht Griechenlands! Mit knapp 30 Jahren Herrscher über ein riesiges Reich! Kulturvermittler, Alkoholiker, Tyrann, Held, Größenwahnsinniger, genialer Feldherr: Die Meinungen über Alexander gehen weit auseinander. Wer aber war Alexander, warum ist er so umstritten und weshalb nennt man ihn heute „den Großen"?

M 2 Das Bild Alexanders auf einer Münze

Die Widderhörner sind das Zeichen des ägyptischen Gottes Ammon, den die Griechen mit Zeus gleichsetzten, Münze, um 280 v. Chr.

M 3 Alexander der Große

Ägyptische Skulptur, vermutlich 2. Jh. v. Chr.

Aufgaben

1. Das Alexandermosaik

a) Ana·ysiere das Mosaik. Verwende dafür den Trai- ·gskasten „Erschließung von gegenständlichen ·en: Kunstwerke“ auf Seite 32. Beachte dabei ·nders den Aufbau der Szene und das Verhältnis ·eiden Heerführer zueinander.

·le den Quellenwert des Mosaiks in Bezug auf ·lacht. Achte dabei auf die Entstehung des ·ks.

c) ·iche die Darstellung Alexanders auf dem Mo·ik mit dem Münzbild und der Statue. Nenne Gemeinsamkeiten sowie Unterschiede und versuche, diese zu erklären.

→ M1–M3, Trainingkasten auf Seite 32

2. Der Zug Alexanders des Großen

a) Erstelle eine Tabelle zum Alexanderzug, in die du Jahreszahlen, Schlachten und eroberte Gebiete einträgst. Verwende dazu den Infotext M4.

b) Arbeite mit der Karte zum Alexanderzug (M5). Liste die Staaten auf, die heute ganz oder teilweise auf dem Gebiet des einstigen Alexanderreiches liegen. Verwende auch einen Geografieatlas.

→ Infotext M4, M5

3. Das Reich Alexanders des Großen

a) Nenne die Maßnahmen, mit denen Alexander versuchte, die Macht in seinem Reich zu sichern.

b) Erläutere die Ursachen für den schnellen Zerfall des Reiches nach dem Tod Alexanders.

→ M1–M3, Infotext M4, M5

M 4 Alexander der Große – Infotext

1. Ein Makedone gelangt an die Spitze Griechenlands:

Makedonien war bis dahin ein unbedeutendes Land am nördlichen Rand des griechischen Kulturraumes. Dies änderte sich unter Alexanders Vater, König Philipp II., dem es gelang, Makedonien zur stärksten Militärmacht in Griechenland auszubauen. Als Philipp 336 v. Chr. ermordet wurde, übernahm sein Sohn Alexander mit nur 20 Jahren die Herrschaft. Er ließ zahlreiche Rivalen töten und festigte so seine Macht.

2. Alexander erobert ein Weltreich:

Alexander widmete sich schnell dem Feldzug gegen Persien. 334 v. Chr. betrat ein Heer, das aus Makedonen und Griechen bestand, asiatischen Boden. Nach dem Sieg am Flüsschen Granikos gliederte Alexander die griechischen Städte Kleinasiens in seine Herrschaft ein – teilweise auch gegen deren Willen. Seinem Ziel, die Perser zu besiegen, kam Alexander in der Schlacht bei Issos 333 v. Chr. sehr nahe, als er das vom persischen König Dareios geleitete Heer schlug. Ägypten fiel Alexander danach kampflos in die Hände. Eine Expedition, in deren Verlauf er die neue Hafenstadt Alexandria gründete, führte ihn in die ägyptische Oase Siwa. Hier scheint er durch ein Orakel in seiner göttlichen Mission bestärkt worden zu sein.

331 v. Chr. besiegte Alexander bei Gaugamela erneut Dareios. Dieser floh, während sich Alexander zum König von Asien ausrufen ließ. Die schutzlosen Residenzen des Großkönigs fielen Alexander in die Hände. Der Palast in Persepolis wurde niedergebrannt. Die Beute war unermesslich: Allein der Königsschatz soll einen Umfang von 4500 Tonnen Gold gehabt haben, aus dem Alexander Münzen prägen ließ.

3. Griechen und Perser begegnen sich:

Um das riesige Persien beherrschen zu können, sah Alexander sich gezwungen, die Formen des persischen Königtums zu übernehmen. Er trat also in persischer Königstracht auf, verlangte von seinen Untergebenen nach persischer Sitte den Fußfall und stellte Perser ins Heer ein. Diese Neuerungen trugen ihm Konflikte mit den Makedonen ein. Mit Todesurteilen selbst gegen altgediente Getreue, aber auch mit Zugeständnissen stellte Alexander wieder Gehorsam her, um auch die östlichen Teile Persiens zu unterwerfen. Dies gelang ihm in seinem Feldzug in den folgenden Jahren. 327 heiratete er Roxane, die Tochter eines einheimischen Adeligen. Diese Heirat entsprach – neben der persönlichen Zuneigung – seinem politischen Programm, die persische Oberschicht an sich zu binden. Nun gewannen weitere Ziele für Alexander an Bedeutung: die Entdeckung der Grenzen der bewohnten Welt und die Errichtung eines wahren Weltreiches.

Deshalb unternahm er einen Indienfeldzug, auf dem sein Heer, vom Marsch über 18 000 Kilometer erschöpft, meuterte. Alexander brach seinen Feldzug ab, fuhr mit einer neu erbauten Flotte bis zur Mündung des Indus und trat den Rückweg an.

M 5

4. Alexanders Rückkehr und früher Tod:

Die Rückkehr erfolgte in den Jahren 325/24 v. Chr. Eine Flotte unter Nearchos nahm den Seeweg; Alexander selbst führte den Kern des Heeres auf mühevollem und verlustreichem Weg durch die Wüste zurück. Auf diesem Gewaltmarsch sollen bis zu drei Viertel des Heeres umgekommen sein. 324 v. Chr. war Alexander wieder in Susa. Hier heiratete er nach persischem Brauch zwei einheimische Prinzessinnen. Er riet den Makedonen, seinem Vorbild nachzukommen, um ein einheitliches Volk zu bilden. Viele folgten seinem Aufruf und heirateten ebenfalls persische Frauen: In die Geschichte ging dieses Ereignis als die Massenhochzeit von Susa ein. Während er eine Expedition nach Arabien vorbereitete, starb Alexander 323 v. Chr. erst 33-jährig in Babylon vermutlich an einer Fieberkrankheit.

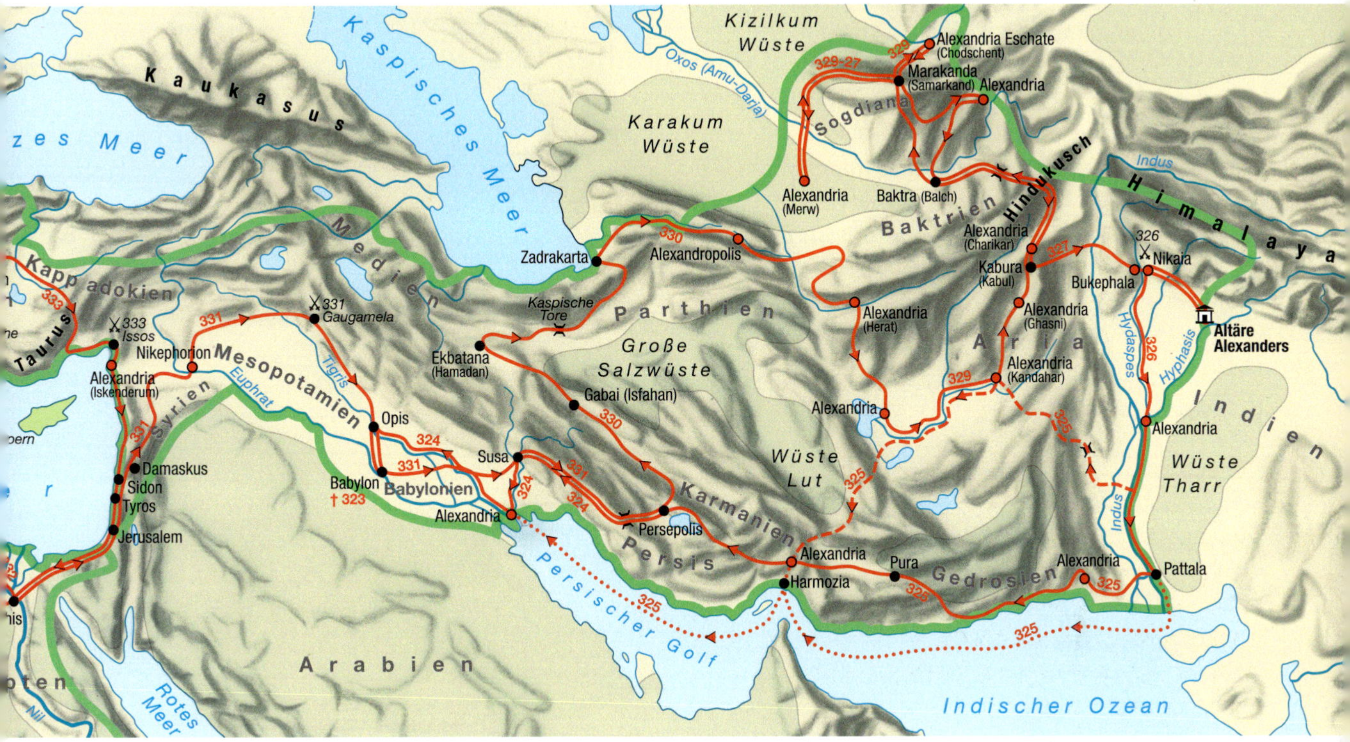

5. Die Verbreitung der griechischen Kultur:

Um sein neues Reich beherrschen zu können, griff Alexander politische und kulturelle Vorstellungen der unterworfenen Völker auf. Er setzte persische Statthalter ein und beschäftigte auch persische Soldaten. Außerdem übernahm er verschiedene Sitten des persischen Hofs und ließ sich in Ägypten zum Pharao krönen. Andererseits versuchte er vor allem durch die Neugründung zahlreicher Städte, in denen er Griechen ansiedelte, seine Macht zu sichern und die griechische Kultur zu verbreiten. Dies verlief nicht immer ohne Konflikte.

Nach dem frühen Tod Alexanders entbrannten unter seinen führenden Heerführern langjährige Kämpfe um die Nachfolge, bei denen das Reich in mehrere Teile zerfiel. Gleichwohl breitete sich in den drei Jahrhunderten die griechische Zivilisation von Nordafrika bis Indien aus. Der Zeitraum von Alexanders Wirken bis zur Eroberung der Nachfolgereiche durch die Römer wird daher als Hellenismus bezeichnet. Bis heute stellt sich die Frage: Hat Alexander Geschichte gemacht?

Aufgaben

1. Die Herrschaft Alexanders

a) Untersuche, wie viel Macht Alexander als Feldherr und Herrscher hatte.

b) Beurteile anhand von Beispielen, ob er diese Möglichkeiten nutzte.

c) Zeige anhand von Beispielen die Grenzen seiner Macht.

d) Erläutere, welche Bedeutung die Erweiterung des Herrschaftsgebietes für Alexanders Herrschaft hatte.

→ M1–M3, Infotext M4, M5

2. Alexander der Große – einen Lexikonartikel verfassen

Erstelle für ein Kinderlexikon einen Text über Alexander. Gehe dabei auf sein Leben, seine Taten und seine geschichtliche Bedeutung ein. Verwende den Grundlegenden Begriff „Monarchie“.

→ M1–M3, Infotext M4, M5

Fragebogen zum Thema: Menschen machen Geschichte

Aufgabe: Kopiere die folgende Tabelle und fülle dann die fehlenden Tabellenfelder aus. Vergleiche im Anschluss dein Ergebnis mit dem deiner Mitschüler.

→ **Bitte kopiere die Seiten, bevor du mit ihnen arbeitest.**

	Welche Möglichkeiten hatten die Herrscher, Geschichte zu machen? Was leisteten sie?
Hatschepsut 	▪ Expedition nach Punt ▪ Errichtung vieler Bauten, z. B.: – Terrassentempel – Obelisken
Themistokles 	
Alexander 	
Gemeinsamkeiten?	▪ alle leisten Großes für ihre Länder und vollbringen bisher Unvorstellbares
Unterschiede?	▪ Hatschepsut ist nicht kriegerisch tätig

Bitte beachte: Kopiere die Seiten, bevor du mit ihnen arbeitest.

Wie sehr waren sie von den Umständen ihrer Zeit und ihres Landes abhängig? Wo stießen sie an die Grenzen ihrer Macht oder sogar auf Widerstand?	In welcher Art und Weise wurden die Herrscher in Bildnissen oder Textquellen dargestellt?
▪ rasche politische Karriere trotz Schwierigkeiten wegen Herkunft der Mutter (Archont bereits im Alter von 30 Jahren) ▪ Verbannung durch Ostrakismos ▪ Verurteilung zum Tode in Abwesenheit → Flucht zu den Persern	
	▪ Bildnisse zeigen Alexander als jungen Krieger oder als göttlich bzw. gottähnlich – Bildnisse passen sich oft Kunsttraditionen der eroberten Gebiete an, z. B. Ägypten ▪ Textquellen: Alexander wird als genialer Feldherr und Eroberer bewundert, jedoch auch als maßlos, grausam und wahnsinnig kritisiert
▪ Erfolg nur durch großen Ehrgeiz möglich ▪ besonders Hatschepsut und Alexander sind gezwungen, sich an die Vorstellungen ihrer Zeit anzupassen	▪ Bildnisse von Hatschepsut und Alexander zeigen das Amt bzw. ein Ideal und nicht den wirklichen Menschen
▪ im Unterschied zu Hatschepsut und Alexander, die absolute Herrscher sind, müssen die politischen Entscheidungen des Themistokles in der athenischen Demokratie vom „Demos“ bestätigt werden.	▪ Bildnisse stellen Themistokles weitestgehend realistisch dar ▪ kritische Stimmen gibt es zu Hatschepsut nicht

SER PENIIVS

05

DAS IMPERIUM ROMANUM

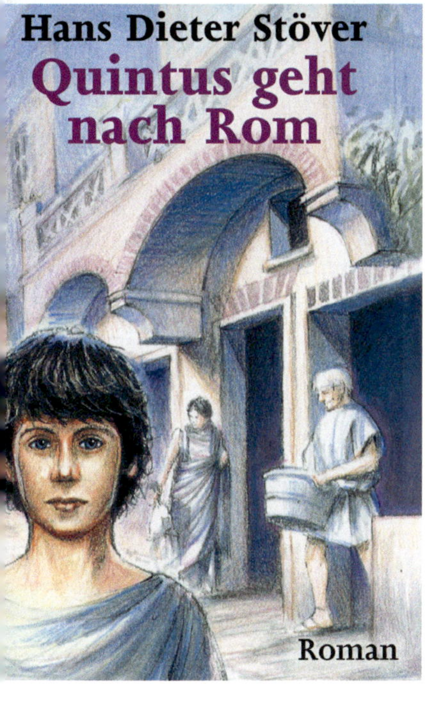

- M 1 **Sklavenarbeit,** Relief, 1. Jahrhundert v. Chr.
- M 2 **Kämpfende Gladiatoren,** Mosaik, 4. Jahrhundert n. Chr.
- M 3 **Kapitolinische Wölfin,** Bronzeplastik, etwa 500 v. Chr. (Zwillinge, 1471 n. Chr.)
- M 4 **Römisches Kriegsschiff,** Relief aus dem 1. Jahrhundert v. Chr.
- M 5 **Kriegselefanten,** Teller, 3. Jahrhundert v. Chr.
- M 6 **„Caesars Ermordung",** Gemälde (Ausschnitt) von Karl Theodor von Piloty, 1865
- M 7 **Augustus,** Marmorkopie nach einem Bronzeoriginal, entstanden nach 20 v. Chr.
- M 8 **Archäologisches Experiment,** Fotografie, 2008
- M 9 **Heutiger Gully-Deckel in Rom,** aktuelle Fotografie
- M 10 **„Quintus geht nach Rom",** Jugendbuch von 2012 (26. Auflage)
- M 11 **Kolosseum in Rom,** aktuelle Fotografie

M 1 **Das frühe Rom**

Rekonstruktion eines frühgeschichtlichen Dorfes auf dem Palatin nach archäologischen Funden

Die Entstehung Roms

„7-5-3 – Rom schlüpft aus dem Ei" – mit diesem Spruch haben sich über viele Generationen hinweg Schüler das Gründungsdatum Roms gemerkt. Doch: Stimmt das überhaupt? Und: Was weiß man über die Entstehung Roms?

Aufgaben

1. **Die Gründung Roms – die Gründungssage**
   a) Fasse mit eigenen Worten die Gründungsage zusammen, wie sie der römische Geschichtsschreiber Titus Livius berichtet. Ziehe zum Vergleich auch den Infotext (Abschnitt zur Gründungssage auf Seite 124) heran.
   b) Erkläre den Begriff Mythos.
   c) Erläutere, warum die Gründungssage ein Mythos ist.
   d) Erschließe die Bedeutung dieser Erzählung für die Römer.
   ⤳ M1, M2, Infotext M4
2. **Die Gründung Roms – Geschichtsschreibung**
   a) Fasse mit eigenen Worten die Gründungsgeschichte zusammen, wie sie der Historiker Martin Jehne beschreibt.
   b) Erschließe aus dem Text, worauf der Historiker seine Aussagen stützt.
   c) Erschließe aus der Rekonstruktion M1, welche Merkmale die frühe Siedlung hatte.
   ⤳ M1, M3
3. **Die Gründung Roms – Mythos und Geschichtsschreibung im Vergleich**
   Vergleiche die Gründungssage mit den heutigen Erkenntnissen in Bezug auf folgende Aspekte: Autor, zentrale Informationen, Herkunft der Informationen, Zweck/Bedeutung. Erstelle dazu eine Tabelle. Verwende dafür deine in den Aufgaben 1 und 2 erzielten Ergebnisse.
   ⤳ M1–M4

Die Gründung Roms – Mythos und Geschichtsschreibung im Vergleich

M 2 Ein römischer Bericht

Titus Livius (59 v. Chr. – 17 n. Chr.) verfasste eine römische Geschichte, die von der Gründung der Stadt 753 v. Chr. bis in seine Gegenwart reichte und mit dem Jahr 9 n. Chr. abschloss. Sein Werk wurde vom Publikum sehr geschätzt. Er stützte sich bei seiner Arbeit im Wesentlichen auf literarische Vorlagen und leicht zugängliche Annalen („Jahrbücher", kurze Aufzeichnungen wichtiger Ereignisse). Über die Gründung Roms schrieb er:

Da stieg in ihnen [Romulus und Remus] der Wunsch auf, in diesen Gegenden, wo sie ausgesetzt, wo sie erzogen waren, eine Stadt zu bauen.
[...]
Sie waren Zwillinge: Achtung für Erstgeburt konnte für keinen den Ausschlag geben. Um also die Gottheiten selbst, in deren Schutze die Gegend stand, durch ihren Vogelflug entscheiden zu lassen, wer die neue Stadt nach sich benennen, und, wenn sie dastände, beherrschen sollte, bezogen sie, zur Beobachtung der Vögel, jeder eine Schauhöhe, Romulus auf dem Palatium, Remus auf dem Aventinum.

Remus, heißt es, war der erste, dem die glückbringenden Vögel kamen; sechs Geier. Als aber, nach eben angelangter Meldung, dem Romulus doppelt so viele erschienen, so wurde jeder von seinem Haufen zum Könige erklärt. Jene eigneten sich diese Besetzung des Throns nach dem Vorrechte zu, das ihnen die Zeit gab; diese, nach der Anzahl der Vögel. Zankend [= im Streit] wurden sie handgemein [= sie kämpften]; durch den Wetteifer erbittert, schritten sie zu blutigen Taten: Remus, im Gewühle, wurde tödlich getroffen und sank. Die gemeine Sage ist die: Seinem Bruder zum Spotte sei Remus über die angefangene Mauer gesprungen. Der erzürnte Romulus habe ihn erschlagen und diesen Fluch ihm nachgerufen: „So fahre jeder [So geschehe jedem], der nach dir über meine Mauer setzt!"

So ward Romulus alleiniger Herrscher, und die erbaute Stadt nach ihrem Erbauer genannt.

Titus Livius, Römische Geschichte, 1. Buch, Kapitel 6/7, zit. nach: http://gutenberg.spiegel.de/buch/romische-geschichte-2504/6 [letzter Zugriff: Jan. 2018].

Info

Mythos

(griechisch: Wort, Erzählung, Fabel): In der Antike über viele Generationen hinweg überlieferte Erzählung von der Entstehung der Welt, der Götter und Menschen, Geschlechter und Völker. Darüber hinaus handeln diese Erzählungen auch von besonderen Ereignissen im Leben der Götter oder Schicksalen herausragender Menschen, wie z. B. der Geburt der Aphrodite, von Zeus und Europa oder der Gründung Roms.

(Aus: Petersen, T. (Hg.), Historische Begriffe, Freising 2000.)

M 3 Darstellung der Geschichtsschreibung

Der Historiker Martin Jehne fasst den Wissensstand zur Gründung Roms zusammen (2006):

Die ersten menschlichen Spuren auf dem Territorium, das später Rom wurde, lassen sich für das 10. Jh. v. Chr. nachweisen [...].

Für das spätere 7. Jh. wurde archäologisch die Bebauung des Forumbereichs – des Zentrums von Rom – festgestellt, was man als Indiz [= Hinweis] dafür werten kann, dass damals die Einzelsiedlungen auf den Hügeln Roms zusammengewachsen waren. Da das Talgelände sumpfig war und der Entwässerung und Anhebung bedurfte, ehe man es nutzen konnte, spricht viel dafür, dass für diesen Schritt schon erhebliche Gemeinschaftsleistungen nötig waren, die auf Kooperation [= Zusammenarbeit] der Gesamtbevölkerung und damit auf die Entstehung einer gemeinsamen gesellschaftlichen Struktur hindeuten. [...]
Der eigenen Tradition nach wurde Rom 753 v. Chr. von Romulus gegründet, der – in der Legende – naheliegenderweise auch der erste König wurde. Dieses Datum wurde im 1. Jh. v. Chr. errechnet und setzte sich gegen leicht abweichende Alternativdatierungen durch. Selbstverständlich ist auf diese exakte Jahresangabe nicht viel zu geben, und so streitet sich die Forschung auch nur darüber, ob der Datierungsansatz wenigstens ungefähr richtig ist. Die Einschätzung hängt wesentlich davon ab, was man denn als Stadtgründung ansieht. Die Besiedlung der Forumsregion (unter Entfernung der alten Gräber) und die daran erkennbare Zusammenführung verschiedener Hügelsiedlungen liefern ein wichtiges Indiz, das eher ins 7. als ins 8. Jh. zu deuten scheint.

Martin Jehne, Die römische Republik. Von der Gründung bis Caesar, München: C. H. Beck 2006, S. 8f.

Die Entstehung Roms

M 4 Die Entstehung Roms – Infotext

1. Die Anfänge Roms:

Die Anfänge Roms liegen im Dunkeln: Die Historiker sind bei der Untersuchung zum einen auf archäologische Befunde, zum anderen auf spätere Quellen angewiesen. Die Römer selbst hatten das Bedürfnis, die Herkunft und Ursprünge ihrer Stadt als bedeutend erscheinen zu lassen. Sie versuchten daher, eine Verbindung zu griechischen Heldensagen und zur griechischen Götterwelt herzustellen. Verschiedene römische Historiker und Schriftsteller gaben das Jahr 753 v. Chr. als das Gründungsjahr Roms an. Dieses Datum wurde auch für die Zeitrechnung verwendet; man zählte dann „ab urbe condita" – „seit Gründung der Stadt".

2. Die Gründungssage:

Von der Entstehung der Stadt Rom erzählt eine Sage. Sie ist in verschiedenen Versionen überliefert: Aeneas, ein Flüchtling aus dem zerstörten Troja, Sohn des Anchises und der Göttin Aphrodite, landete nach langer Irrfahrt in Italien. Er hatte seinen Vater, seinen Sohn und die Götterbilder seiner Geburtsstadt gerettet und brachte sie mit nach Latium, wo er sich niederließ. Eine Königstochter aus seiner Nachkommenschaft zeugte zusammen mit dem Kriegsgott Mars die Zwillinge Romulus und Remus. Da diese Kinder Anspruch auf die Herrschaft hatten, ließ ihr Onkel, der sich den Königsthron angeeignet hatte, sie in einem Weidenkorb im Fluss Tiber aussetzen. Die Jungen überlebten, wurden von einer Wölfin gesäugt und von einem Specht gefüttert. Dann fand sie ein Hirte und zog sie auf. Als junge Männer gründeten Romulus und Remus die Stadt Rom. Dabei kam es zu einem Streit zwischen den Zwillingen: Romulus erschlug seinen Bruder, als dieser über die Ackerfurche sprang, die den Verlauf der künftigen Stadtmauer bezeichnen sollte. Durch diese Sage erklärten sich die Römer ihre Herkunft und stellten sich in eine ruhmreiche Tradition, die bis zum heldenhaften Kampf um Troja zurückreichte. Die respektvolle Haltung gegenüber seinem alten Vater und den Göttern seiner Heimat ließ Aeneas vor allem als Verkörperung der römischen Tugend der „pietas", dem Pflichtbewusstsein gegenüber Familie, Staat und Göttern, erscheinen.

3. Wissenschaftliche Erkenntnisse:

Archäologen vermuten, dass die erste Ansiedlung auf dem Palatin lag, einem der berühmten sieben Hügel Roms. Hier befand sich der letzte Flussübergang vor der Mündung des Tiber ins Mittelmeer und bis hierhin war der Fluss auch schiffbar. Aber auch auf zwei weiteren Hügeln, dem Esquilin und dem Quirinal, konnten Bodenfunde aus der frühen Eisenzeit (10./9. Jh. v. Chr.) geborgen werden. Es wird vermutet, dass die Siedlungen auf den Hügeln keine getrennten Herrschaftsbezirke darstellten, sondern den steilen Kapitolshügel als gemeinsamen religiösen Mittelpunkt nutzten. Zentrum des politischen und gesellschaftlichen Lebens wurde der Markt, das Forum Romanum.

Rom war zunächst nur eine Ansiedlung der Latiner. Bei diesen handelte es sich um einen Stamm von Hirten und Bauern, die sich im Gebiet der heute als Latium bezeichneten Landschaft auf der italischen Halbinsel niedergelassen hatten. Sie waren umgeben von anderen Volksgruppen. Für die römische Kultur war insbesondere der Einfluss der Etrusker von großer Bedeutung. Diese siedelten in Mittelitalien, nördlich von Rom. Die Römer übernahmen viele ihrer religiösen Gebräuche, unter anderem die Deutung des Willens der Götter aus dem Vogelflug und aus der Eingeweideschau. Die Hauptgötter Roms – Jupiter, Juno und Minerva – sind ebenso etruskischen Ursprungs wie die Gladiatorenspiele. Auch Triumphzüge zur Feier militärischer Siege und das Rutenbündel mit dem Beil als Symbol der Strafgewalt – die sogenannten „fasces" – übernahmen die Römer von ihren Nachbarn. Im Städtebau und bei der Konstruktion von Kanalisationsanlagen waren die Etrusker den Römern sogar weit überlegen. Man vermutet, dass selbst der Name „Rom" auf den etruskischen Geschlechternamen „ruma" zurückgeht.

Vor diesem Hintergrund ist der Aufstieg Roms erstaunlich, denn schließlich gab es größere Städte in besserer Lage und stärkere Volksstämme als die Latiner. Eigentlich wäre also zu erwarten gewesen, dass das kleine Volk der Latiner von seinen Gegnern erdrückt werden würde. Dies war jedoch nicht so.

M 5 Die kapitolinische Wölfin

Bronzeplastik von etwa 500 v. Chr., die Zwillinge wurden erst 1471 n. Chr. hinzugefügt.

Zusatzaufgabe: Die Entstehung Roms – eine Geschichtskarte analysieren

M 6

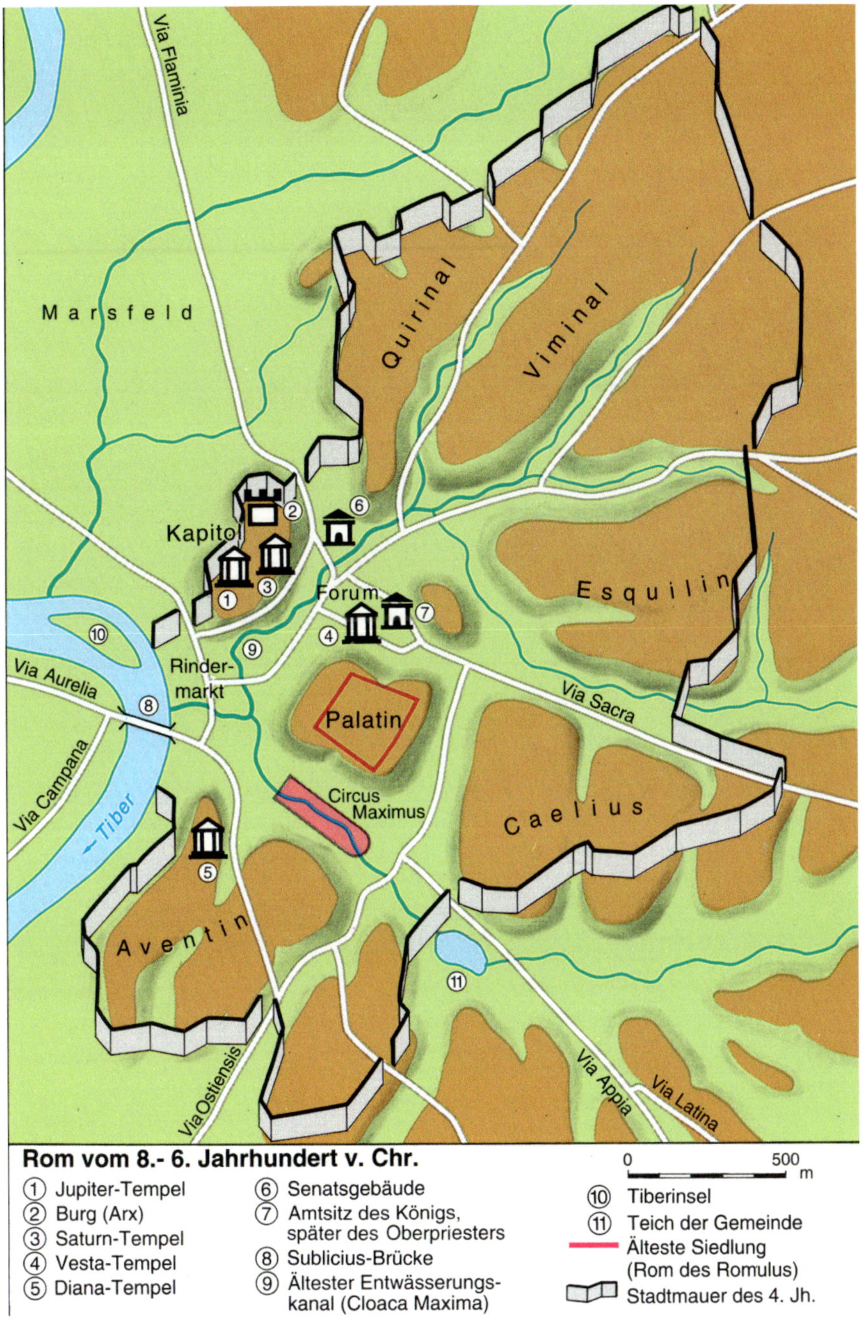

Rom vom 8.- 6. Jahrhundert v. Chr.

① Jupiter-Tempel
② Burg (Arx)
③ Saturn-Tempel
④ Vesta-Tempel
⑤ Diana-Tempel
⑥ Senatsgebäude
⑦ Amtsitz des Königs, später des Oberpriesters
⑧ Sublicius-Brücke
⑨ Ältester Entwässerungskanal (Cloaca Maxima)
⑩ Tiberinsel
⑪ Teich der Gemeinde
Älteste Siedlung (Rom des Romulus)
Stadtmauer des 4. Jh.

Aufgaben

Die Anfänge Roms – eine Geschichtskarte analysieren – Zusatzaufgabe

a) Rom wird auch die „Stadt auf den sieben Hügeln“ genannt. Nenne die Namen der Hügel.

b) Erkläre anhand der Karte, wo die früheste Besiedlung lag und wie nach und nach die Stadt Rom entstand.

c) Untersuche die Vorteile der Lage Roms für eine Ansiedlung.
→ M6

Wer regierte in Rom?

Auch heute noch spricht man in der Politik von „Diktatoren“, moderne Staaten unterhalten in anderen Ländern „Konsulate“, in den USA und auch in Berlin gibt es einen „Senat“ und in den beliebten „Star Wars“-Filmen spielt das „Imperium“ eine entscheidende Rolle. Diese Begriffe stammen alle aus dem alten Rom und zeigen auf, dass in Rom auch im Bereich der Politik wichtige Grundlagen für die heutige Welt geschaffen wurden. Wer lebte und regierte in Rom?

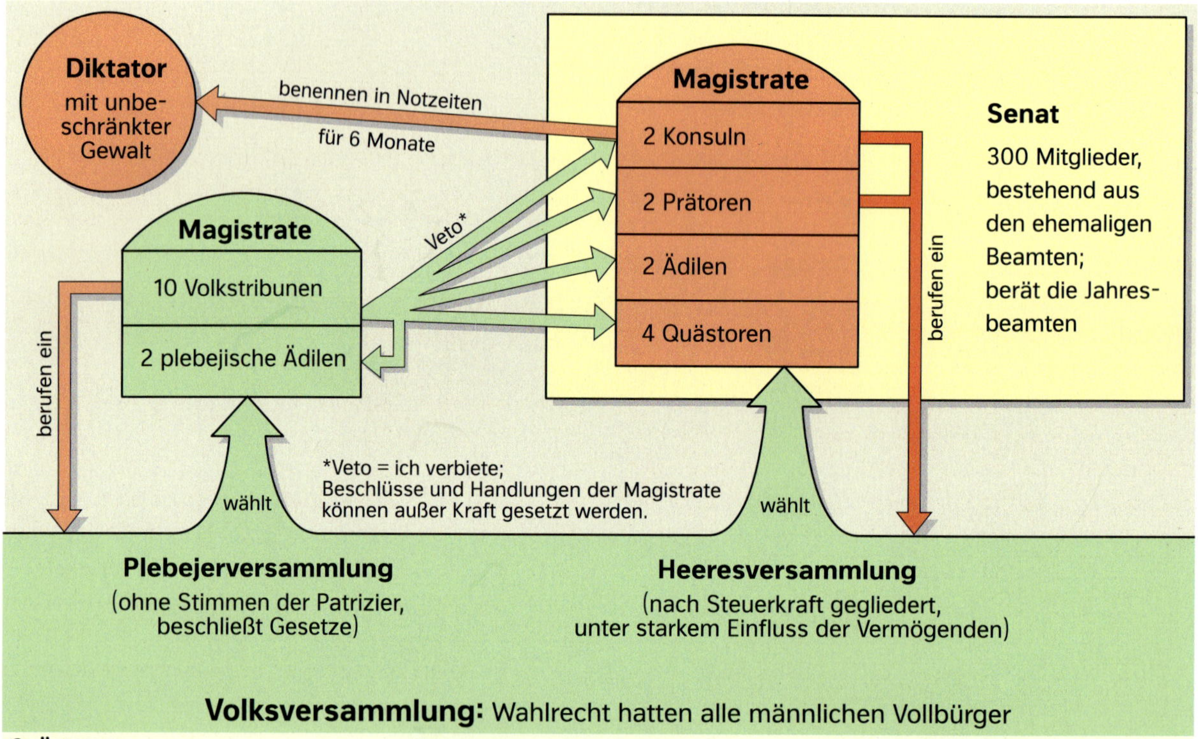

Quästoren:
Finanzverwaltung

Kurulische Ädilen:
öffentliche Ordnung, Verkehrs- und Marktangelegenheiten

Prätoren:
Rechtsprechung

Konsuln:
oberste Befehlsgewalt

Zensoren:
(außerhalb der Ämterlaufbahn und deshalb nicht im Schaubild) wurden alle fünf Jahre aus Mitgliedern des Senats bestimmt): Festsetzung der Steuern und Kontrolle der Staatsbürger

Diktator:
In Notzeiten wurde ein Diktator ernannt, der mit seinem Stellvertreter allerdings nur sechs Monate im Amt blieb. Er hatte mehr Machtbefugnisse als die Konsuln.

Plebejische Ädilen:
öffentliche Ordnung, Verkehrs- und Marktangelegenheiten

Volkstribunen:
Vertreter der Plebejer, sollen Plebejer gegen Übergriffe der Patrizier schützen.

M 1 Die Verfassung Roms in der frühen Republik (Stand: um 300 v. Chr.)

Aufgaben

1. Verfassung der römischen Republik – ein Schaubild
a) Erschließe das Schaubild. Verwende dafür den Trainingskasten auf Seite 90.
b) Kläre die Begriffe „Republik“ und „Diktator“.
c) Beurteile, welches Organ (Ämter oder Versammlungen) am meisten Macht hatte.
→ M1–M4, Trainingskasten auf Seite 90, Lexikon

2. Verfassung der römischen Republik – eine Quelle
a) Gib die typischen Kennzeichen der römischen Verfassung wieder, die Polybios aufführt, und beziehe diese auf die entsprechenden Elemente des Schaubildes.
b) Beurteile, welches der drei Merkmale deiner Meinung nach entscheidend ist.
→ M1, M2

Wer regierte in Rom?

M 2 Verfassung der römischen Republik

Der ehemalige Feldherr Polybios (etwa 200 v. Chr. – 130 v. Chr.) gehörte zu den 1000 Geiseln, die 167 nach einem römischen Sieg über Makedonien nach Rom gebracht wurden. Er war beeindruckt vom Zusammenwachsen Roms zu einer Großmacht und schrieb „40 Bücher Geschichte" über die Jahre 264 – 144 v. Chr. Die ersten fünf sind vollständig erhalten. Über die Verfassung der römischen Republik heißt es bei Polybios:

Es gab […] drei Teile, die im Staat Gewalt hatten. So gerecht und angemessen aber war alles geordnet, waren die Rollen verteilt und wurden in diesem Zusammenhang die staatlichen Aufgaben gelöst, dass auch von den Einheimischen niemand mit Bestimmtheit hätte sagen können, ob die ganze Verfassung aristokratisch, demokratisch oder monarchisch war. Und so musste es jedem Betrachter ergehen. Denn wenn man seinen Blick auf die Machtvollkommenheit der Konsuln richtete, erschien die Staatsform vollkommen monarchisch und königlich, wenn auf die des Senats, wiederum aristokratisch, und wenn man auf die Befugnisse des Volkes sah, schien sie unzweifelhaft demokratisch.

Polybius, Geschichte. Gesamtausgabe in zwei Bdn., übers. v. Hans Drexler, Zürich/Stuttgart: Artemis 1961, VI. Buch, S. 11 ff.

Grundlegende Begriffe

Republik

(aus lat. res publica = öffentliche Angelegenheit). Im alten Rom Bezeichnung für ein Staatswesen, an dessen Spitze kein Monarch stand. Die Rechte und Pflichten waren in unterschiedlichem Umfang auf die verschiedenen Schichten des Volkes verteilt.

Diktator

Während der römischen Republik konnte bei einem Staatsnotstand ein außerordentlicher Beamter als Diktator eingesetzt werden. Seine Ernennung erfolgte auf Vorschlag des Senats durch einen der zwei Konsuln für höchstens 6 Monate. Während dieser Amtszeit hatte er weit reichende Befugnisse, doch blieben die Magistrate als untergeordnete Instanzen bestehen.

Senat

Ursprünglich „Rat der Alten", in den zur Zeit der römischen Republik vor allem ehemalige Magistrate auf Lebenszeit aufgenommen wurden. Aufgrund der Autorität und Erfahrung seiner Senatoren lenkte der Senat praktisch den Staat. Besonders im Gegensatz zu den jährlich wechselnden Beamten garantierte er eine kontinuierliche Staatsführung, bestimmte die Außenpolitik und beanspruchte ein Aufsichtsrecht über die staatliche Ordnung.

M 3 Konsul mit Amtsdienern

Jeder Konsul wurde von zwölf Liktoren begleitet. Rutenbündel (fasces) und Beile waren Zeichen für die Macht, Strafen zu verhängen, antike Reliefdarstellung.

M 4 Die Ordnung der römischen Republik – Infotext

Die frühen Jahrhunderte bis zur Zeitenwende um das Jahr Null werden als Zeit der römischen **Republik** bezeichnet. Rom besaß keine geschriebene Verfassung, benötigte jedoch Regelungen, um politische Fragen und Probleme der Gemeinschaft zu lösen. Wahlbeamte, die sogenannten Magistrate, spielten in diesem System eine wichtige Rolle.

- An der Spitze des Staates standen zwei gleichberechtigte Konsuln. Diese hatten die höchste Befehlsgewalt in Krieg und Frieden inne, das sogenannte „imperium". Die Konsuln wurden von der Volksversammlung alljährlich neu gewählt. Dadurch und durch die gegenseitige Abhängigkeit der beiden Amtsinhaber sollte ein Missbrauch der Macht verhindert werden. Nur in Notzeiten konnte ein **Diktator** allein regieren. Ein römischer Politiker bekleidete im Laufe seiner Karriere nach und nach verschiedene Ämter, bevor er zum Konsul aufsteigen konnte.
- Die Konsuln wurden von einem „Rat der Ältesten" beraten, dem **Senat**. Dieser bestand aus angesehenen Männern, zum größten Teil ehemaligen Beamten. Obwohl seine Machtbefugnisse begrenzt waren, spielte der Senat eine entscheidende Rolle. Kaum ein Beamter wagte es, gegen den Ratschlag des Senats zu handeln. Die Entscheidung über Krieg und Frieden und über alle wichtigen Gesetze stand dem Volk zu, allerdings hatte die Oberschicht bei den Abstimmungen eine Mehrheit.

Wer regierte in Rom?

M 5 Wer regierte in Rom? – Infotext

1. Plebejer und Patrizier:

In Rom gab es im Wesentlichen zwei Schichten: das einfache Volk, die sogenannte plebs, und die alten Adelsfamilien, die Patrizier, abgeleitet aus dem lateinischen Wort „patres" („Väter"). Außerdem gab es noch eine große Anzahl an Sklaven und meist in den größeren Städten lebten Fremde, die kein römisches Bürgerrecht hatten.

- Die Angehörigen der plebs, die Plebejer, waren eine recht bunte Mischung von Menschen, die aus freien Bürgern, aber auch aus freigelassenen Sklaven bestand. Es waren Bauern, Händler, Kaufleute und Handwerker. Es ist davon auszugehen, dass viele Frauen dieser Schicht ebenfalls außer Haus arbeiteten, etwa in Wirtshäusern oder auf dem Markt ihre Erzeugnisse verkauften. Plebejer, die keinen festen Beruf ausübten, mussten sich als Tagelöhner immer wieder neu um eine Beschäftigung bemühen. Aufgrund von Krisen zogen Menschen vom Land in die Städte. Dort entstand eine mittellose Unterschicht. Diese hatten häufig nur ihre eigenen Nachkommen („proles") zur Existenzsicherung, weshalb sie Proletarier genannt wurden.

- Ein umfangreicher Landbesitz war die Grundlage des Reichtums der Römer der Oberschicht. Diese Großgrundbesitzer arbeiteten nicht selbst auf ihren Landgütern, sondern ließen diese entweder von freien Pächtern oder von ihren Sklaven bewirtschaften. Da die reichen Römer also nicht für ihren Lebensunterhalt arbeiten mussten, hatten sie Zeit und auch ausreichend Geld, sich in der Politik zu engagieren.

2. Die Machtverhältnisse ändern sich:

Die Leitung des Staates lag daher im Wesentlichen in den Händen weniger vornehmer Familien, die fast alle Ämter kontrollierten. Sie fühlten sich als „Väter des Staates". Trotz persönlicher Rivalitäten vertraten die Mitglieder dieser Gruppe grundsätzlich einheitliche Interessen. Auch Ehen wurden in der Regel nur innerhalb der eigenen Schicht geschlossen. Die Plebejer hatten zunächst keine Möglichkeit, an der Leitung des Staates mitzuwirken. Manche vertrauten sich als „Klienten" dem Schutz eines Mächtigen an. Dies war naheliegend, da die Rechtsprechung allein Sache der Patrizier war. Natürlich erwarteten diese „patroni" genannten Schutzherren Gegenleistungen, vor allem politische Unterstützung bei Wahlen zu einem Amt.

Aus dieser ungerechten Situation ergab sich ein jahrzehntelanger innenpolitischer Kampf. Die Plebejer begannen damit, unter der Leitung eigener Anführer, der sogenannten Tribunen, Versammlungen abzuhalten, welche von den Patriziern zunächst jedoch nicht anerkannt wurden. Ein Kompromiss verhinderte jedoch die Spaltung des Volkes: Die Patrizier erkannten schließlich das Versammlungsrecht der Plebejer sowie das Amt der Volkstribunen an. Letztere konnten nun bei politischen Entscheidungen Einspruch erheben. Mit einem solchen „Veto" (wörtlich: „ich verbiete") verteidigten sie die Interessen der Plebejer.

Die alleinige Vorherrschaft der Patrizier wurde also nach und nach überwunden, Plebejer konnten nun auch die höchsten Staatsämter bekleiden. Die alte Führungsschicht der Patrizier wurde verstärkt durch die fähigsten plebejischen Familien. Es entstand eine neue Führungsschicht, deren Bezeichnung auf das lateinische „nobilis" („vornehm") zurückgeht: die Nobilität.

M 6 Ein Redner in Aktion

Standbild aus dem 1. Jahrhundert v. Chr.

M 7 Polybios – Zusatzaufgabe

a) Über die Konsuln schreibt Polybios weiter:

Wenn der Konsul mit der eben geschilderten Macht an der Spitze des Heeres ins Feld zieht, scheint er unumschränkte Gewalt zur Durchführung seiner Pläne zu haben, in Wirklichkeit aber bleibt er auf Volk und Senat angewiesen und ist ohne diese nicht in der Lage, seine Unternehmungen zu einem guten Ende zu bringen. Denn selbstverständlich bedarf das Heer dauernder Versorgung, und ohne den Willen des Senats kann ihm weder Getreide noch Kleidung, noch Sold geliefert werden. Die Pläne der Feldherren können also gar nicht verwirklicht werden, wenn der Senat sie vereiteln oder sabotieren will. Es hängt ebenfalls vom Senat ab, ob der Befehlshaber seine Pläne und Unternehmungen zu Ende bringen kann, denn in seiner Macht steht es, den Befehlshaber nach Ablauf des Amtsjahres abzulösen oder ihm das Kommando zu verlängern. [...]
Vollends ist es für die Konsuln wichtig, die Gunst des Volkes zu gewinnen, auch wenn sie noch so weit von der Heimat entfernt sind. Denn das Volk hat alle Abkommen und Friedensverträge zu bestätigen oder abzulehnen. Vor allem aber muss der Konsul bei der Niederlegung des Amtes vor dem Volk Rechenschaft über seine Handlungen ablegen. Es ist daher in jeder Hinsicht gefährlich für den Feldherrn, sich um die Sympathien von Senat und Volk nicht zu kümmern.

b) Über den Senat und das Volk schreibt Polybios:

Der Senat wiederum, der doch so große Macht hat, ist erstens in allen politischen Angelegenheiten gezwungen, auf die Stimmung des Volkes zu achten und seine Wünsche zu berücksichtigen. Er kann die Untersuchung und Ahndung der schwersten Verbrechen gegen den Staat, auf die die Todesstrafe steht, nicht vornehmen, wenn das Volk nicht die Vorentscheidung des Senats bestätigt. [...]
Vor allem aber kann der Senat, wenn nur ein einziger Volkstribun sein Veto einlegt, weder eine Beratung zu Ende führen noch auch nur zusammenkommen und eine Sitzung abhalten; die Volkstribunen aber sind stets verpflichtet zu tun, was das Volk will, und seine Wünsche zu beachten. [...]
Ebenso ist wiederum das Volk vom Senat abhängig und muss sich nach ihm richten, im staatlichen wie im privaten Leben. Für alle öffentlichen Arbeiten, die in ganz Italien von den Zensoren vergeben werden, für alle Pachtungen von Zöllen an Flüssen und Häfen, von Gärten, Bergwerken, Ländereien, kurz allem, was der römischen Herrschaft untersteht – für all dies kommen die Unternehmer aus der breiten Masse des Volkes, und sozusagen fast jeder Bürger ist an diesen Submissionen [Unternehmungen] und Pachtungen beteiligt. [...]
Die Entscheidung über all diese Dinge liegt beim Senat. [...] Das Wichtigste aber ist, dass die Richter für fast alle öffentlichen und privaten Prozesse, soweit es sich um schwerwiegendere Fälle handelt, aus den Reihen der Senatoren gewählt werden. Da also alle Bürger sich der richterlichen Entscheidung der Senatoren unterwerfen müssen und angesichts der Ungewissheit über die Entscheidungen in Furcht leben, hüten sie sich wohl, den Wünschen des Senats Widerstand zu leisten und entgegenzuwirken.

Polybius, Geschichte. Gesamtausgabe in zwei Bdn., übers. v. Hans Drexler, Zürich/Stuttgart: Artemis 1961, VI. Buch, S. 11 ff.

Aufgaben

1. **Die Verfassung der römischen Republik**
   Führt eine Diskussion zum Thema: „Wer herrschte tatsächlich in Rom?" Berücksichtigt dabei folgende Fragen: Wie groß waren die Gestaltungsmöglichkeiten eines einfachen Vollbürgers in Rom? Wer war von der Mitwirkung gänzlich ausgeschlossen?
   → M1–M5
2. **Konsuln und Senat in Rom** – Zusatzaufgabe
   a) Beschreibe – nach Polybios (M7a) – die Macht der Konsuln.
   b) Fasse die Beschreibung des Senats bei Polybios (M7b) zusammen.
   c) Vergleiche die Darstellung über den Senat bei Polybios mit der Darstellung im Infotext M4.
   d) Erkläre die Rolle, die Polybios dem Volk innerhalb der Verfassung zuweist.
   → M7, Infotext M4
3. **Rom und Athen im Vergleich** – Zusatzaufgabe
   Vergleiche die Mitwirkungsmöglichkeiten der Bevölkerung in Rom (zur Zeit der Republik) mit denen in Athen (zur Zeit der entwickelten Demokratie – Seite 88–89 in diesem Schulbuch).
   → Infotexte M4, M5 und Seite 88–89

Sklaverei in Rom

Sklaverei gilt heute weithin als menschenverachtend, da der Mensch in der Sklaverei zu einer Sache erniedrigt wird. Welche Einstellung bestand im alten Rom?

M 1 Sklavenmarke

Die Inschrift lautet in deutscher Übersetzung: „Halte mich, wenn ich fliehe, und bring mich meinem Herrn Viventius auf dem Landsitz des Callistus zurück."

M 2 Römischer Soldat führt Kriegsgefangene in Ketten

Marmorrelief aus Smyrna (heute Izmir/Türkei), etwa 200 n. Chr.

M 3 Sklaven sind Menschen

Der berühmte römische Philosoph Seneca (4 v. Chr. bis 65 n. Chr.) schrieb in einem Brief an seinen Freund Lucilius:

Zu meiner Freude erfuhr ich von Leuten, die dich besucht haben, dass du freundlich mit deinen Sklaven umgehst. Das entspricht deiner Einsicht und deiner Bildung. „Es sind nur Sklaven." Nein, vielmehr Menschen. „Es sind nur Sklaven." Nein, vielmehr Hausgenossen. „Es sind nur Sklaven." Nein, vielmehr Freunde geringeren Ranges. „Es sind nur Sklaven." Nein, vielmehr Mitsklaven, wenn du bedenkst, dass das Schicksal über euch beide die gleiche Macht hat. Daher lache ich nur über die Leute, die es für eine Schande halten, zusammen mit ihrem Sklaven zu speisen [...].
Jener [der Herr] isst mehr, als sein Bauch fassen kann, und belädt mit ungeheurer Gier seinen aufgetriebenen Bauch, der seiner eigentlichen Arbeit schon entwöhnt ist, [...] aber die unglücklichen Sklaven dürfen [währenddessen] nicht einmal zum Sprechen die Lippen bewegen. Mit dem Stock wird auch das leiseste Gemurmel erstickt, und nicht einmal rein zufälliges Husten, Niesen oder Schlucken bleiben ungestraft. [...] Die ganze Nacht müssen sie mit leerem Magen stumm dabeistehen [...].
Aber jene Sklaven, die nicht nur in Gegenwart ihrer Herren, sondern mit ihren Herren persönlich sprechen durften, denen der Mund nicht zugenäht war, waren bereit, für ihren Herren den Nacken hinzuhalten, drohende Gefahr auf sich selbst abzulenken. Bei Gastmählern redeten sie, unter der Folter schwiegen sie.
Ebenso anmaßend ist das Sprichwort, das immer wieder vorgebracht wird: „Soviel Sklaven, soviel Feinde!" Nein, wir haben an ihnen keine Feinde, wir machen sie erst dazu. Ich will gar nicht reden von anderen unmenschlichen Grausamkeiten, dass wir sie nicht wie Menschen, sondern wie Lasttiere behandeln. Haben wir uns zum Speisen hingelegt, so wischt der eine den Auswurf vom Fußboden, der andere kehrt, unter das Speisesofa gebückt, die Speisereste der Trunkenen auf. [...]
Willst du nicht einmal bedenken, dass der Mensch, den du deinen Sklaven nennst, den gleichen Ursprung hat wie du, dass sich über ihm derselbe Himmel wölbt, dass er die gleiche Luft atmet, dass ihm das gleiche Leben, der gleiche Tod beschieden ist?

Zit. nach: Wolfgang Lautemann/Manfred Schlenke (Hg.), Walter Arend (Bearb.), Geschichte in Quellen Bd. 1.: Altertum. Alter Orient, Hellas, Rom, 2. Aufl., München: Bayerischer Schulbuch-Verlag 1975, S. 629.

M 4 Umgang mit Sklaven

Der folgende Auszug stammt aus Catos Schrift „Vom Landbau" (lat.: De agricultura), welche etwa 150 v. Chr. verfasst wurde. Cato erteilt darin Ratschläge, wie ein Landgut ausgestattet sein soll und worauf es bei der Bewirtschaftung ankomme. Es findet sich darin auch eine Passage über den Umgang mit Sklaven:

[...] Versteigerungen soll er [= der Gutsbesitzer] so durchführen: er verkaufe Öl, wenn es hoch im Preise steht. Den Überschuss an Wein und Getreide verkaufe er; alte Ochsen, entwöhnte Kälber, entwöhnte Lämmer, Wolle, Häute, den alten Wagen, altes Eisengerät, einen alten Sklaven, einen kränklichen Sklaven und was sonst überflüssig ist, verkaufe er. Ein pater familias muss verkaufslustig, nicht kauflustig sein.

Zit. nach: Otto Schönberger (Hg.), Marcus Porcius Cato. Vom Landbau. Fragmente. Alle erhaltenen Schriften lat./dt., München: Heimeran 1980 (= Tusculum Bücherei), De agricultura 2,7.

M 5 Wie lebten Sklaven in Rom? – Infotext

Nach damaliger Vorstellung hatte der Sieger eines Krieges das Recht, den Besiegten zu töten oder ihn und seine Angehörigen in Besitz zu nehmen. Kriegsgefangene wurden so verschleppt und auf den Sklavenmärkten verkauft. Auch Seeräuber und Menschenjäger boten dort ihre Gefangenen zum Kauf an. Sowohl in der griechischen wie in der römischen Antike gerieten auch viele arme Menschen in die Schuldknechtschaft: Da sie ihre Schulden bei reichen Gläubigern nicht zurückzahlen konnten, mussten sie sich diesen bis zur Rückzahlung der Schulden persönlich ausliefern. Kinder von Sklaven waren ebenfalls Sklaven. Erkennen konnte man die Sklaven entweder am Haarschnitt, an Tätowierungen oder an Halsbändern und Plaketten, die sie nicht entfernen konnten.
Der „Marktwert" von Sklaven bestimmte sich nach Alter, Schönheit, Körperkraft oder auch fachlichen Qualifikationen. Die Situation von Sklaven konnte sehr unterschiedlich sein. Manche hatten ein vertrauensvolles Verhältnis zu ihrem Herrn und wurden gar mit verantwortungsvollen Aufgaben betraut, etwa die Verwaltung der Güter. Griechische Sklaven wurden gern zur Erziehung und Unterrichtung der Kinder eingesetzt, die so auch gleich Griechisch als zweite Sprache lernten. Andere wiederum wurden auf den riesigen Ländereien der Senatoren rücksichtslos ausgebeutet. Am schlimmsten war die Arbeit in Bergwerken, in denen bisweilen Tausende von Sklaven arbeiteten. Die Menschen, die zu dieser Arbeit gezwungen wurden, lebten unter diesen unmenschlichen Bedingungen nur kurz.
In der römischen Gesellschaft wurden Sklaven nicht selten freigelassen, da die Freilassung von verdienten Sklaven als Geste der Menschlichkeit galt. Diese ehemaligen Sklaven erhielten damit in den meisten Fällen das volle römische Bürgerrecht, allerdings schuldeten die Freigelassenen ihrem ehemaligen Herrn Gehorsam, Ehrerbietung und politische Gefolgschaft – oft kam es daher zu massenhaften Freilassungen, da sich Politiker so einer breiten Unterstützung durch ihre ehemaligen Sklaven versichern konnten. Nicht selten sah der Freilassungsvertrag vor, dass der Herr von dem Freigelassenen auch noch bestimmte Dienste fordern konnte. Manche Freigelassene kamen zu großem Reichtum, der sogar den ihrer früheren Herren übertreffen konnte.
Widerstand von Sklaven
Wiederholt schlossen sich Sklaven zu Aufständen zusammen. Zu einem großen Aufstand kam es in den Jahren 73 bis 71 v. Chr., als Sklaven in Süditalien sich unter der Führung des Spartacus zusammenfanden. Spartacus war mit Gleichgesinnten aus der Gladiatorenschule ausgebrochen und viele Sklaven schlossen sich an. Spartacus befehligte zeitweise ein Heer von über 60 000 Mann. Dieser Aufstand richtete sich nicht grundsätzlich gegen die Sklaverei, den Menschen ging es vielmehr um die eigene Befreiung. Sie wurden nach langwierigen Kämpfen militärisch besiegt und zur Abschreckung gekreuzigt. Der Name Spartacus wurde in der Folgezeit zum Sinnbild für die Befreiung aus der Unfreiheit.

Aufgaben

1. Seneca und Cato über Sklaven in Rom
a) Fasse die in Rom vorherrschende Beziehung zwischen Herren und Sklaven zusammen.
b) Gib Senecas Meinung zur Sklaverei wieder.
c) Beschreibe, wie nach Catos Empfehlung mit Sklaven umgegangen werden soll, und vergleiche dies mit Senecas Haltung gegenüber Sklaven. Halte fest, welche Unterschiede es in der Sichtweise auf den Status von Sklaven gab.
↝ M3 – M4

2. Sklaven in Rom
a) Stelle die Bedingungen zusammen, unter denen Menschen in der Antike versklavt werden konnten.
b) Erläutere die großen Unterschiede zwischen den verschiedenen Sklaven in Rom.
c) Informiere dich, inwieweit es heute noch Beispiele für Sklaverei gibt.
↝ Infotext M5, Lexikon, Internet

Vom Dorf zur Weltmacht

Im Laufe von Jahrhunderten wuchs das einstige Dorf Rom zur Weltmacht heran, die die Politik und Kultur der damaligen Zeit bestimmte und Spuren hinterlassen hat, die bis in unsere Gegenwart reichen. Wie kam es dazu?

M 1 Die Ausbreitung des Römischen Reiches

M 2

	Zeit	Beherrschte Gebiete (Beispiele)	Herrschaftsbereich
	Anfänge Roms	Siedlungen an der Tibermündung	Stadt Rom
	bis 264 v. Chr.		
	bis 201 v. Chr.		
	bis 121 v. Chr.		
	bis 44 v. Chr.		
	bis 117 n. Chr.		

Aufgaben

1. Der Aufstieg Roms – Umgang mit einer Geschichtskarte

a) Übertrage die Tabelle M2 in dein Heft und vervollständige sie, indem du die Karte M1 auswertest. Berücksichtige dabei auch den Trainingskasten „Erschließung von Geschichtskarten“ auf Seite 30.

b) Erkläre in eigenen Worten den Begriff „Provinz“.

→ M1–M3 und Trainingskasten auf Seite 30

M 3 Vom Dorf zur Weltmacht – Infotext

1. Rom herrscht über Italien:

Betrachtet man die Entwicklung Roms im Überblick, so lassen sich verschiedene Phasen unterscheiden.
Am Anfang beschränkte sich der Machtbereich Roms auf seine unmittelbare Umgebung: Die Römer trugen Kämpfe mit ihren Nachbarn aus, in denen sie gelegentlich auch schwere Niederlagen hinnehmen mussten. Im Weiteren eroberten sie nach und nach das italienische Festland. Viele besiegte Städte erhielten dabei maßvolle Friedensbedingungen und wurden in die römische Bürgerschaft aufgenommen. Die Bewohner erhielten das Bürgerrecht, meist aber ohne Wahlrecht. Diese Art der Ausdehnung des römischen Gebietes führte dazu, dass sich die ursprünglich unabhängigen Gemeinden mit Rom identifizierten. So verstärkten die ehemaligen Gegner die militärische Kraft Roms. Andere Gegner behielten ihre Selbstverwaltung, traten aber Teile ihres Gebietes ab und wurden so zu Verbündeten Roms. Rom gründete auch Kolonien, in denen sich Römer ansiedelten, die den Bürgern der „Hauptstadt“ rechtlich gleichgestellt waren. Sie bildeten sichere Stützen der Macht Roms.
Nachdem die letzten griechischen Städte in Italien dem römischen Bündnissystem beigetreten waren, hatte Rom Italien geeint. Es war damit im Bereich des Mittelmeerraumes zu einer Großmacht geworden. Eine neue Epoche der römischen Geschichte begann.

2. Kriege mit Karthago:

Seine räumliche Ausdehnung brachte Rom in Konflikt mit der nordafrikanischen Handelsmacht Karthago. Im Jahre 264 v. Chr. begann eine Auseinandersetzung zwischen Rom und Karthago, die sich an Sizilien entzündete und bis 146 v. Chr. in drei erbitterten Kriegen ausgetragen wurde. Mehr als 100 Jahre zog sich dieser Machtkampf hin. Nach der Niederlage Karthagos im ersten Punischen Krieg – die Karthager wurden auch Punier genannt – wurde das eroberte Sizilien zur ersten römischen **Provinz**. Kurz nach der Eroberung Siziliens gelang es Rom, auch Sardinien und Korsika zu besetzen. Im dritten und letzten Punischen Krieg setzte der römische Feldherr Publius Cornelius Scipio, der später den Ehrennamen „Africanus“ erhielt, nach Afrika über. Er besiegte den punischen Feldherrn Hannibal in der Schlacht von Zama westlich von Karthago. Schließlich eroberten die Römer Karthago und machten es dem Erdboden gleich. Das Gebiet von Karthago wurde römische Provinz und bekam den Namen „Africa“.

3. „Mare nostrum“ – „unser Meer“:

Mit dem Sieg über Karthago beherrschten die Römer den westlichen Mittelmeerraum. Dies markierte den Beginn des Imperium Romanum, des römischen „Weltreichs“. In der Folgezeit gelang es den Römern, ihre Macht auch über das östliche Mittelmeer auszudehnen. Fortan bezeichneten die Römer das Mittelmeer als „mare nostrum“ – „unser Meer“. Die unbeschränkte Herrschaft im Mittelmeerraum hatte auch Auswirkungen auf die Lebensweise der Römer. Die römische Führungsschicht begann, die griechische Kultur zu übernehmen und einen immer aufwendigeren und prunkvolleren Lebensstil zu pflegen. Dies stieß bei anderen römischen Bürgern auf heftige Kritik, da sie darin ein Abfallen von den alten römischen Sitten und Tugenden erblickten.

4. Die größte Ausdehnung unter Trajan:

Nach der Sicherung der Herrschaft im Mittelmeerraum dehnte das römische Imperium seinen Machtbereich immer weiter aus und stieß, trotz gelegentlicher Rückschläge, bis an die Grenzen der damals bekannten Welt vor. Seine größte Ausdehnung hatte das Römische Reich unter Kaiser Trajan um 100 n. Chr.
Ob die Römer rücksichtslose Eroberer waren, ob sie auch durch ihre Verbündeten in Auseinandersetzungen hineingezogen wurden oder ob sie sogar aus einem Gefühl der Bedrohung heraus ihre Kriege führten, ist auch unter Historikern umstritten.

Grundlegende Begriffe

Provinz
Die von Rom erworbenen Gebiete außerhalb Italiens hießen Provinzen. Sie wurden von Statthaltern verwaltet. Die Provinzbewohner galten als Untertanen ohne römisches Bürgerrecht (Bürger) und hatten Steuern und Tribute zu entrichten.

M 4 Ein militärischer Triumph
Der Feldherr Lucius Aemilius Paullus mit drei Gefangenen.
In der Mitte erbeutete Waffen und Uniformteile als Symbol für den militärischen Triumph, römische Münze aus dem 2. Jahrhundert v. Chr.

M 1 **„Caesars Ermordung"**
Gemälde (Ausschnitt) von Karl Theodor von Piloty, 1865. Das Bild spiegelt – wie alle Historiengemälde – nicht die Realität wider, sondern vermittelt die Sichtweise des Künstlers aus dem 19. Jahrhundert. Das Gemälde befindet sich in der Neuen Pinakothek in München.

Warum wurde Caesar ermordet?

Am 15. März des Jahres 44 v. Chr. wurde der Politiker und Feldherr Gaius Julius Caesar während einer Sitzung des Senats ermordet. Dieses Ereignis war der Höhepunkt einer Krise, die Rom erschüttert und zu einem Krieg im Inneren, einem Bürgerkrieg, geführt hatte. Wie war es dazu gekommen?

M 2 Aus einer Biografie

Der Grieche Plutarch (45–125 n. Chr.) ist Verfasser zahlreicher biografischer Schriften. In seiner Caesar-Biografie berichtet er über die Ermordung Caesars:

Allein den sichtbarsten Hass, der ihm schließlich auch den Tod brachte, erregte gegen ihn sein Streben nach der Königswürde, welches für das Volk die erste Ursache, für diejenigen aber, die ihm schon lange gram[1] waren, der triftigste [stichhaltigste] Vorwand wurde.
[...] Eines Tages nun, als eben Caesar von Alba in die Stadt zurückkehrte, wagten sie es, ihn laut als König zu begrüßen. Weil aber das Volk darüber in Bestürzung geriet, sagte er unwillig, er heiße nicht König, sondern Caesar, und bei der darauffolgenden tiefen Stille ging er mit finsterem verdrießlichem Gesichte fort.

[...]

Bald darauf wurden ihm im Senat wieder einige übertriebene Ehrenbezeigungen[2] zuerkannt; er saß eben auf der Rednerbühne, als die Consuln und Praetoren in Begleitung des ganzen Senats vor ihm erschienen. [...] Caesar aber stand nicht vor ihnen auf, sondern fertigte sie ab, als wenn er es mit den gemeinsten Bürgern zu tun hätte.

[...]

Caesar saß, um diese Feierlichkeit [gemeint ist das Luperkalienfest, ein römisches Fruchtbarkeitsritual] anzusehen, an der Rednerbühne auf einem goldenen Stuhle mit dem Triumphkleide geschmückt. Auch nahm Antonius[3] als Consul an dem heiligen Lauf durch die Stadt teil. Als er nun auf den Markt kam und das versammelte Volk vor ihm Platz machte, überreichte er Caesar ein mit einem Lorbeerkranz umwundenes Diadem. Darüber entstand ein schwaches dumpfes Händeklatschen von einigen wenigen dazu bestellten Personen, wie aber Caesar das Diadem ausschlug, klatschte ihm das ganze Volk lauten Beifall zu. Antonius hielt ihm das Diadem noch einmal hin, und da klatschten wieder nur wenige, aber als Caesar es zum zweiten Mal nicht annahm, erfolgte aufs Neue ein allgemeines Händeklatschen. Nach diesem misslungenen Versuche stand Caesar auf und befahl, den Kranz auf das Capitol zu tragen.

[...]

[Trotz verschiedener Warnungen begibt sich Caesar an den Iden des März des Jahres 44 v. Chr. zu einer Sitzung des Senats.]

Als Caesar hineintrat, stand der Senat ehrerbietig vor ihm auf; die Freunde des Brutus[4] aber stellten sich zum Teil hinter seinen Stuhl, die Übrigen gingen ihm entgegen, als wenn sie das Gesuch des Tullius Cimber, der für seinen verbannten Bruder bat, unterstützen wollten, und folgten ihm immer bittend bis an seinen Stuhl. Caesar setzte sich nun nieder und schlug das Gesuch geradezu ab; da [...] fasste endlich Tullius[5] seine Toga mit beiden Händen und zog sie vom Halse herunter. Dies war das verabredete Zeichen zum Angriff. Casca[5] brachte ihm nun mit dem Dolche die erste Wunde am Halse bei, die aber weder tödlich war, noch tief eindrang, weil er, wie leicht zu denken, im ersten Augenblick einer so kühnen Tat vor Angst zitterte.

[...]

Als der Anfang auf solche Weise gemacht war, gerieten diejenigen, welche von dem Vorhaben nichts wussten, so sehr in Schrecken und Bestürzung, dass sie weder zu fliehen noch Caesar beizustehen, ja nicht einmal einen Laut von sich zu geben wagten. Indes zog jeder der Verschworenen einen Dolch hervor, und Caesar, von allen Seiten umringt, begegnete, wohin er sich auch wenden mochte, den nach dem Gesichte und den Augen gerichteten Dolchstößen und wand sich unter den Händen seiner Mörder wie ein gefangenes wildes Tier. Denn es war ausgemacht worden, dass jeder an dem Morde teilnehmen und das Seinige dazu beitragen solle; weswegen ihm auch Brutus noch einen Stich in den Unterleib beibrachte.

[...]

Nach der Ermordung Caesars [...] gingen Brutus und seine Mitverschworenen, so erhitzt wie sie vom Morde noch waren, nicht Fliehenden ähnlich, sondern mit heiterer zuversichtlicher Miene, das bloße Schwert in der Hand, vom Rathause zusammen nach dem Capitol, ermahnten das Volk zur Behauptung der Freiheit. [...] Am nächsten Tag kam Brutus mit seinen Anhängern vom Capitol herab und hielt eine Rede an das Volk. Dieses hörte ihn an, ohne das Geschehene zu missbilligen oder gutzuheißen; es gab vielmehr durch ein tiefes Stillschweigen zu erkennen, dass es Caesar sehr bedauere und vor Brutus großen Respekt hätte.

[...]

Als es sich aber nach Eröffnung von Caesars Testament zeigte, dass jedem Römer ein beträchtliches Geschenk ausgesetzt war, und man den durch Wunden ganz zerfetzten Leichnam über den Markt tragen sah, blieb das Volk nicht länger in seinen Schranken, sondern trug Bänke, Tische und Verschläge vom Markte zusammen, zündete den Haufen an und verbrannte den Leichnam[6] gleich auf der Stelle. Viele ergriffen dann brennende Scheite und liefen damit nach den Häusern der Mörder, um sie anzuzünden; andere zogen durch alle Straßen der Stadt, in der Absicht, sich dieser Männer zu bemächtigen und sie in Stücke zu reißen. Aber sie fanden keinen, denn alle hatten sich in ihren Häusern verbarrikadiert.

1 gram: hier: auf jemanden zornig sein
2 Ehrenbezeigungen: Huldigungen, Auszeichnungen
3 Antonius: Mitkonsul und Gefolgsmann Caesars, Feldherr und Politiker
4 Brutus: römischer Redner und Politiker, Anhänger der Republik
5 Tullius und Casca: Verschwörer gegen Caesar
6 Verbrennung von Casars Leichnam: Zur Zeit Caesars war das Verbrennen eines Verstorbenen die übliche Bestattungsform in Rom.

Plutarchus, Lebensbeschreibungen Bd. 4, München: Goldmann 1965, S. 60–68; S. 399 ff.

M3

Vor der Tat	Tathergang	Nach der Tat
– ...	– Caesars Eintreffen im Senat	– ...
– ...	– ehrerbietige Haltung	– ...

Aufgaben

1. **Die Ermordung Caesars – ein Schaubild zu einer Textquelle erstellen**
   a) Lies den Text von Plutarch (M2) aufmerksam und gib ihn mit eigenen Worten wieder.
   b) Vervollständige die Grafik M3. Arbeite dafür die entsprechenden Informationen aus dem Text von Plutarch heraus.
   c) Erläutere anhand deines Schaubildes mögliche Gründe für die Ermordung Caesars.
   d) Stelle die Vorteile und die Nachteile der grafischen Darstellung der Ermordung Caesars einander gegenüber.

   → M2, M3

Die Ermordung Caesars

M 4 Warum wurde Caesar ermordet? – Infotext

1. Veränderungen des sozialen Gefüges:

Die Eroberungen veränderten das soziale Gefüge der römischen Gesellschaft. Die Siege Roms waren in erster Linie den Bauern zu verdanken, die im römischen Heer Kriegsdienst leisteten; von den Zahlungen der besiegten Gegner und der Provinzen profitierte aber vor allem die Oberschicht. Ihre Mitglieder kauften nach und nach die Höfe der Bauern auf und vereinten sie zu großen Landgütern, die von Sklaven bewirtschaftet wurden. Die besitzlos gewordenen Bauern strömten hingegen in die Stadt. Es entstand eine neue Schicht, die als „Proletariat" bezeichnet wird, weil diese Menschen nichts als ihre Arbeitskraft und ihre Nachkommen – auf lateinisch „proles" – besaßen.
Angesichts zunehmender sozialer Spannungen bildeten sich innerhalb der Oberschicht zwei Gruppierungen, die im Senat einen erbitterten Machtkampf führten: Die „Popularen" – abgeleitet von „populus" („Volk") – stammten zwar nicht aus dem einfachen Volk, unterstützten aber dessen Forderungen. Gleichwohl ging es ihnen auch um ihre persönliche Macht. Die „Optimaten" – abgeleitet von „optimus" („zu den Besten gehörig") – waren für die Erhaltung der bestehenden Herrschaftsverhältnisse und unterstützten eher die Interessen der Oberschicht.

Grundlegende Begriffe

Caesar

Gaius Julius Caesar (100 v. Chr. – 44 v. Chr.) war ein römischer Staatsmann, Feldherr und Schriftsteller, der aufgrund zahlreicher außen- und innenpolitischer Siege immer mächtiger wurde. Dies war der Hauptgrund, weshalb er im Jahre 44 v. Chr. ermordet wurde.

2. Die neue Rolle des Heeres:

In den folgenden Jahrzehnten verschärften sich die Auseinandersetzungen zwischen den beiden Gruppierungen zu einem Bürgerkrieg. Entscheidend war, dass das römische Heer nun auch bei inneren Machtkämpfen eingesetzt wurde. Im ersten Jahrhundert v. Chr. wandelte sich das römische Heer zu einer Armee von Berufssoldaten. Da der jeweilige Heerführer für die Bezahlung und Alterssicherung seiner Soldaten zu sorgen hatte, waren diese in erster Linie ihm und erst in zweiter Linie der römischen Republik treu. Der Senat befand sich dabei in einer schwierigen Situation: Einerseits brauchte man erfolgreiche Feldherren, andererseits wurden die Feldherren immer mächtiger und bestimmten letztendlich sogar über das Schicksal des Staates. Wenn sich der Senat den Absichten eines Feldherrn widersetzte, so bestand die Gefahr, dass dieser sein Heer nach Rom in Marsch setzen und den Senat zur Erfüllung seiner Forderungen zwingen konnte.

3. Der Aufstieg Caesars:

Gaius Julius **Caesar** entwickelte sich zum „starken Mann" in Rom. Wie andere römische Politiker auch, durchlief er dabei die Ämterlaufbahn. Zusätzlich verbündete er sich mit dem erfolgreichen Feldherrn Pompeius und dem immens reichen Crassus zum sogenannten ersten Triumvirat, einem „Bündnis der drei Männer". Gestützt auf die Anhänger des Pompeius und das Geld des Crassus wurde Caesar im Jahre 59 v. Chr. Konsul.
Für die Zeit nach seinem Konsulat sicherte sich Caesar die Statthalterschaft über die beiden gallischen Provinzen, um sich dem Einfluss des Senats zu entziehen und sich in Gallien eine neue Machtposition aufzubauen. In den folgenden

M 5 Gaius Julius Caesar (100 – 44 v. Chr.)
Römische Büste

M 6 Gnaeus Pompeius (106 – 48 v. Chr.)
Zeitgenössische römische Büste

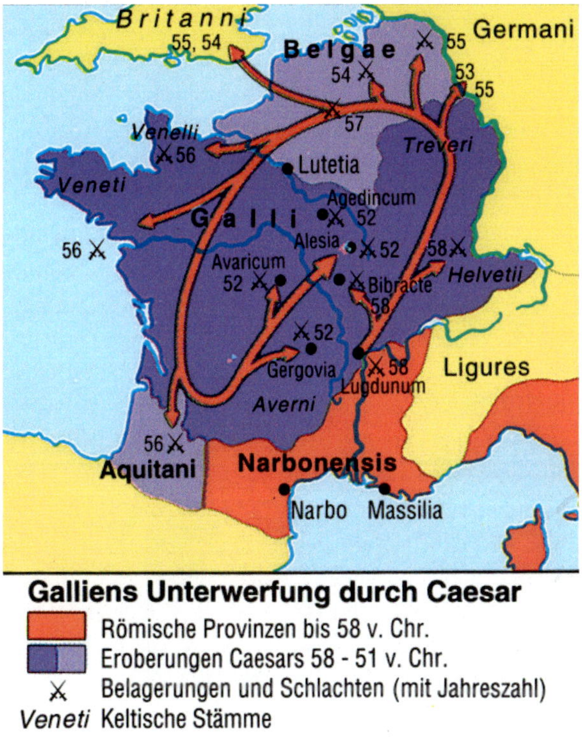

M 7 Eroberung Galliens

zehn Jahren reihte Caesar Feldzug an Feldzug und unterwarf ganz Gallien, dessen Region in etwa den heutigen Staaten Frankreich und Belgien entsprach. Als erster Römer stieß er an den Rhein und nach Britannien vor. Über seine Kriegszüge berichtete er in seinem Buch „De bello gallico" („Über den gallischen Krieg"), das bis heute als Klassiker gilt.

4. Caesar wird Alleinherrscher – und wird ermordet:

Da der Senat die anwachsende Macht Caesars fürchtete, forderte er von ihm, sein Heer aufzulösen. Caesar wollte die einmal gewonnene Macht jedoch nicht mehr aus den Händen geben. Er überschritt mit seinem Heer vielmehr den Fluss Rubicon, der die Grenze zwischen Caesars Provinz und dem römischen Kernland bildete. Die Verfassung gestattete ihm nicht, als Statthalter Galliens den Grenzfluss nach Italien zu überschreiten. Dieser Marsch nach Rom kam daher einer Kriegserklärung gleich. Ohne auf großen Widerstand zu treffen, eilte Caesar von Sieg zu Sieg nach Süden auf Rom zu. Caesars Gegnern gelang es in der Kürze der Zeit nicht, eine Armee aufzustellen, um den Senat zu verteidigen. Schließlich flohen Caesars Feinde aus der Stadt. Caesar selbst gewährte denen, die sich unterwarfen, Gnade und zeichnete sich durch Großzügigkeit aus.
Zunächst hatte sich Caesar für zehn Jahre zum Diktator ernennen lassen – ein Amt, das in Rom für Notzeiten vorgesehen war. Schließlich machte ihn der Senat im Jahr 44 v. Chr. zum Diktator auf Lebenszeit. Caesar befand sich damit auf dem Höhepunkt seiner Macht, der jedoch nur kurz andauern sollte: Seine Gegner warfen ihm vor, die republikanische Ordnung zerstören zu wollen und eine Königsherrschaft anzustreben. Am 15. März des Jahres 44 v. Chr. („Iden des März") wurde er während einer Senatssitzung von einer Gruppe Senatoren ermordet.

Aufgaben

1. Die Bedeutung des römischen Heeres

a) Die Beziehung zwischen einem römischen Feldherrn wie zum Beispiel Julius Caesar und seinen Legionen war sehr eng. Erkläre die Gründe dafür, dass beide voneinander abhängig waren.

b) Erläutere die Folgen, die sich daraus für die Machtkämpfe in Rom ergaben.

→ Infotext M4

2. Umbruch in der Geschichte?

War die Ermordung Caesars ein Umbruch in der Geschichte Roms? Begründe deine Meinung.

→ Infotext M4

3. Die Ermordung Caesars in Text und Bild – Zusatzaufgabe

a) Begründe, warum der Text von Plutarch (M2) eine Quelle und das Bild von Karl Theodor von Piloty (M1) eine Darstellung ist.

b) Vergleiche die Darstellung der Ermordung Caesars bei Plutarch mit der Darstellung auf dem Historiengemälde von Piloty.

→ M1, M2

Was stimmt in „Asterix“ – und was nicht?

„Asterix ist lustig. Und man erfährt eine Menge über die Gallier und über Caesar.“
„Nein, das ist doch alles erfunden. Wer hat denn solche Kräfte wie Obelix?“
„Ja das schon, aber vieles stimmt doch.“
„Das glaube ich nicht.“ – Diese kleine Gespräch auf dem Schulhof geht um eine wichtige Frage: Was stimmt in „Asterix“ – und was nicht? An einem Beispiel kannst du diese Frage beantworten.

Im Band „Asterix – der Gallier“ findet sich diese Bilderfolge:

M 1

M 2 „Asterix“ ist ein Comic

Was ist aber genau unter „Comic“ zu verstehen? Zwei Definitionen geben Aufschluss.

a) Definition 1:

Comics sind Gegenstände, die aus Bildsequenzen bestehen und darüber hinaus oftmals (aber nicht immer) Schrifttexte aufweisen können. Zentrale Gestaltungsprinzipien sind die Linie, die den Körpern ihre Form gibt und als Ausdruck von Bewegung und Emotionen verwendet werden kann, das Panel [das umrahmte Einzelbild] und die Sequenz, die mehrere Panels – zum Beispiel zu einer Bewegungsabfolge – kombiniert.

Markus Engels/Ulrike Preußler, Comics – Ein Universum für sich!?; auf: http://literaturkritik.de/public/rezension.php?rez_id=21493&ausgabe=201601 [letzter Zugriff: 28.5.2018]

b) Definition 2:

Comic ist der gängige Begriff für die Darstellung eines Vorgangs oder einer Geschichte in einer Folge von Bildern. In der Regel sind die Bilder gezeichnet und werden mit Text kombiniert; [...] Comic-typische Merkmale und Techniken, die aber nicht zwangsläufig verwendet sein müssen, sind Sprechblasen und Denkblasen, Panels und Onomatopoesien [Lautmalereien; sprachliche Nachahmung von Geräuschen]. Diese finden auch in anderen Medien Verwendung, insbesondere wenn Text und sequenzielle Bilderfolgen kombiniert sind wie in Bilderbuch und illustrierter Geschichte, in Karikaturen oder Cartoons. Die Abgrenzung zu diesen eng verwandten Künsten ist unscharf.

https://de.wikipedia.org/wiki/Comic [letzter Zugriff: 28.5.2018]

M 3 Ein Bericht von Caesar

Über die Eroberung Galliens hat Caesar in seinem Buch „De bello gallico", d.h. übersetzt: Der Gallische Krieg, berichtet. Caesar schreibt von sich in der 3. Person, also „er" oder „Caesar" statt „ich". Die Szene, in der Vercingetorix sich unterwirft, beschreibt er so:

In einer Versammlung, die Vercingetorix am folgenden Tage einberief, erklärte er, er habe die Führung in diesem Kriege nicht im eigenen Interesse, sondern um der Freiheit ganz Galliens willen übernommen. Da man sich aber in sein Schicksal fügen müsse, so stelle er sich ihnen für beide Fälle zur Verfügung, möchten sie nun durch seinen Tod den Römern Genugtuung leisten oder ihn lebend ausliefern wollen. In dieser Angelegenheit schickte man Gesandte an Cäsar. Dieser befahl, die Waffen zu strecken und die Fürsten ihm vorzuführen. Innerhalb der Befestigungslinien nahm er vor einem Lager Platz, und hier wurden die Anführer vor ihn gebracht. Vercingetorix ward ausgeliefert, und die Waffen warf man zusammen.

Gaius Julius Caesar, Der Gallische Krieg, übers. v. Curt Woyte, Stuttgart: Reclam 1971, S. 241.

Aufgaben

1. Eine Szene aus „Asterix"
   a) Fasse die Handlung, die im Comic M1 gezeigt wird, mit eigenen Worten knapp zusammen.
   b) Charakterisiere die Haltung von Vercingetorix im zweiten Bild.
   ↝ M1

2. „Asterix" ist ein Comic
   a) Werte die Lexikoneinträge aus und liste die wichtigsten Merkmale eines Comics auf.
   b) Erläutere anhand des Auszugs M1, warum „Asterix" ein Comic ist. Ziehe dazu gegebenenfalls weitere Auszüge aus „Asterix" heran.
   c) Erörtere, ob die von dir gewonnenen Informationen helfen, die Frage „Was stimmt in ‚Asterix' – und was nicht?" zu beantworten.
   ↝ M1, M2

3. Ein Bericht von Caesar
   a) Fasse mit eigenen Worten den Bericht Caesars zusammen.
   b) Vergleiche den Bericht mit der Darstellung in „Asterix". Nenne Gemeinsamkeiten und Unterschiede. Achte darauf, wer als Sieger und wer als Verlierer dargestellt wird.
   c) Beantworte nun die Frage: „Was stimmt in ‚Asterix' – und was nicht?"
   ↝ M1, M3

4. Ein französischer Comic – Zusatzaufgabe
   „Asterix" ist ein französischer Comic, der seit 1959 veröffentlicht wird. Die Gallier gelten als Vorfahren der Franzosen.
   a) Nenne mögliche Gründe, warum ein Comic wie „Asterix" in der Vergangenheit spielt. Worin besteht der Reiz für den Leser?
   b) Erkläre, warum der Comic die Ereignisse auf diese Weise darstellt. Denke daran, aus welchem Land und aus welcher Zeit er stammt.
   ↝ M1

5. Caesar im Schulbuch – Zusatzaufgabe
   a) Vergleiche die Karte in „Asterix" mit der Geschichtskarte M7 im Buch auf Seite 137. Nenne Gemeinsamkeiten und Unterschiede.
   b) Überprüfe mithilfe von Abbildungen aus dem Schulbuch, ob die Figuren (z.B. Legionäre, Caesar, Gallier) korrekt dargestellt werden. Achte auf körperliche Merkmale, Kleidung und Ausrüstung.
   ↝ M1, Karte M7 auf Seite 137, Gesamtkapitel zum Imperium Romanum

Das Zeitalter des Augustus – Verfassungsschaubilder vergleichen

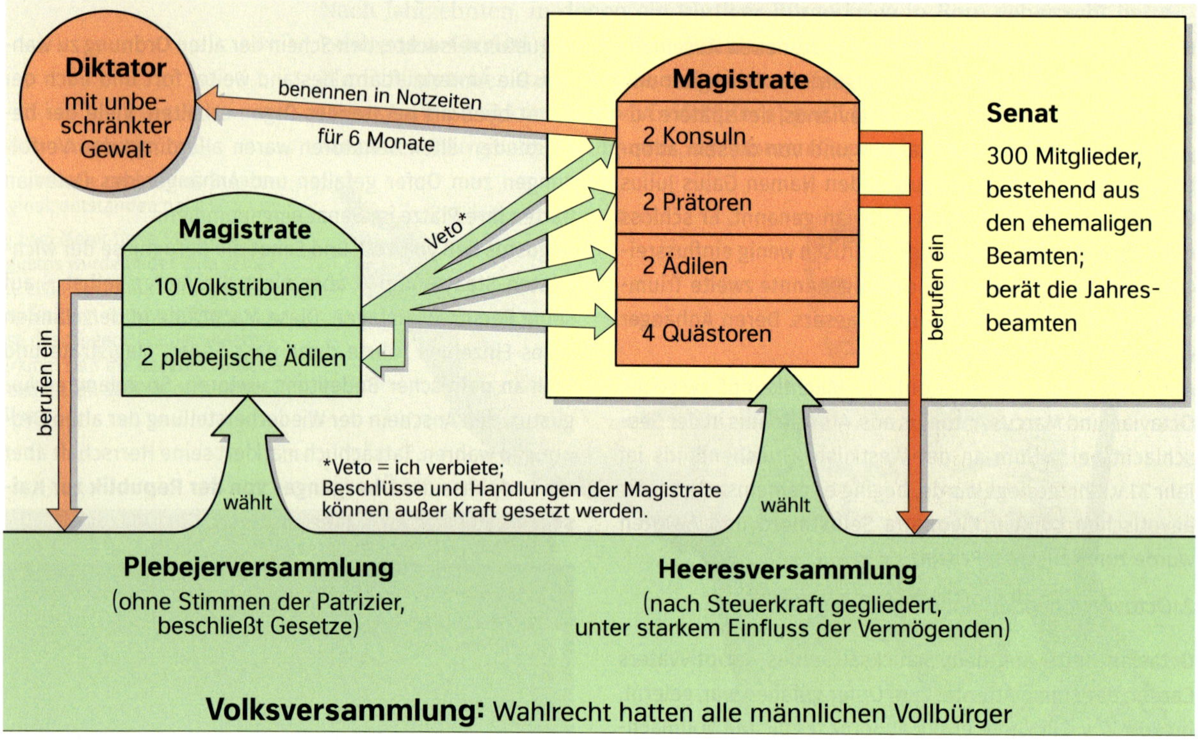

M 5 **Die Verfassung Roms in der frühen Republik** (Stand: um 300 v. Chr.)

M 6 **Verfassung unter Augustus** (Stand: um 10 n. Chr.)

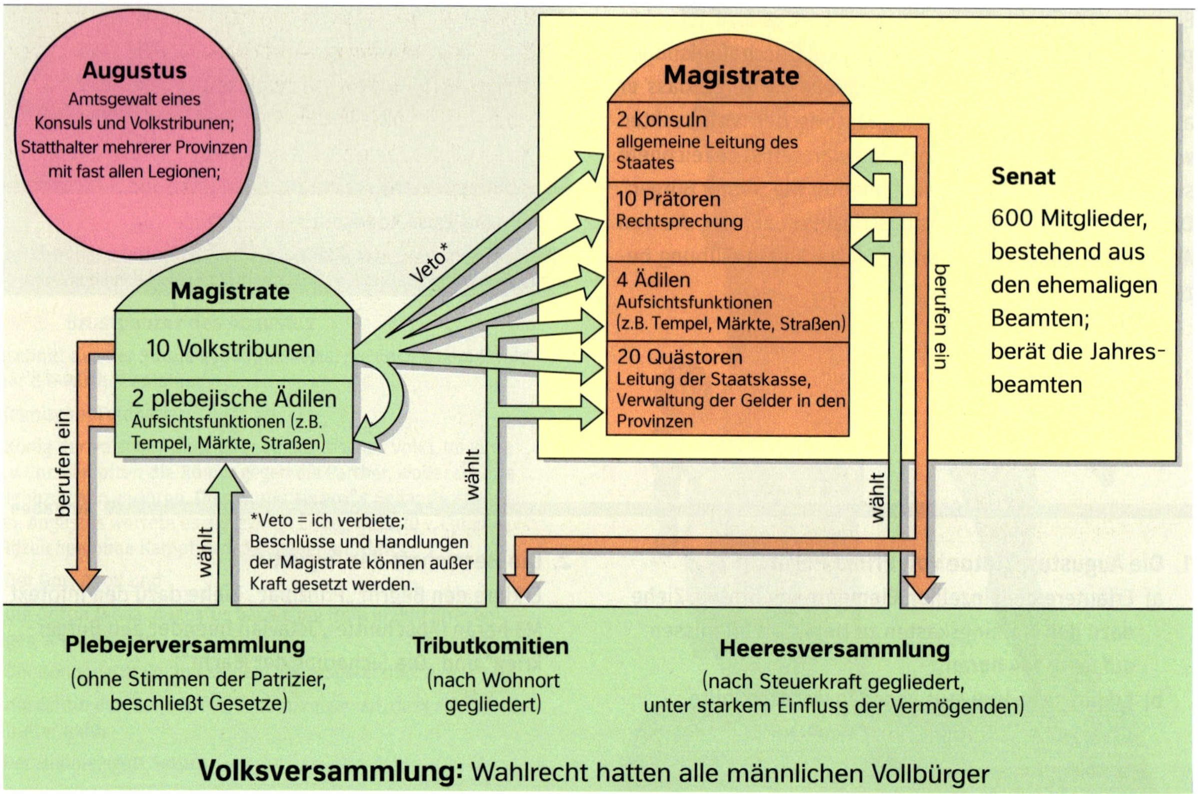

Zusatzaufgabe: Selbstdarstellung des Augustus

M 7 „Tatenbericht“

Vor seinem Tod verfasste Augustus einen Rechenschaftsbericht, den er auf seinem Mausoleum in Rom anbringen ließ und der in vielen Abschriften über das Reich verteilt wurde. Die am besten erhaltene Abschrift fand man auf der Marmorwand eines Tempels im heutigen Ankara in der Türkei. Nach seinem Fundort wurde dieser Tatenbericht als „Monumentum Ancyranum“ bezeichnet:

Von den Taten des Gott gewordenen Augustus, durch die er den Erdkreis der Befehlsgewalt des römischen Volkes unterworfen hat, und von den Aufwendungen, die er für den Staat und das römische Volk gemacht hat, wie sie auf zwei ehernen in Rom aufgestellten Pfeilern eingegraben sind, ist hier eine Abschrift angefügt. [...]

Die meinen Vater ermordet haben, sie habe ich in die Verbannung gejagt und ihr Verbrechen gerächt durch gesetzmäßige Gerichtsurteile; als sie später Krieg gegen den Staat begannen, habe ich sie zweimal in offener Schlacht besiegt. [...]

Das Gebiet aller Provinzen des römischen Volkes, denen Völker benachbart waren, die unserem Befehle nicht gehorchten, habe ich vergrößert. Die Provinzen Gallien und Spanien, ebenso Germanien, [...] habe ich befriedet. [...]

Die Parther habe ich gezwungen, die Beutestücke und Feldzeichen dreier römischer Heere mir zurückzugeben und bittend um die Freundschaft des römischen Volkes nachzusuchen. [...].

[27 v. Chr.] habe ich, nachdem ich die Bürgerkriege ausgelöscht hatte, obwohl ich nach dem übereinstimmenden Wunsche aller in den Besitz der höchsten Gewalt gelangt war, den Staat aus meiner Amtsgewalt dem Ermessen des Senats und dem römischen Volk überantwortet. Und für diesen [...] Verdienst bin ich durch Senatsbeschluss „Augustus“ genannt worden, mit Lorbeer sind die Türpfosten meines Hauses von Staats wegen geschmückt worden, der Bürgerkranz ist über meiner Türe befestigt und ein goldener Schild in der Julischen Kurie [Rathaus] aufgestellt worden, den mir der Senat und das Volk Roms wegen meiner Tapferkeit, Milde, Gerechtigkeit und Frömmigkeit nach dem Zeugnis der Inschrift dieses Schildes gab.

Nach dieser Zeit habe ich an persönlichem Einfluss [auctoritas] alle übertroffen, an Amtsgewalt [potestas] aber habe ich um nichts mehr gehabt als die Übrigen, die in dem jeweiligen Amt mir Kollegen gewesen sind.

Zit. nach: Wolfgang Lautemann/Manfred Schlenke (Hg.), Walter Arend (Bearb.), Geschichte in Quellen Bd. 1.: Altertum. Alter Orient, Hellas, Rom, 2. Aufl., München: Bayerischer Schulbuch-Verlag 1975, S. 581 ff.

M 8 „Monumentum Ancyranum“

Marmorwand (Ausschnitt) in Ankara mit dem Tatenbericht des Augustus

Aufgaben

1. **Die Herrschaft des Augustus**
   a) Arbeite aus dem Schaubild M6 die zentralen Merkmale der Prinzipatsverfassung heraus.
   b) Vergleiche das Schaubild mit dem der Republik.
   c) Begründe, warum die Einführung des Prinzipats einen Umbruch in der römischen Geschichte darstellte.
   → M5–M6
2. **Augustus – ein guter Herrscher?**
   a) Suche im Infotext M3 Gründe, mit denen diese Frage bejaht, und Gründe, mit denen sie verneint werden kann. Stelle sie einander gegenüber.
   b) Beantworte die Frage aus deiner Position. Begründe deine Meinung.
   → M3
3. **Selbstdarstellung des Augustus – Zusatzaufgabe**
   Erkläre mit eigenen Worten, wie Augustus seine Rolle in M7 darstellt. Beziehe dich dabei auf die Begriffe persönlicher Einfluss („auctoritas“) und Amtsgewalt („potestas“).
   → M7

Juden im Römischen Reich – Widerstand und Diaspora

Juden leben heute überall auf der Welt, haben jedoch eine besondere Beziehung zur Stadt Jerusalem. Um dies zu verstehen, ist es notwendig, bis in die Zeit des Römischen Reiches zurückzugehen. Was war damals geschehen?

M 1 Tempel des Herodes in Jerusalem

587 v. Chr. siegten die Babylonier über Jerusalem, zerstörten den Tempel und brachten einen Großteil der jüdischen Bevölkerung nach Babylon. Ab 21. v. Chr. wurde unter Herodes ein neuer Tempel im griechischen Stil gestaltet. Nach dem Historiker Flavius Josephus soll dieser ein „Stadion" (zwischen 185 und 200 m) im Quadrat groß gewesen sein. Die Abbildung zeigt ein Modell des zweiten Tempels.

M 2 Relief auf dem Titusbogen

68 n. Chr. wurde Vespasian mit drei Legionen (ca. 16500 Mann) von Kaiser Nero in die aufständische Provinz Judäa entsandt. Einer solchen Militärmacht hatten die Juden nichts mehr entgegenzusetzen. Nachdem Vespasian Kaiser geworden war, eroberte sein Sohn Titus 70 n. Chr. Jerusalem. Später wurde Titus selbst Kaiser und man errichtete ihm zu Ehren einen Triumphbogen für seinen Sieg über die jüdischen Aufständischen. Dieser Titusbogen (14,5 Meter hoch, 13,5 Meter breit und 4,75 Meter tief) ist heute der älteste erhaltene Triumphbogen auf dem Forum Romanum. Man sieht unter anderem wie Römer Beutestücke aus dem jüdischen Tempel in Jerusalem tragen.

Alle zu erkennenden Gegenstände waren Teil des Tempelrituals: Am Sabbat legte ein Priester zwölf frische Laibe Brot (symbolisch für die 12 Stämme Israels) auf den Schaubrottisch. Die silbernen Trompeten (hebr. Chazozra) waren am Tisch befestigt und wurden bei feierlichen Anlässen verwendet. Der siebenarmige Leuchter (hebr. Menora) ist bis heute das wichtigste religiöse Symbol der Juden.

M 3 Juden im Römischen Reich – Infotext

1. Die römische Provinz Judäa:

Die Juden betrachteten das Gebiet um Jerusalem als ihr Land, als „Eretz Israel", das ihnen, so ihr Glaube, von Gott vor langer Zeit zugesprochen worden war. Dabei beriefen sie sich auf die Bibel. Im Alten Testament wird berichtet, wie das jüdische Volk unter der Führung seines Stammvaters Abraham sich zwischen Mittelmeer und dem Fluss Jordan ansiedelte.
63 v. Chr. eroberten die Römer dieses Gebiet. Für die Juden stellte die Herrschaft der Römer ein religiöses Problem dar: Das ihnen von Gott gegebene „Heilige Land" durfte nicht von einer fremden Macht beherrscht, geschweige denn ausgebeutet werden.

2. Herodes und der Zweite Tempel in Jerusalem:

Zunächst sah man in Rom von einer direkten Herrschaftsausübung über das Gebiet ab, verlangte aber von den Juden Tribute, also Abgaben. Im Auftrag der Römer regierte Herodes der Große als König diese Region. Herodes ist bis heute aufgrund seiner Grausamkeit bekannt: Mit Gewalt herrschte er über seine Untertanen, sorgte aber auch für die Neugestaltung des damals größten Heiligtums der Juden, des 515 v. Chr. erbauten „zweiten Tempels" in Jerusalem. Der erste jüdische Tempel war 587 v. Chr. durch die Babylonier zerstört worden. In der Folgezeit kam es unter den Nachfolgern des Herodes immer wieder zu Aufständen der jüdischen Bevölkerung, die von römischen Truppen allerdings schnell niedergeschlagen wurden. Denn die Römer gewährten den Juden zwar relativ große Selbstständigkeit in ihrer Verwaltung, in der Gerichtsbarkeit und in der Ausübung ihrer Religion, allerdings wurde die jüdische Bevölkerung wenig respektiert, musste hohe Abgaben zahlen und Zwangsarbeiten leisten.

3. Kriege und Aufstände:

Als der römische Statthalter einen Teil des Jerusalemer Tempelschatzes einforderte, begannen Teile der jüdischen Bevölkerung damit, sich zum offenen Kampf gegen die Besatzung zu rüsten. Der Kampf, der als „Großer Jüdischer Krieg" bekannt wurde, forderte Tausende Opfer auf jüdischer Seite und endete mit der Zerstörung des Zweiten Tempels im Jahr 70 n. Chr. Auch die Stadt Jerusalem wurde zerstört.

4. Bar Kochba und der Zweite Jüdische Krieg:

Unter der Führung von Simon Bar Kochba („Sternensohn") wehrten sich die Juden im „Zweiten Jüdischen Krieg" (132 n. Chr.) erneut gegen die römische Fremdherrschaft. Warum es zum Aufstand kam, ist unklar, möglicherweise spielten die Pläne zur Errichtung eines römischen Heiligtums an der Stelle des zerstörten Tempels in Jerusalem eine Rolle. Viele Juden hielten Bar Kochba für den erwarteten Messias und schlossen sich ihm an. Die Niederlage gegen die Römer und der Tod Bar Kochbas waren eine bittere Erfahrung. Tausende starben oder wurden versklavt. Nach der Niederschlagung des Bar-Kochba-Aufstands wurde Jerusalem erneut zerstört. Auf der Fläche Jerusalems wurde die römische Stadt Aelia Capitolina errichtet, zu der Juden keinen Zutritt mehr hatten.

5. Diaspora:

Der Bar-Kochba-Aufstand war der letzte Versuch des antiken jüdischen Volkes, seine Unabhängigkeit zurückzuerlangen. Auch wenn schon zuvor viele Juden außerhalb ihres ursprünglichen Reiches lebten, begann mit dem Scheitern des Aufstands endgültig die Zeit der Diaspora („Zerstreuung"). Nachdem der letzte Rest eines geschlossenen jüdischen Siedlungsgebietes im Römischen Reich zerstört war, lebten die Juden fortan in kleinen Gemeinden im Römischen Reich und in anderen Gebieten des Mittelmeerraumes.

Grundlegende Begriffe

Judentum

Die jüdische Religion ist neben dem Christentum und dem Islam eine monotheistische Religion. Der Gott der Juden heißt Jahwe. Die wichtigste Heilige Schrift des Judentums ist die Thora. Juden sind Angehörige des jüdischen Volkes und der jüdischen Religion. Sie siedelten ab etwa 1250 v. Chr. in Palästina. Dort gründeten sie um 1000 v. Chr. ein Reich mit der Hauptstadt Jerusalem. Es zerfiel später in die Staaten Juda und Israel. Die Eroberung Jerusalems durch die Römer 70 n. Chr. zerstörte den jüdischen Staat. Es kam zur Zerstreuung der Juden in viele Länder (Diaspora).

Aufgaben

1. Juden im Römischen Reich

a) Informiere dich über die Bedeutung der rituellen Gegenstände Menora, Chazozra und Schaubrottisch.

b) Suche die rituellen Gegenstände auf dem Relief und beschreibe die Darstellung des römischen Sieges und der jüdischen Niederlage auf dem Triumphbogen. Ziehe dazu den Trainingskasten „Erschließung von gegenständlichen Quellen" auf Seite 32 heran.

c) Erläutere die historischen Ereignisse, die zur Errichtung des Titusbogens führten. Ziehe dazu den Infotext heran (vor allem die Abschnitte 1 und 3).

d) Erkläre den Begriff „Diaspora". Ziehe dazu den entsprechenden Abschnitt aus dem Infotext heran.

e) Erläutere, warum die Diaspora für die Geschichte der Juden so wichtig ist.

→ M1 – M3

Die Römer werden Christen

Die Jahreszählung orientiert sich heute in weiten Teilen der Welt am Datum der Geburt Jesu Christi, woraus sich die Einteilung „vor Christus“ und „nach Christus“ ergibt. Allein an dieser Tatsache ist zu erkennen, welch weitreichende Folgen die Ausbreitung des Christentums für die Welt hatte. Seinen Ursprung hatte das Christentum im Römischen Reich. Wie kam es zu dieser Entwicklung?

M 1 **Der Konstantinsbogen in Rom,** Foto, 2016.

Der Konstantinsbogen aus dem Jahr 315 n. Chr. erinnert an den Sieg Konstantins über Maxentius an der Milvischen Brücke. Das Bauwerk ist 21m hoch und über 25m breit. Es steht an zentraler Stelle und überspannt die Straße, die für Triumphzüge gewählt wurde. Die Bilder stellen unter anderem verschiedene Gottheiten dar und geben Szenen aus den Kriegen Konstantins wieder. Auf der Inschrift wird der Erfolg von Konstantin u.a. auf „göttliche Eingebung“ zurückgeführt.

Aufgaben

1. Kaiser Konstantin und die Christen

a) Fasse die Ereignisse zusammen, wie sie in der Quelle M2 beschrieben werden.

b) Laktanz war ein christlicher Schriftsteller. Beurteile die Glaubwürdigkeit seiner Schilderung.

c) Erläutere, wie der Historiker Hartwin Brandt die Glaubwürdigkeit des Berichts einschätzt.

→ M2, M3

2. Untersuchung von Münzen

a) Arbeite die Elemente auf den Münzen heraus, die darauf hindeuten, dass Konstantin sich zum Christentum bekannte.

b) Suche nach Elementen, die darauf hindeuten, dass Konstantin an den römischen Göttern festhielt.

→ M4, M5

3. Der Konstantinsbogen

a) Erkläre den Errichtungsanlass und die Gestaltung des Konstantinsbogens.

b) Beurteile, ob der Bogen ein Denkmal für die Durchsetzung des Christentums ist.

→ M1

Die Ereignisse an der Milvischen Brücke – Quellen und Darstellung im Vergleich

M 2 Die Ereignisse an der Milvischen Brücke

Der christliche Schriftsteller Laktanz stellte in dem um 315 n. Chr. entstandenen Bericht die Schlacht zwischen Konstantin und seinem Rivalen Maxentius so dar:

Im Schlaf wurde Konstantin ermahnt, das himmlische Zeichen Gottes an den Schilden anzubringen und so die Schlacht zu beginnen. Er verhält sich weisungsgemäß und bezeichnet Christus auf den Schilden, indem er den Buchstaben X umlegte und die oberste Spitze umbog.

Mit diesem Zeichen gerüstet greift das Heer zu den Waffen. Der Feind rückt ohne den Befehlshaber entgegen und überschreitet die Brücke. Die Schlachtreihen treffen in gleicher Front aufeinander, mit höchstem Einsatz wird auf beiden Seiten gekämpft: „Nicht Flucht gilt hüben und drüben."

In der Stadt kommt es zu einem Aufruhr, der Befehlshaber [Maxentius] wird als Schädiger des öffentlichen Wohls beschimpft. Als man seiner ansichtig wurde – er veranstaltete gerade Zirkusspiele wegen seines Geburtstages –, ruft plötzlich das Volk einmütig, Konstantin könne nicht besiegt werden. Durch diesen Ausruf erschreckt, stürzt Maxentius aus dem Zirkus und befiehlt einigen zusammengerufenen Senatoren, die Sibyllinischen [geheimen] Bücher zu befragen: Denen ist zu entnehmen, dass an jenem Tage ein Feind der Römer zugrunde gehen würde.

Durch diese Auskunft mit Siegeszuversicht erfüllt, rückt Maxentius vor und zieht in die Schlacht. In seinem Rücken wird die Brücke zerstört. Bei seinem Anblick wird die Schlacht heftiger, und Gottes Hand war über dem Schlachtfeld. Sein Heer wurde vom Schrecken ergriffen, er selbst flieht in Richtung der Brücke, die zerstört war, und wird unter dem Druck der fliehenden Massen in den Tiber gestürzt.

So war endlich der schreckliche Krieg beendet, als Konstantin unter großem Jubel des Senats und des römischen Volkes als Kaiser empfangen wurde.

Zit. nach: Hartwin Brandt, Geschichte der römischen Kaiserzeit von Diokletian und Konstantin bis zum Ende der Konstantinischen Dynastie (284–363), Berlin: Akademie-Verlag 1998, S. 105 f.

M 3 Die Zweifel eines Historikers

Die Darstellung von Laktanz deutet der Historiker Hartwin Brandt so:

Das konstantinische Heer wird kaum mit dem (seinerzeit völlig ungebräuchlichen) Christogramm auf den Waffen [...] gegen Maxentius gezogen sein – die gewiss nicht mehrheitlich christlichen Soldaten hätten dies kaum akzeptiert und noch viel weniger verstanden. [...]

Vielmehr ist anzunehmen, dass der nachweislich dem Sonnengott Sol besonders nahestehende Konstantin – vielleicht „unter dem Eindruck einer Himmelserscheinung" – auf seinen Schilden ein mehrstrahliges Sonnensymbol als Feldzeichen eingeführt hat, das noch auf späteren Denkmälern abgebildet ist. [...]

Dieses Sonnenzeichen dürfte von Laktanz christlich umgedeutet worden sein.

Hartwin Brandt, Geschichte der römischen Kaiserzeit von Diokletian und Konstantin bis zum Ende der Konstantinischen Dynastie (284–363), Berlin: Akademie-Verlag 1998, S. 107 f.

M 4 Silbermedaillon Konstantins

aus dem Jahr 315 zeigt Konstantin.

Die Inschrift enthält folgende Elemente:

P für pius [fromm], CONSTANTINUS,

AUG für Augustus, F für Felix [glücklich],

IMP für Imperator [Kaiser]

Bildelemente sind:

Schild mit Romulus und Remus, ein kreuzförmiges Zepter, Helm mit den ersten beiden Buchstaben des griechischen Wortes für Christus.

M 5 Bronzemünze Konstantins

aus dem Jahr 319 zeigt oberhalb eines kreuzförmigen Musters den Sonnengott Sol.

M 6 Die Römer werden Christen – Infotext

1. Das Wirken von Jesus Christus:

Jesus wurde während der Herrschaft des römischen Kaisers Augustus in Nazareth in der Region des heutigen Israel geboren. Er zog als Wanderprediger umher und versammelte Anhänger um sich. Sein Wirken und auch seine Kreuzigung wurden von den Zeitgenossen im Römischen Reich kaum wahrgenommen.
Nach Jesu Tod begannen seine Anhänger, vor allem Paulus, die christliche Botschaft zu verbreiten. Das **Christentum** fand im Römischen Reich rasch neue Anhänger, wobei die Gründe für den Übertritt vielfältig waren: die Enttäuschung über die alten Kulte, die Faszination durch das Versprechen des ewigen Lebens oder ein Bekenntnis zum radikalen Gebot der Nächsten- und Feindesliebe.

2. Die Christen werden verfolgt:

Zur Auseinandersetzung zwischen dem römischen Staat und den Christen kam es, weil die Christen die Verehrung des Kaisers als gottähnliches Wesen ablehnten. Viele Römer sahen darin eine Kampfansage an den Staat, die nicht geduldet werden konnte. Es kam zu Gerichtsverfahren, gewalttätigen Auseinandersetzungen und auch zu Hinrichtungen. Die Christen lebten ihren Glauben im Geheimen.

3. Die Konstantinische Wende:

Langfristig blieben die Unterdrückungsversuche durch den römischen Staat jedoch wirkungslos: Die Zahl der Christen wurde immer größer und ihre Gemeinden verbreiteten sich bald über das gesamte Römische Reich. Die entscheidende Wende kam, so wird berichtet, im Jahr 312 n. Chr.: Der römischen Kaiser Konstantin soll vor einer Schlacht mit einem Rivalen am Himmel das Bild eines Kreuzes erblickt haben. Ob der Kaiser sich damit bereits zum Christentum bekannte, ist zwar umstritten, jedoch sicherte er den Christen 313 n. Chr. die freie Religionsausübung zu. Diese sogenannte „Konstantinische Wende" war für die weitere Entwicklung des Christentums von außerordentlicher Bedeutung.

4. Das Christentum wird Staatsreligion:

Im Jahre 391 n. Chr. verbot Kaiser Theodosius I. schließlich alle heidnischen Kulte und machte damit das zuvor lange Zeit verfolgte Christentum zur Staatsreligion, also zum offiziellen Glauben im Römischen Reich. Dies war ein entscheidender Wendepunkt in der Geschichte des Römischen Reiches.

M 8 Fisch als Erkennungszeichen der Christen

Zeichen auf einem Grabstein; die Inschrift „ICHTHYS" ist griechisch und steht für „Iesous Christos Theou Yios Soter" (Jesus Christus Gottes Sohn Erlöser); das Wort „ICHTHYS" bedeutet im Altgriechischen auch „Fisch".

M 7 Ein unterirdischer Friedhof

Die Calixtus-Katakombe in Rom, heutiges Foto. Die Christen zogen sich für ihre Gottesdienste oft unter die Erde in die Katakomben zurück.

Grundlegende Begriffe

Christentum

Die größte der monotheistischen Weltreligionen. Gott gilt als Schöpfer der Welt und der Menschen. Die Vertreibung von Adam und Eva aus dem Paradies, die sich über ein Verbot Gottes hinweggesetzt hatten, ist Sinnbild für die Belastung des Menschen mit Sünden. Das Leben und Leiden von Jesus Christus verspricht den Menschen allerdings die Erlösung. Die Zehn Gebote bilden die Leitlinien für das Handeln des Einzelnen.

Zusatzaufgabe: „Religionsfreiheit" und „Toleranz"

M 9 Religionsfreiheit und Toleranz

a) Die Bundeszentrale für politische Bildung bietet folgende Definition von „Religionsfreiheit"(2017):

Jeder Mensch darf glauben, was er möchte. Jeder Mensch darf selbst entscheiden, welche Religion er hat. So steht es in unserem Grundgesetz: „Die Freiheit des Glaubens, des Gewissens und die Freiheit des religiösen und weltanschaulichen Bekenntnisses sind unverletzlich. Die ungestörte Religionsausübung wird gewährleistet." Das ist der wichtigste Gedanke der Religionsfreiheit: Über seine Religion entscheidet jeder selbst. Weder der Staat noch andere Menschen dürfen dabei Druck oder Zwang ausüben. Und auch wenn jemand gar keine Religion hat, ist das möglich. Jugendliche können mit 14 Jahren entscheiden, welcher Religion sie angehören wollen oder ob sie ohne Religion leben möchten. Bis dahin können die Eltern für sie diese Entscheidung treffen.

Zur Religionsfreiheit gehört aber nicht nur die freie Wahl der Religion. Es ist auch wichtig, dass jeder seine Religion frei ausüben kann. Der Staat darf das nicht verbieten.

Gerd Schneider/Christiane Toyka-Seid, Das junge Politik-Lexikon, Bonn: Bundeszentrale fur politische Bildung 2017, online unter: http://www.bpb.de/nachschlagen/lexika/das-junge-politiklexikon/233818/religionsfreiheit [letzter Zugriff: 28.5.2018]

b) Den Begriff „Toleranz" definiert die Bundeszentrale wie folgt (2017):

Andere Meinungen gelten lassen: Passt dir die Nase eines Mitschülers nicht? Oder die andere Meinung einer Mitschülerin? Kannst du es nicht gut ertragen, wenn dir jemand widerspricht oder sich anders verhält, als du es erwartest? Dann bist du nicht tolerant. Toleranz (der Begriff kommt aus dem Lateinischen) bedeutet, dass man auch andere Meinungen, Anschauungen oder Haltungen neben seiner eigenen gelten lässt.

Recht auf die eigene Meinung: Denn die Menschen sind unterschiedlich und alle haben in unserem Staat das Recht, im Rahmen der Gesetze nach ihren Vorstellungen zu leben. So ist es zum Beispiel ein Gebot der Toleranz, zu akzeptieren, wenn Menschen unterschiedliche Religionen haben und dies auch zum Ausdruck bringen.

In Deutschland werden keine Religionen verboten. Die Glaubens- und Gewissensfreiheit ist in unserem Grundgesetz festgeschrieben. Ein anderes Gebot der Toleranz ist es, Menschen mit ihren unterschiedlichen sexuellen Orientierungen zu achten.

Grenzen der Toleranz: Man sollte aber nicht immer Toleranz zeigen: Wenn Menschen etwa gewalttätig werden, sollte man dies nicht dulden, nicht tolerieren. Man sollte sich vielmehr mit anderen verbünden und die Bedrohten schützen. Das Gegenteil von Toleranz ist übrigens Intoleranz.

Gerd Schneider/Christiane Toyka-Seid, Das junge Politik-Lexikon, Bonn: Bundeszentrale fur politische Bildung 2017, online unter: http://www.bpb.de/nachschlagen/lexika/das-junge-politiklexikon/161688/toleranz [letzter Zugriff: 28.5.2018]

Aufgaben

1. **Das Christentum wird Staatsreligion**
   a) Stelle in einem Schaubild dar, wie das Christentum zur Staatsreligion wurde. Werte dazu den Infotext M6 aus.
   b) Beurteile die Bedeutung der Entscheidung Konstantins.
   → Infotext M6
2. **Religionsfreiheit und Toleranz – Zusatzaufgabe**
   a) Erkläre den Begriff „Religionsfreiheit".
   b) Erläutere den Zusammenhang zwischen Toleranz und Religionsfreiheit.
   c) Erkläre, welche Bedeutung Religionsfreiheit in Deutschland hat.
   d) Untersuche, ob im Römischen Reich Religionsfreiheit herrschte. Berücksichtige dabei folgende Zeiten: die Zeit vor dem Aufkommen des Christentums, die Zeit der Christenverfolgung, die Zeit Konstantins und die Zeit, als das Christentum Staatsreligion war.
   → M9, Infotext M6

Wie lebte man in der Weltstadt Rom?

M 1 Ein Modell der Stadt Rom im 4. Jahrhundert nach Chr.
von Italo Gismondi (Museo della Civiltà Romana)

Wer heute Rom besucht, stößt beinahe überall auf antike Spuren. Das Kolosseum und das Forum Romanum sind wahrscheinlich die bekanntesten Überreste. An ihnen zeigt sich eindrucksvoll, dass das antike Rom auch im heutigen Wortsinn eine „Weltstadt" war. Wie lebte man in der Weltstadt Rom?

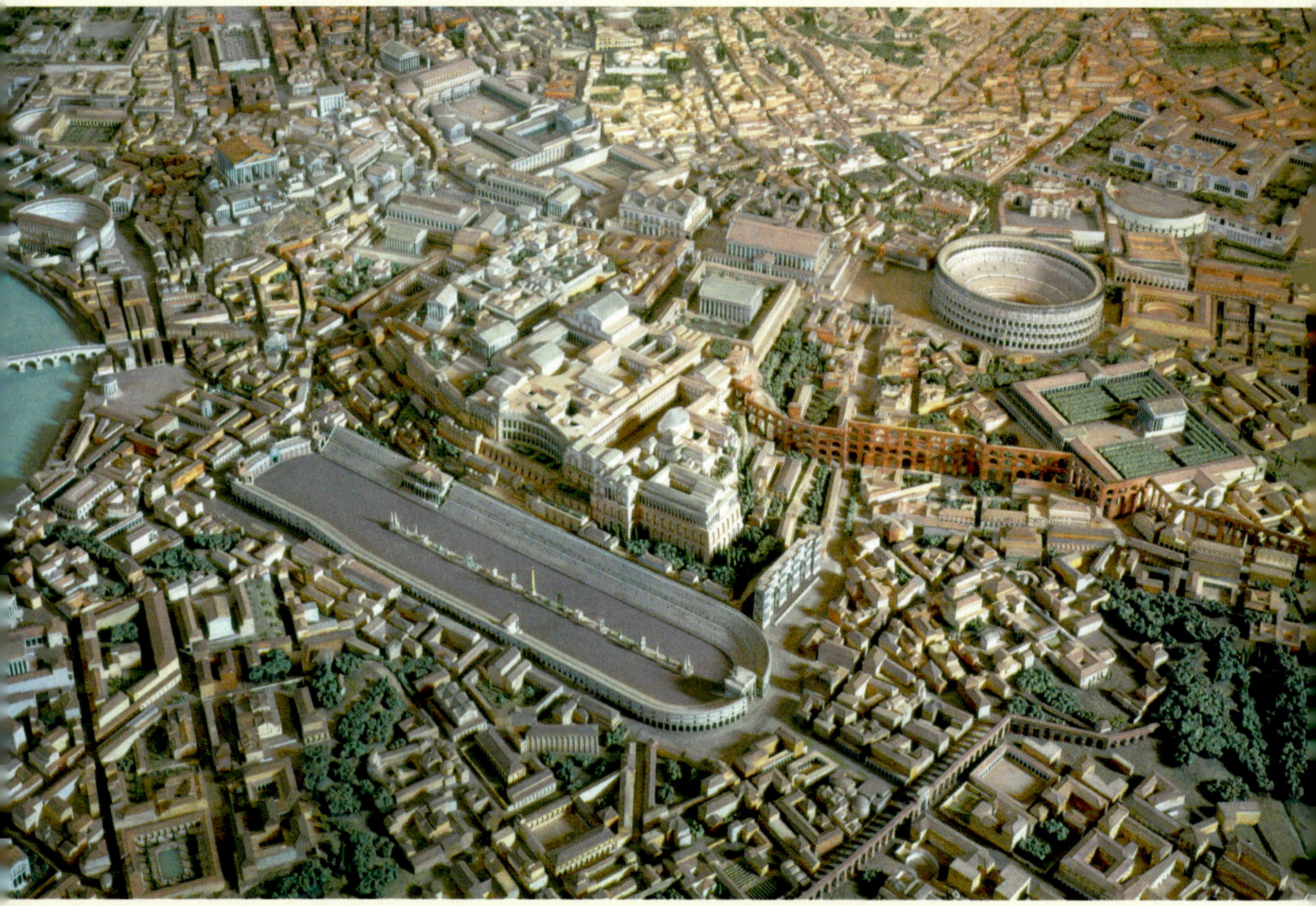

M 2 Leben in der Weltstadt Rom – Infotext

1. Rom – das „Haupt der Welt":

Der Großteil der Bevölkerung des römischen Imperiums lebte nicht in Rom oder in anderen größeren Städten, sondern in kleinen Dörfern auf dem italischen Festland und in den Provinzen. Der Alltag hier gestaltete sich recht einfach und wenig abwechslungsreich. Ganz anders jedoch sah das Leben in der Metropole Rom aus. Auch nach heutigen Maßstäben handelte es sich beim antiken Rom bereits um eine Großstadt: In der Kaiserzeit lebte hier fast eine Million Menschen.
Ein antiker Besucher Roms dürfte sich ungläubig die Augen gerieben und staunend umhergeblickt haben: In der kaiserlichen Residenzstadt gab es mehrere Theater, zahlreiche Thermen, mehrstöckige Mietskasernen, große Plätze, breite Straßen und vornehme Stadtvillen. Die Bewohner der Stadt kamen zum Teil aus den entlegensten Winkeln des Imperiums. Sie hatten unterschiedliche Hautfarben, Kulturen und Religionen. Auf den Straßen und Plätzen mischten sich all diese Menschen miteinander, sodass immenser Reichtum neben bitterer Armut zu sehen war.

2. Wie wohnten die Römer?

Wie auch heute entschied das Vermögen des Einzelnen darüber, ob er in einer luxuriösen Villa oder in einer klei-

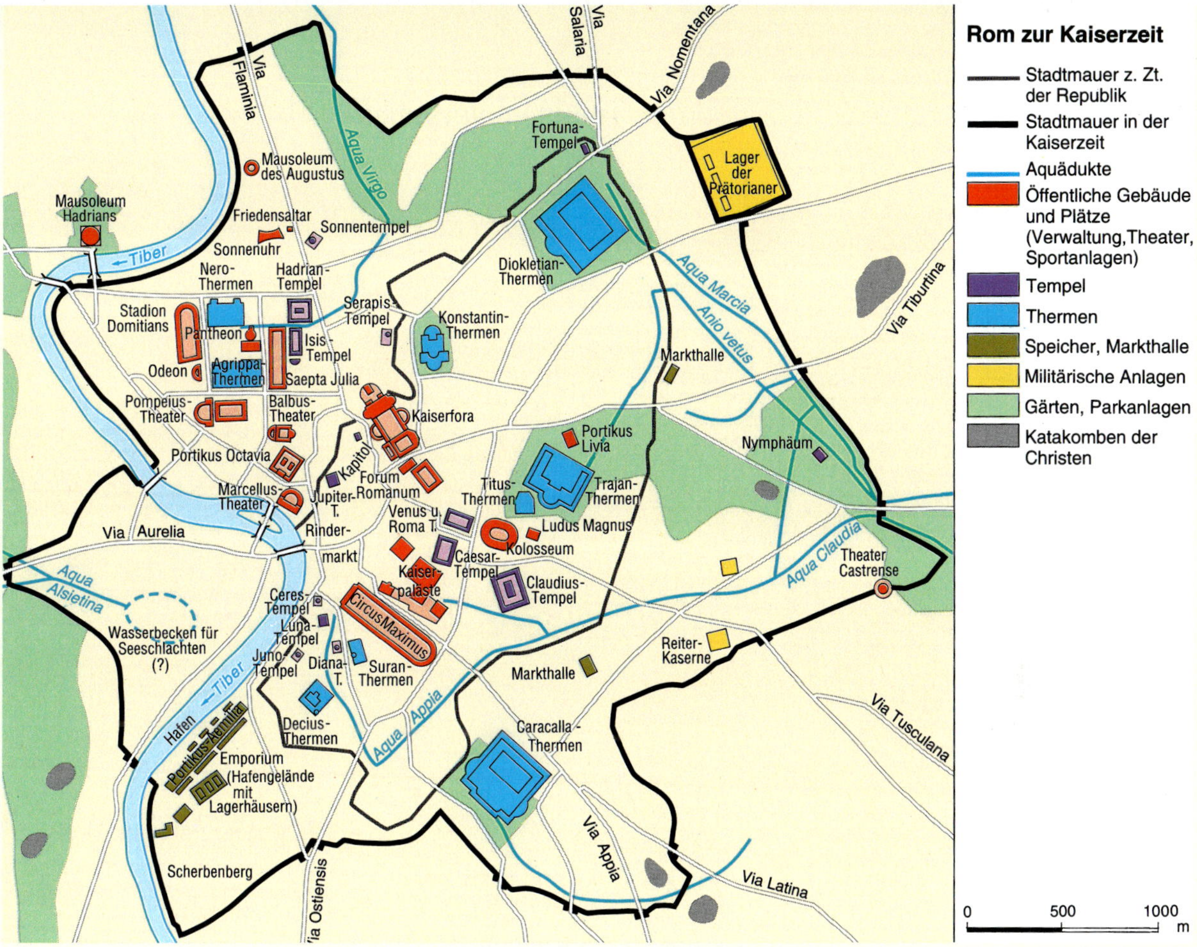

M 3

nen Mietwohnung lebte. Die große Masse der Bevölkerung wohnte in mehrstöckigen Mietshäusern, den sogenannten „insulae“. Hier waren die Wohnungen in den unteren Etagen größer und heller, in den oberen Etagen enger und dunkler. Da die Mieten in Rom extrem hoch waren, lebte eine Familie oft in nur einem einzigen Raum ohne Heizung, Küche, Bad oder Toilette. Das Wasser holte man von Straßenbrunnen, die Bedürfnisse verrichtete man in öffentlichen Gemeinschaftstoiletten oder auch einfach in einem Nachttopf, der dann auf die Straße entleert wurde. Waschen konnte man sich in den öffentlichen Thermen. In den Wohnungen dienten Holzkohlebecken oft als einzige Kochstelle und Wärmequelle. Dies führte nicht selten zu verheerenden Bränden. Die Wohnverhältnisse der einfachen Römer muss man sich also als sehr eng, dunkel, schmutzig und – je nach Jahreszeit – drückend heiß oder bitterkalt vorstellen.

Ganz anders lebten reiche Römer: Diese wohnten in herrschaftlichen Stadthäusern, die teilweise sogar mit Garten, Heizung, einem eigenen Wasseranschluss, Toiletten, Küche und Bädern ausgestattet waren. Hier wohnte die Familie zusammen mit ihren Sklaven und Dienern. Eine typische römische Villa war um einen überdachten Innenhof, das Atrium, herum gebaut. Hier spielte sich das Leben der Familie ab: Am Hausaltar wurden die Schutzgötter des Hauses, die Laren und Penaten, verehrt; tagsüber spielten die Kinder im Atrium, die Frauen verfertigten hier Textilien durch Spinnen und Weben und der Hausherr empfing seine Besucher. Um das Atrium herum lagen weitere Räume wie Arbeits- und Schlafzimmer.

Aufgaben

1. Die Weltstadt Rom

a) Bestimme anhand der Karte M3 und des Modells M1 die wichtigsten Gebäude Roms.

b) Erkläre den Aufbau einer römischen Villa (M4) und vergleiche die Wohnverhältnisse dort mit denen in einer Mietskaserne (M5).

M1, Infotext M2 – M5

Wie die Römer wohnten – Villa und Mietshaus im Vergleich

① Eingang
② Läden
③ Atrium
④ Regenbecken
⑤ Hausaltar
⑥ Seitenflügel
⑦ Empfangsraum
⑧ Wohn-, Schlaf- und Wirtschaftsräume
⑨ Speiseraum
⑩ Garten mit Säulenhalle (Peristyl)

M 4 Ein vornehmes Haus

Die Räume rechts und links des Eingangs waren oft als Läden vermietet, Rekonstruktionszeichnung.

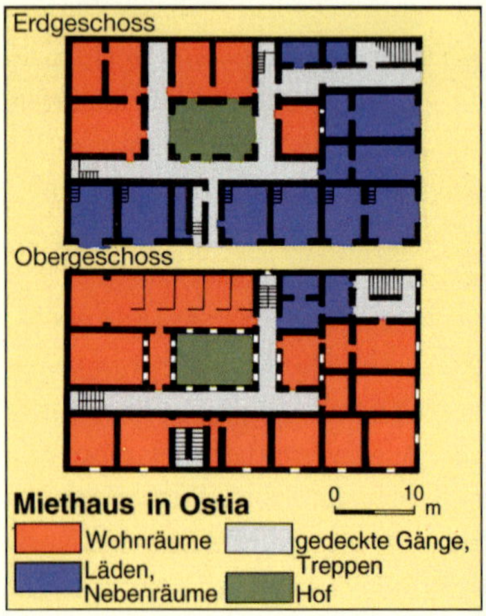

M 5 Ein Mietshaus in der Hafenstadt Ostia

Im Erdgeschoss befinden sich Läden für kleine Handwerker und Kaufleute. Von den beiden schmalen Hauseingängen in der Mitte führt der rechte ins Treppenhaus zu den drei Wohngeschossen. Das Zwischengeschoss über den Läden war von hier aus über eine Treppe zu erreichen. Es diente als Lager- oder auch als Wohnraum, Grundriss und Modell.

Arbeit und Freizeit in Rom

M 6 Die Stabianer Thermen in Pompeji – Rekonstruktionszeichnung

1 Haupteingang Männerbad, 2 Umkleideraum, 3 Kaltwasserbecken, 4 Warmluftraum, 5 Heißraum, 6 Umkleideraum, 7 Kaltwasserbecken, 8 Warmluftraum, 9 Heißraum, 10 Öfen mit Wassertanks, 11 Schwimmbad, 12 Umkleideraum, 13 Toiletten, 14 Hof, 15 Läden

M 7 Arbeit und Freizeit in Rom – Infotext

1. Die Welt der Arbeit:

Die wirtschaftliche Grundlage des Römischen Reiches war die Landwirtschaft, daneben waren aber auch Handwerk und Handel von großer Bedeutung. Vor allem in den Städten bildeten sich mehr und mehr spezialisierte Handwerksberufe heraus, sodass überall in den Straßen Geschäfte und Werkstätten zu finden waren. Neben Wäschereien, Färbereien und Schmieden gab es auch Bäckereien und Wirtshäuser. Letztere wurden „caupona" genannt. Sie waren wegen der schlechten oder gänzlich fehlenden Kochmöglichkeiten in den Mietwohnungen für die Ernährung vieler einfacher Leute unerlässlich, da man hier für wenig Geld essen konnte. Werkstätten und Wirtshäuser waren oft im Erdgeschoss von Mietskasernen eingerichtet.

Das Ansehen der verschiedenen Berufe variierte in Rom stark. So galt eine eigenverantwortliche Tätigkeit wie die des Landwirts oder auch des Politikers den Römern als besonders wertvoll und achtenswert, Lohnarbeit hingegen wurde eher gering geschätzt. Aus diesem Grund befanden sich Tagelöhner auf der untersten Stufe der Berufe in der

Arbeit und Freizeit in Rom

Stadt Rom. Manche Einwohner Roms verdienten so wenig, dass sie ihren Lebensunterhalt nicht allein bestreiten konnten. Diese Menschen waren auf Getreidespenden der Stadt oder auf Geldzuwendungen ihres Patrons angewiesen.

2. Freizeit und Vergnügungen:

Ein wichtiges Freizeitvergnügen war ein Thermenbesuch. Die Thermen dienten nicht nur hygienischen Zwecken, sie waren auch Orte der Entspannung und der Kommunikation. Die Bedeutung dieser Einrichtungen zeigt sich daran, dass selbst eine Kleinstadt wie Pompeji über drei große Thermen verfügte. Der Eintritt war entweder kostenlos oder sehr niedrig, da die öffentlichen Bäder durch Steuergelder oder Spenden reicher Römer finanziert wurden.

Ein Besuch in einer Therme lief wahrscheinlich folgendermaßen ab: Nach einem kurzen Bad im Kaltwasserbecken (Frigidarium) begab sich der Besucher in einen Warmluftraum (Tepidarium). Im Heißraum (Caldarium) reinigte man sich dann mit Olivenöl und einem Schaber, um sich abschließend im kalten Wasser wieder abzukühlen. Die Thermen dienten aber nicht nur zur Reinigung und Entspannung: Sie waren auch Treffpunkte, um Neuigkeiten auszutauschen, und sie verfügten über vielfältige Angebote: Hier konnte man essen, in der Bibliothek lesen, spazieren gehen oder sich massieren lassen. Ohne eine Vielzahl von Sklaven, die in den Heizräumen und in verschiedenen weiteren Funktionen innerhalb der Thermen arbeiteten, hätte das System der Thermen nicht funktionieren können.

3. Blutige Schauspiele:

Auf uns heute wirken die antiken Gladiatorenkämpfe fremdartig, ja geradezu abstoßend. Gladiatoren, abgeleitet vom lateinischen Wort „gladius“ (Schwert), waren im antiken Rom Berufskämpfer, die öffentlich gegeneinander auf Leben und Tod antraten. Entwickelt haben sich die Kämpfe vermutlich aus Begräbnisfeiern, wobei durch die Kämpfe Eigenschaften eines Verstorbenen verdeutlicht werden sollten: Stärke, Tapferkeit und Gleichmut gegenüber dem Tod.
Gladiatorenkämpfe fanden eher selten statt, da sie aufwändig und extrem teuer waren. Sie stellten außerordentliche Ereignisse dar, die Zuschauer aus allen Bevölkerungsschichten anzogen. Im Laufe der Jahrhunderte entwickelten sich verschiedene Gladiatorengattungen, die sich in ihrer Ausrüstung deutlich voneinander unterschieden. Zur Ausrüstung gehörten unter anderem Schwerter, Beinschienen, Helme, Schilder, Netze, Spieße und Metallgürtel.
Als Gladiatoren wurden vor allem Gefangene, verurteilte Verbrecher und Sklaven eingesetzt; gelegentlich verpflichteten sich aber auch freie Bürger. Die Gladiatoren wurden in besonderen Schulen unter der Leitung eines Gladiatorenmeisters ausgebildet, der oft selbst der Besitzer der Gladiatorenschule war. Der Gladiatorenmeister vermietete seine Kämpfer dann an die Veranstalter von Kämpfen. Der Gladiatorenkampf war hoch entwickelt und folgte genauen Regeln. Er endete oft mit dem Tod eines Kämpfers, jedoch konnte ein unterlegener Gladiator auf Verlangen des Publikums auch begnadigt werden.

M 8 Kämpfende Gladiatoren
Römisches Mosaik, 4. Jahrhundert n. Chr.

Aufgaben

1. Das römische Alltagsleben
Schreibe einen kurzen Bericht für die Schülerzeitung über das Alltagsleben im antiken Rom.

Zusatzaufgabe: Gladiatorenkämpfe in Rom

M 9 Eine Darstellung

Der Historiker und Archäologe Marcus Junkelmann schreibt (2000):

Den Auftakt der Gladiatorenkämpfe bildete die „prolusio" (Vorspiel). Die verschiedenen Paare fochten mit stumpfen Waffen und gaben Kostproben ihres Könnens. Diese Phase diente dazu, die Kämpfer aufzuwärmen und das Publikum auf das Kommende einzustimmen. Die hier verwendeten „arma lusoria" (Spielwaffen) waren wohl die gleichen Holzwaffen („rudes"), die auch beim Training benutzt wurden. Nach Abschluss der „prolusio" wurden die „scharfen Eisen" („ferra acuta") gebracht und überprüft („probatio armorum"). [...] Die Schiedsrichter waren sehr wichtige Personen in der Arena. Meist scheinen sie zu zweit ihres Amtes gewaltet zu haben, indem ein Assistent („secunda rudis") dem obersten Schiedsrichter (summa rudis) zur Seite stand. Bei dem Kampf handelte es sich nicht um einen wilden Schlagabtausch, sondern um ein kunstvolles Duell, das genau festgesetzten Regeln („dictata, leges pugnandi") gehorchte. Leider wissen wir nur sehr wenig von den Einzelheiten. So gab es bei bestimmten Fechtarten mit weißem Kalk auf dem Boden markierte Linien (lineae albae), an die sich die Kampfer zu halten hatten. [...]

Die Dauer der Kämpfe war unbegrenzt, d.h., es wurde bis zur Entscheidung gefochten. Punktsiege gab es nicht. Eine relativ seltene Ausnahme stellten die unentschiedenen Kämpfe dar. Hatten zwei Gladiatoren mit ausnehmender Bravour sehr lange durchgehalten, ohne dass eine Überlegenheit des einen oder des anderen erkennbar wurde, konnte das Publikum mit seinen Ovationen zu erkennen geben, dass es auf eine Entscheidung verzichtete. Die Kontrahenten durften dann beide unbesiegt die Arena verlassen [...].

Im Normalfall gab es aber ganz eindeutig Sieger und Besiegte. Die einfachste Form der Entscheidung bestand darin, dass einer der Gladiatoren im Kampf so schwer getroffen wurde, dass er starb oder völlig gefechtsunfähig wurde. [...] Weit häufiger aber war es, dass ein Fechter durch Wunden oder Erschöpfung zur Aufgabe veranlasst wurde [...]. Der Besiegte gab seine Aufgabe dadurch zu erkennen, dass er den Schild bzw. den Dreizack zu Boden warf oder ihn abstellte und eine Hand mit ausgestrecktem Zeigefinger hob. [...] Nun erfolgte der dramatische Einsatz des Schiedsrichters, der sich zwischen die Kämpfer warf und den Sieger daran zu hindern hatte, den wehrlosen Unterlegenen weiter anzugreifen [...].

Was nun die Gladiatorenkämpfe von allen anderen noch so riskanten Formen des Kampfsports unterscheidet, ist der Umstand, dass mit der Kapitulation des Verlierers die Sache noch nicht ausgestanden war [...].

Die Entscheidung, was mit dem Unterlegenen zu geschehen hatte, lag beim „editor", doch richtete sich dieser in aller Regel nach der Stimmung im Publikum. Hatte der Verlierer einen fairen und tapferen Kampf geliefert und erst in aussichtsloser Situation aufgegeben, durfte er auf die Sympathie der Zuschauer hoffen, die dann die Zipfel ihrer Togen oder Tücher schwenkten und „mis-sum!" oder „mitte!" schrien. Der „editor" gab daraufhin dem Schiedsrichter das Zeichen, den unterlegenen Gladiator lebend aus der Arena zu entlassen.

War das Publikum dagegen mit der Vorstellung, die der Verlierer geboten hatte, aus dem einen oder anderen Grund unzufrieden, dann forderte es mit nach unten gedrehtem Daumen (pollice verso) und dem Ruf „iugula!" (Stich ihn ab!) seinen Tod. In diesem Fall wurde von dem Besiegten erwartet, dass er wenigstens im Sterben ein „exemplum virtutis", ein Musterbeispiel der Mannhaftigkeit, bot.

Marcus Junkelmann, Familia Gladiatoria. Die Helden des Amphitheaters, in: Eckart Köhne/Cornelia Ewigleben (Hg.), Caesaren und Gladiatoren. Die Macht der Unterhaltung in Rom, Mainz: von Zabern 2000, S. 39–80, S. 72ff.

Aufgaben

1. **Gladiatorenkämpfe in Rom – Zusatzaufgabe**
   a) Fasse den Ablauf eines Gladiatorenkampfes mit eigenen Worten zusammen.
   b) Nimm Stellung zur Frage: „Gladiatorenkämpfe – unmenschliche Vergnügungen?"
   ↝ M8, M9, Infotext M7

Das Leben in den Provinzen

Das Römische Reich war riesig. Wie gelang es den Römern, ein so großes Gebiet für so lange Zeit zu beherrschen?

M 1 Römischer Reisewagen
Zeitgenössische Reliefdarstellung (rechts) und Modell (unten)

Info

Lehnwörter

Im Deutschen finden sich viele Begriffe, die aus dem Lateinischen stammen, z. B.:

planta: Pflanze
postis: Pfosten
discus: Tisch
coquina: Küche
murus: Mauer
scribere: schreiben
caupo: Kaufmann

M 2 Der römische Aquädukt von Segovia in Spanien
Er leitete das Wasser einer 16 km entfernten Quelle in die Stadt und überbrückte ihr Zentrum mit 128 Bögen. Seine Höhe beträgt 30 m.

M3 Das Leben in den Provinzen – Infotext

1. Die Verwaltung der Provinzen:

Rom kontrollierte in Zeiten der größten Ausdehnung etwa 40 Provinzen, in denen schätzungsweise 60 Millionen Menschen lebten. Um dieses riesige Reich beherrschen und verwalten zu können, wurden in die einzelnen Provinzen Statthalter entsandt, die diese Aufgaben dort mithilfe weiterer Beamter erfüllten. Daneben gab es Steuerpächter, die im Auftrag Roms die Steuern eintrieben. Die Gefahr war allerdings groß, dass diese die Provinzen ausbeuteten, um sich selbst zu bereichern.
Auf der Grundlage des römischen Rechts, das auch in den Provinzen galt, war ein geregeltes Zusammenleben möglich. Auf diese Art und Weise konnten sich die Römer bei den ursprünglichen Bewohnern eine hohe Zustimmung sichern. Schließlich galt das römische Bürgerrecht für alle freien Männer und Frauen im Römischen Reich (212 n. Chr.). Ein Motiv für dieses Zugeständnis war wohl auch eine damit verbundene Erhöhung der Steuereinnahmen.

2. Die Bedeutung der Verkehrswege:

Um das Reich verwalten und beherrschen zu können, waren gute Verkehrsverbindungen nötig, da nur so Waren, Personen und Nachrichten ausgetauscht werden konnten. Von entscheidender Bedeutung war demnach der Straßenbau, in dem die Römer wahre Meister waren. Größere Lasten transportierten die Römer allerdings meist auf dem Wasserweg, da diese Form des Transports nicht nur billiger, sondern auch leistungsfähiger und bequemer war.
Aus den Provinzen wurde Rom mit riesigen Mengen an Grundnahrungsmitteln versorgt, aber auch mit einer Vielfalt an Luxusgütern. Selbstverständlich fand auch in umgekehrter Richtung ein reger Handel statt, da die Provinzbewohner ebenfalls an der römischen Lebensart Anteil haben wollten. Doch die Handelsbeziehungen der Römer reichten auch noch in viel weiter entfernte Gebiete, die nicht zum römischen Reich gehörten: So kamen beispielsweise Seide, Gewürze und Edelsteine über die Seidenstraße aus China und Asien nach Europa und schließlich nach Rom.

3. Rom als Vorbild:

Da das Klima in den nördlichen Provinzen deutlich kühler als in Italien war, führten die Römer das Heizungssystem ein, das in den römischem Thermen verwendet wurde. Doch nicht nur die römische Architektur wurde in den Provinzen übernommen, sondern auch die römische Kunst diente als Vorbild. Ebenso übernahmen die Provinzbewohner von den Römern die Gartenkultur, den Obst- und Weinbau. Es gelangten auch neue Obst- und Gemüsesorten wie Sellerie oder Kirschen in die nördlichen Provinzen. Archäologische Funde zeugen auch von der Übernahme verschiedener Fertigkeiten, wie z.B. der Eisenverarbeitung und der Keramikherstellung. Jede größere Ansiedlung verfügte außerdem über mindestens ein öffentliches Thermengebäude.

4. Romanisierung:

Da die Römer in vielen Fällen nach einer Eroberung Milde walten ließen und vor allem in religiösen Fragen sehr tolerant waren, wurden die lokalen Herrscherfamilien meist gut in die neue Führungsschicht integriert. Sie passten sich mehr und mehr an die neuen Herren an und so wurden auch die Kleidung, Namen, Schulbildung und sogar die Religion durch Rom geprägt. Dieser Vorgang fand jedoch nicht nur in einer Richtung statt: Auch die Römer übernahmen aus den eroberten Gebieten manche Kulte oder Gottheiten. Schließlich trugen auch eine starke Bevölkerungsvermischung und die Verwendung der lateinischen Sprache zu einer römischen Prägung der Provinzen bei. Die ganze romanische Sprachfamilie, zu der Italienisch, Französisch, Spanisch, Portugiesisch und Rumänisch gehören, basiert auf dem Lateinischen. Den Prozess der schrittweisen Verbreitung der römischen Kultur nennt man **Romanisierung**.

Grundlegende Begriffe

Romanisierung
Die Beeinflussung und Durchdringung eines Volkes mit der römischen Kultur und der lateinischen Sprache zur Zeit des Römischen Reiches.

Aufgaben

1. Die römischen Provinzen
a) Beschreibe einen römischen Reisewagen (M1).
b) Begründe, warum die Verkehrswege für das Römische Reich so wichtig waren. Ziehe dazu den Infotext M3 (Abschnitt 2) heran.
c) Erläutere mithilfe des Infotextes M3 (Abschnitt 1) die Verwaltung der Provinzen.
↝ M1, Infotext M3, Karte auf Seite 122

2. Das Leben in den Provinzen
a) Erkläre, was ein Aquädukt ist und welche Vorteile diese Bauwerke brachten.
b) Erläutere, aus welchen Bereichen Lehnwörter aus dem Lateinischen stammen.
c) Erkläre den Begriff „Romanisierung".
↝ M2, Infotext M3

Römerstraßen – Analyse verschiedener Materialien

M 4 Römische Straße bei Mittenwald

Eine bedeutende Leistung der Römer war der Straßenbau; er bildete die Grundlage zur Regierung des Imperium Romanum. Straßen gewährleisteten schnelle Bewegungen des Heeres sowie Handel, Transport und Kommunikation. Unter Kaiser Augustus wurde das Straßensystem erheblich ausgebaut; in Abständen von ca. 37 km entstanden Straßenstationen für den kaiserlichen Nachrichtendienst (cursus publicus). Hier konnten die Reit- und Wagentiere gewechselt werden, zudem gab es Herbergen und Handwerksbetriebe. Allerdings war die Nutzung des cursus publicus der Oberschicht vorbehalten. Im 2. Jh. n. Chr. umfasste das Straßennetz des Imperium Romanum 80 000 bis 100 000 km, aktuelles Foto.

M 5 Bau einer römischen Straße

Rekonstruktionszeichnung. Beim Straßenbau wurde in der Antike ähnlich verfahren wie heute: Zunächst wurde die Strecke im Gelände vermessen, dann wurden die Flächen gerodet und freigestellt. Anschließend erfolgte ein Auskoffern (Bodenaushub) bis auf den gewachsenen Boden. Dann brachte man nach und nach mehrere Schichten auf, die von großen Steinplatten bis zur feinen Kiesschicht reichten. Die oberste Schicht wurde mit Mörtel und Kalk gebunden und anschließend festgewalzt. Der bis zu 1,50 m hohe Straßenkörper war gewölbt, damit Regenwasser in die Seitengräben ablaufen konnte. Diese Bauweise zeichnet sich heute noch als sogenanntes Bewuchsmerkmal (unterschiedlicher Wuchs und Reifegrad von Pflanzen über im Boden verborgenen archäologischen Befunden) im Gelände ab.

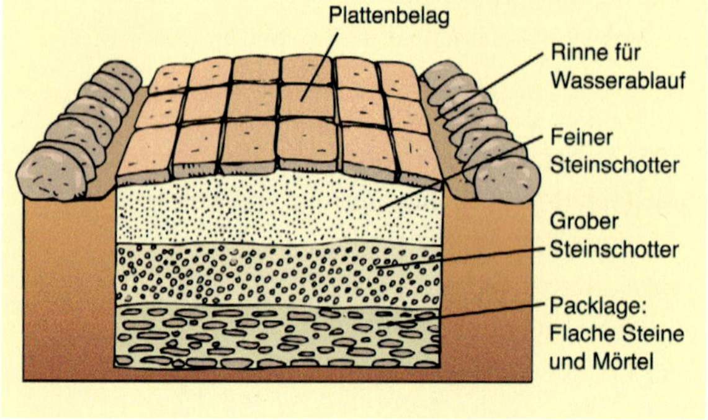

M 6 Schnitt durch eine Römerstraße

Die Römerstraße besteht in der Regel aus vier Schichten: Das „statumen“ (Packlager, Unterlage) bestand aus großen Steinen, darüber folgte der „rudus“ (Gestein, Schutt, Mörtel), also eine Schicht aus Geröll und Bindemitteln, dann der sogenannte „nucleus“ (Kern) mit einer Feinschüttung von Kies und schließlich die „pavimentum“ (Deckschicht) genannte Pflasterdecke. Außerhalb von Orten war die Deckschicht nicht immer gepflastert, sondern konnte auch gekiest oder ohne Belag gestaltet sein, Rekonstruktionszeichnung.

M 7 **Luftbild einer römischen Straße in Hessen**

Deutlich ist auf diesem Bild die ehemalige Verbindungsstraße zwischen den Kastellen Butzbach und Friedberg zu erkennen.

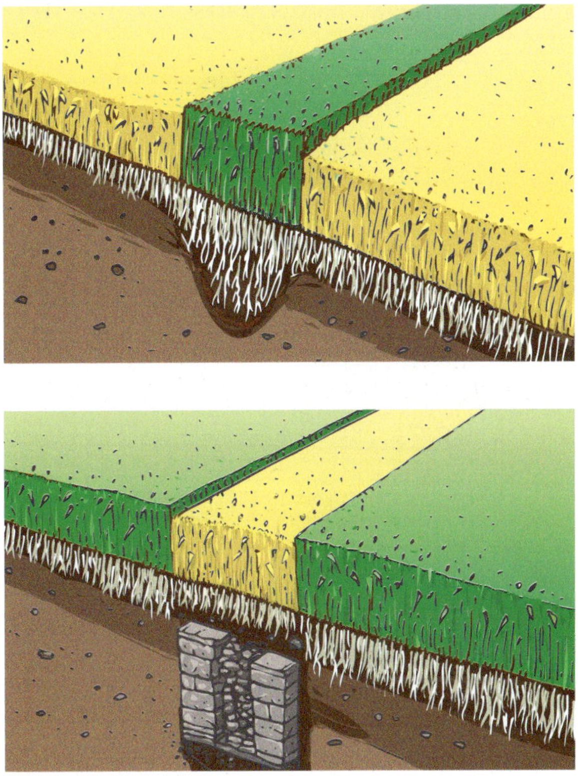

M 8 **Entstehung eines positiven (oben) und negativen (unten) Bewuchsmerkmals**

a) In der Wachstumsphase erreichen die über einem ehemaligen Graben tiefer wurzelnden Ähren eine größere Höhe. Durch die bessere Versorgung mit Feuchtigkeit tritt die Fruchtreife später ein und die noch grünen Ähren ragen aus dem gelben Getreidefeld heraus.

b) Über einer Mauer bleiben bereits nach dem Aufgehen der Saat die Keimlinge durch geringere Wasserversorgung im Wachstum zurück. Aus demselben Grund reifen die Ähren über der Mauer frühzeitig und zeichnen sich gelb im noch grünen Feld ab.

Aufgaben

1. Lateinische Begriffe im Deutschen

a) Erläutere, aus welchen Bereichen die Begriffe im Info-Kasten auf Seite 156 stammen.

b) Erkläre, warum diese Begriffe übernommen wurden.

c) Erschließe mithilfe eines Wörterbuchs, woher folgende deutsche Begriffe stammen: Frucht, Birne, Kirsche, Pfirsich, Kohl, Most, Rose, Kalk.

d) Erschließe mithilfe des Internets, welche deutschen Begriffe aus folgenden Wörtern entstanden sind: lilium, pavo, speculum, cellarium, fenestra, tegula, strata, tincta, census, milia, mercatus, pondo, moneta, simila, patina.

→ Info-Kasten auf Seite 156, Lexikon, Internet

2. Römerstraßen

a) Beschreibe den Aufbau einer Römerstraße.

b) Erarbeite in einer Tabelle die Bedeutung von Straßen in der Antike und heute. Vergleiche die beiden Spalten miteinander.

c) Erkläre die Bedeutung der Bewuchsmerkmale in M8.

d) Vergleiche die Bewuchsmerkmale mit dem Luftbild der Römerstraße M7.

→ M4–M8

Die Römer in Bayern

Eine unsichtbare Grenze verläuft quer durch Bayern. Denn in der Römerzeit war nur ein Teil Bayerns unter römischer Herrschaft. Der **Limes**, die früher stark befestigte Grenze, ist heute noch nachweisbar und an manchen Stellen sogar wieder sichtbar.

M 1 Wachturm am Limes

Leitern, die sich bei einem Angriff einholen ließen, führten im Innern zur Turmplattform, Wachturm am Limes bei Erkertshofen, Rekonstruktion.

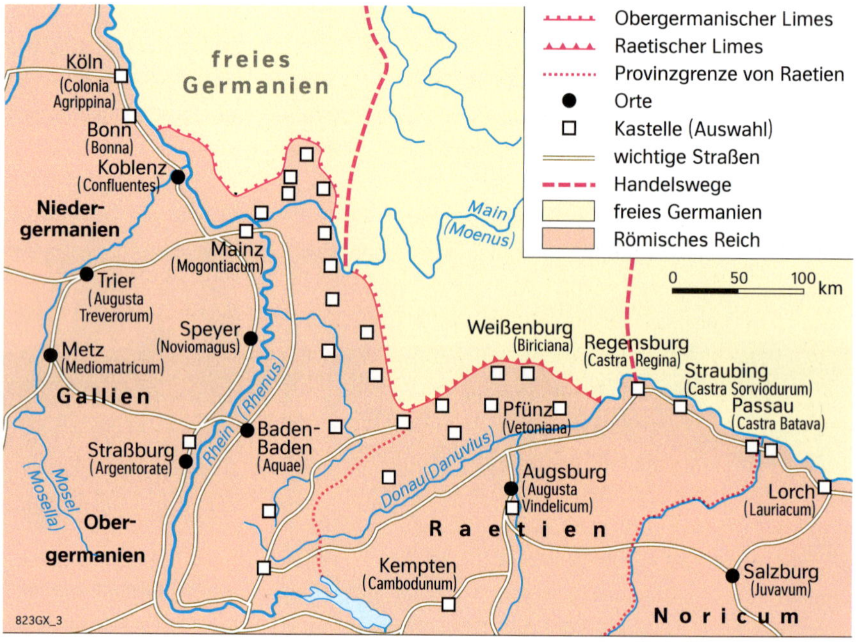

M 2 Der Limes

M 3 Die Römer in Bayern – Infotext

1. Rom erobert das Alpenvorland:

Die Römer konzentrierten sich lange auf den Mittelmeerraum – an ihren nördlichen Nachbarn waren sie hingegen lange Zeit nicht sonderlich interessiert. Erst unter Kaiser Augustus begann man mit der Besetzung des nördlichen Alpenvorlandes: Seine Stiefsöhne eroberten die Gebiete zwischen den Alpen und der Donau, einen Teil des heutigen Bayern, und brachten sie unter römische Herrschaft. Die Hauptstadt dieser neuen Provinz mit dem Namen Raetien war Augsburg, damals Augusta Vindelicum genannt. Da Raetien an der Grenze des Imperiums lag, war eine militärische Absicherung des Gebietes sehr wichtig. Aus diesem Grund gab es in der Provinz viele Kastelle, in denen Soldaten stationiert waren. Der größte und wichtigste Militärstützpunkt Raetiens war Regensburg (Castra Regina). Trotz mehrfacher Versuche gelang es den Römern nicht, das gesamte Germanien zu erobern. Eine herbe Niederlage wurde ihnen durch die Germanen unter Führung des Fürsten Arminius im Jahr 9 n. Chr. zugefügt: Drei römische Legionen unter Befehl des Feldherrn Quintilius Varus wurden vermutlich bei Kalkriese in der Nähe von Osnabrück geschlagen. Dieses Ereignis grub sich tief in das Gedächtnis der Römer ein und fand Niederschlag in Literatur und Geschichtsschreibung. Der Rhein bzw. die Donau setzten sich somit als nördliche Grenze des römischen Reiches durch.

2. Der Limes als Grenze:

Die Flüsse Rhein und Donau bildeten eine Art natürliche Grenze zum freien Germanien und waren noch verhältnismäßig einfach zu sichern. Doch auch das Gebiet zwischen diesen beiden Flüssen musste gegen einfallende Germanen verteidigt werden: Daher wurden entlang der Grenze Holztürme als Signalposten errichtet, danach ein hölzerner Palisadenzaun angelegt und später die Holztürme durch Steintürme ersetzt. In der Provinz Raetien wurden diese Türme schließlich mit einer drei bis vier Meter hohen steinernen Befestigung verbunden. Insgesamt war der obergermanisch-raetische Limes etwa 500 Kilometer lang.

Entlang des Limes befanden sich viele Militärlager, sogenannte Kastelle (lat.: castellum), die die Grenzen mit den dort stationierten Soldaten sicherten: Nach wie vor stellte das römische Heer nämlich die Grundlage und beste Absicherung der Herrschaft Roms dar. Unmittelbar an diesen militärischen Stützpunkten, die im ganzen Reich nach dem gleichen Muster angelegt waren, entwickelten sich oft größeren Siedlungen, da sich dort auch die Familien der Soldaten, Händler, Handwerker und die Veteranen, also die Soldaten im Ruhestand, ansiedelten. Am Beispiel Regensburgs ist dieser Vorgang sehr gut zu erkennen. Das nördliche Tor des Legionslagers, die „porta praetoria“, ist in der heutigen Altstadt von Regensburg gut sichtbar. Aber auch im Hinterland des Limes entstanden kleine Landstädte nach römischem Vorbild, wie zum Beispiel Campodunum (Kempten). Sie wurden nach einem rechtwinkligen Stadtbauplan errichtet, an dessen Hauptachsen sich die öffentlichen Bereiche wie Forum, Thermen und Kultbezirk orientierten. Die größte bisher gefundene Thermenanlage in Bayern befand sich beim Kastell Weißenburg. Auch die Form der Mietshäuser (insulae), die es ebenfalls in den Landstädten gab, folgte dem römischen Vorbild.

Außerdem wurden in Nähe der Kastelle Gutshöfe errichtet, die die Versorgung mit landwirtschaftlichen Produkten sicherstellten. Im Mittelpunkt eines solchen Hofes stand eine sogenannte villa rustica. Häufig mussten auch die Soldaten die Äcker in der Nähe ihres Kastells bestellen. Trotz der massiven Stein- und Ziegelbauweise in vielen Siedlungen blieben davon nur spärliche Reste erhalten, da die Ruinen später oft als Steinbrüche dienten.

3. Reger Handel am Limes:

Nun wäre es falsch, anzunehmen, dass der Limes eine Unterbrechung des Kontaktes zwischen den Provinzen und den nicht-römischen Gebieten bedeutete – vielmehr war das Gegenteil der Fall. Die gesicherte Grenze ermöglichte ein relativ friedliches Nebeneinander und es entwickelte sich ein lebhafter Tauschhandel zwischen Römern und Germanen. Die Römer schätzten besonders Honig, Wachs, Felle und blonde Frauenhaare, aus denen sie Perücken herstellten. Auf der germanischen Seite waren römischer Schmuck, Töpfe, Glasbecher und Silbergeschirr begehrte Waren. Ohne Waffen durften friedliche Germanen auch in das römische Reich einreisen.

Mit der Herrschaft der Römer in Bayern breiteten sich auch hier viele ihrer kulturellen Errungenschaften aus und wurden von der einheimischen Bevölkerung übernommen. Viele Bewohner Raetiens, die ursprünglich keltischer Abstammung waren, traten in den römischen Militärdienst ein oder wurden römische Beamte, wobei sie bis in die höchsten Ränge gelangen konnten. Sie wurden auch im ganzen Reich eingesetzt und waren weit entfernt von ihrer ursprünglichen Heimat stationiert. Das heutige Südbayern wurde also als römische Provinz kulturell stark von den Römern geprägt.

M 4 Ein Goldschatz

Die Münzen wurden in der raetischen Provinzhauptstadt Augsburg gefunden und stammen aus der Zeit um 163 n. Chr.

Grundlegende Begriffe

Limes

Befestigte Grenzlinie des Römischen Reiches. Umfangreiche Grenzbefestigungen entstanden besonders in Britannien, an Rhein und Donau und Nordafrika.

Aufgaben

1. Der Limes

a) Erkläre den Begriff „Limes“.

b) Verfolge den Verlauf des Limes und nenne die Bundesländer, die sich heute dort befinden.

c) Erläutere die Bedeutung des Limes für den Schutz des Römischen Reiches.

→ M1 – M3

2. Römische Überreste in Bayern

Informiere dich über römische Überreste in deiner Umgebung. Halte in einer Liste fest, welche Arten von Überresten du findest. Versuche zu begründen, warum in deiner Nähe vielleicht keine römischen Überreste zu finden sind.

Römische Baudenkmäler in Bayern – die „Porta Praetoria" in Regensburg

M 5 **Die „Porta Praetoria" in Regensburg**

Im Mauerwerk der Bischofsresidenz haben sich Teile vom mächtigen Nordtor des Legionslagers erhalten, heutiger Zustand (oben links), Aufrisszeichnung (oben rechts) und Modell (unten).

Ein Schatz im Acker – der Römerschatz von Straubing

M 6 Römerschatz von Straubing

Im Jahr 1950 wurde im Straubinger Stadtteil Alburg einer der bedeutendsten römischen Schätze Deutschlands entdeckt. Nur 40 cm unter der Oberfläche fand man bei Grabungsarbeiten auf dem Areal einer schon länger bekannten, ehemaligen römischen villa rustica, einen umgestülpten Kupferkessel mit dem bis heute größten bekannten Fundus an römischen Paraderüstungen. Dazu gehören Gesichtshelme für Soldaten, Beinschienen und Rossstirne für die Pferde. Außerdem waren auch noch kleinere Metallgegenstände und einige Münzen Bestandteil des Schatzes. Vermutlich wurde der Kupferkessel mit den Rüstungen im 3. Jahrhundert n. Chr. vergraben, um ihn vor den plündernden Alamannen zu verstecken. Man spricht deshalb auch von einem Verwahr- oder Depotfund.

Das heutige Straubing war zur Zeit der Römer ein wichtiges Militärlager und wurde Sorviodurum genannt. Wie bei vielen anderen Kastellen entstand auch hier eine römische Siedlung, die sogar über einen Donauhafen verfügte und für das Umland wohl einen wichtigen Handels- und Wirtschaftsort darstellte

M 7 Kniescheiben und Beinschienen für Pferde

M 8 Römische Gesichtshelme (Hellenistischer Typus)

Die charakteristische Stirnlocke Alexanders des Großen, die in der Zeit des Hellenismus besonders häufig dargestellt wurde, ist auf diesen Gesichtsmasken zu sehen.

M 9 Rossstirne zum Schutz von Augen, Nase und Backen der Pferde

Auf den Beinschienen und Rossstirnen sind häufig der Kriegsgott Mars und Herakles abgebildet.

Aufgaben

1. **Römische Baudenkmäler in Bayern – die „Porta Praetoria" in Regensburg**
   a) Vergleiche das heutige Foto von der Porta Praetoria in Regensburg mit der Aufrisszeichnung.
   b) Versuche, anhand des Modells der Porta Praetoria Teile des Bauvorgangs zu erläutern.
   c) Informiere dich über die Funktion der abgebildeten Gebäudeteile.
   ↝ M5
2. **Ein Schatz im Acker – der Römerschatz von Straubing**
   a) Informiere dich im Internet ausführlicher über den Römerschatz von Straubing und das ehemalige Militärlager Sorviodurum. Erstelle eine kurze Präsentation über das Leben in Straubing zur Zeit der Römer.
   b) Die Paraderüstungen für Reiter und Pferde wurden u.a. bei Reiterspielen oder Triumphzügen verwendet. Beschreibe die Rüstungen genau und überlege, welche Wirkung sie auf die Zuschauer gehabt haben können.
   c) Halte Gründe dafür fest, dass die Römer solche Rüstungen anfertigen ließen, und triff Aussagen darüber, welchen Zweck sie damit verfolgten.
   ↝ M6–M9, Internet

Was bleibt? Das Erbe Roms

Das Römische Reich ist vor mehr als 1500 Jahren untergegangen. Was hat aus dieser längst vergangenen Epoche bis heute überdauert?

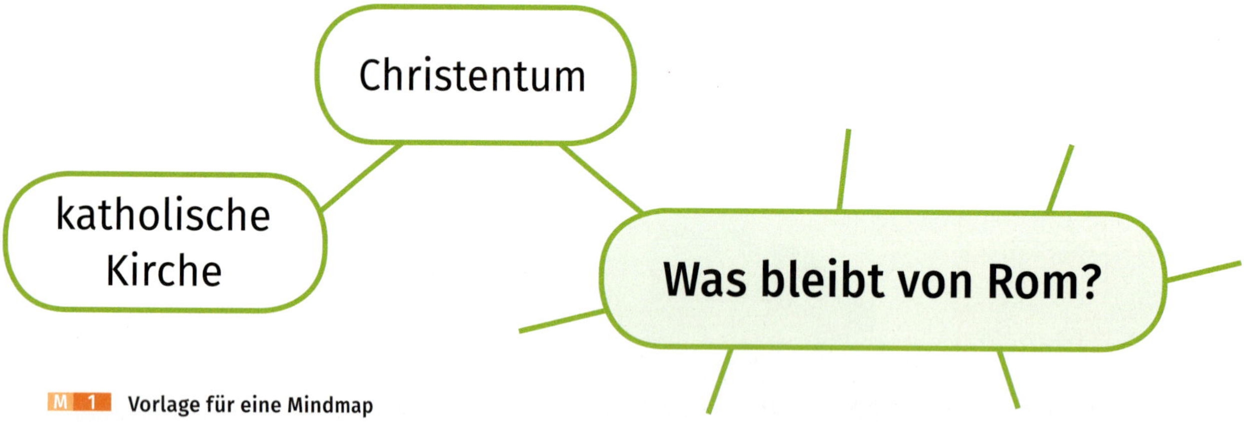

M 1 Vorlage für eine Mindmap

M 2 Was bleibt? Das Erbe Roms – Infotext

1. Die lateinische Sprache:

Latein gilt als „tote Sprache", weil sie heute zwar noch in Schulen unterrichtet, aber nicht mehr gesprochen wird. Mehrere moderne europäische Sprachen wie das Spanische, das Italienische oder das Französische, die sogenannten romanischen Sprachen, haben sich aber direkt aus dem Lateinischen entwickelt. Auch nicht-romanische Sprachen wie die deutsche haben viele Ausdrücke aus dem Lateinischen übernommen. Nach dem Untergang des Römischen Reiches war Latein für Jahrhunderte die in ganz Europa verwendete Sprache der Gelehrten, die eine Verständigung über Grenzen hinweg ermöglichte. Zudem wurden schriftliche Aufzeichnungen fast ausschließlich in Latein verfasst.

2. Das römische Recht:

„In dubio pro reo" – „Im Zweifel für den Angeklagten". Dieser römische Rechtsgrundsatz ist heute noch gültig und soll garantieren, dass niemand zu Unrecht verurteilt wird. Ein Gerichtsprozess hatte bereits im Römischen Reich bestimmten Regeln zu folgen, nach denen die Kläger ihre Anklagen erheben, Angeklagte sich verteidigen, belastende und entlastende Indizien vorgebracht sowie Zeugen gehört werden mussten. Das Gericht hatte seine Entscheidung ohne Ansehen der Person zu treffen. Am Ende des Römischen Reiches ließ Kaiser Justinian die in Rom gültigen rechtlichen Regelungen in einem großen Gesetzbuch sammeln, dem „Corpus Iuris Civilis". Das heute in Deutschland gültige Bürgerliche Gesetzbuch (BGB) ist auf der Grundlage des römischen Rechts entstanden.

3. Die christliche Religion:

Das Christentum breitete sich erst zum Ende des Römischen Reiches aus, dafür aber umso nachhaltiger, da es zur Staatsreligion und damit für alle verbindlich wurde. Dieser Umstand hat auch die Grundlage dafür gelegt, dass das Christentum in seiner katholischen, protestantischen oder orthodoxen Form bis heute die prägende Religion in Europa ist. Der Papst als Oberhaupt der katholischen Kirche residiert in Rom; wichtige Kirchendokumente werden bis heute in Latein abgefasst. Auch die anderen christlichen Glaubensrichtungen knüpfen in unterschiedlicher Weise an das antike Erbe an.

4. Ein Vorläufer der heutigen europäischen Staatenwelt:

Über viele Jahrhunderte hinweg prägten die Römer das Leben im Mittelmeerraum und darüber hinaus. Von besonderer Bedeutung war dabei, dass das Römische Reich im Mittelmeerraum eine kulturelle Einheit schuf, in der zugleich vielfältige Lebensweisen möglich waren.
Zahlreiche Staaten Europas stehen in der Tradition des Römischen Reiches. Nach dem Untergang des Weströmischen Reiches wurden Versuche zu seiner Wiederbelebung unternommen, nachfolgende Herrscher sahen sich in der Tradition der Antike und regierten als „Kaiser", was sich von „Caesar" ableitet.

M 3 **Römische Bauten**

Porta Nigra in Trier, errichtet um 180 n. Chr.

M 4 **Weinbau am Rhein**

wurde von den Römern eingeführt.

M 5 Römische Rechtsgrundsätze

Der oströmische Kaiser Justinian ließ die verschiedenen im Römischen Reich gültigen Rechtsbestimmungen in einem Rechtsbuch zusammenfassen. Diese Gesetzessammlung, Corpus Iuris Civilis, wurde im Jahr 533 n. Chr. in Kraft gesetzt:

Demjenigen obliegt es, den Beweis zu erbringen, der [etwas Rechtserhebliches] behauptet, nicht dem, der leugnet.
In Zweifelsfällen ist immer die wohlwollendere Auslegung vorzuziehen.
In allen Dingen, ganz besonders aber im Recht, ist auf Verhältnismäßigkeit Rücksicht zu nehmen. [...]
Die wichtigste Unterscheidung im Personenrecht ist, dass alle Menschen entweder frei oder Sklaven sind.
Jemanden zu verurteilen, ohne ihn gehört zu haben, verbietet die Rücksicht auf das Rechtsempfinden.
Wegen bloßer Gedanken wird niemand bestraft.
Eine Strafe wird nicht verhängt, außer wenn sie im Gesetz für diese Strafart besonders angedroht ist.
Auf bloße Verdachtsmomente hin jemanden zu verurteilen, geht nicht an, [...] es sei besser, wenn einmal die Tat eines Schuldigen ungesühnt bleibt, als wenn man einen Unschuldigen verurteilt.

Zit. nach: Wolfgang Lautemann/Manfred Schlenke (Hg.), Walter Arend (Bearb.), Geschichte in Quellen Bd. 1.: Altertum. Alter Orient, Hellas, Rom, 2. Aufl., München: Bayerischer Schulbuch-Verlag 1975, S. 845 f.

Aufgaben

1. Was bleibt? Das Erbe Roms

a) Erstelle nach dem in M1 abgebildeten Muster eine Mindmap zum Thema. Schreibe dazu in die Mitte des Blattes „Was bleibt von Rom?“ und ergänze dann die wichtigen Aspekte.

b) Wie sehr bestimmt das römische Erbe noch unser heutiges Leben? Nimm zu dieser Frage Stellung und begründe deine Meinung.

→ M1, Infotext M2, M3 – M5

2. Römische Rechtsgrundsätze – Zusatzaufgabe

a) Erläutere die Bedeutung der einzelnen römischen Rechtsgrundsätze aus M5 an Beispielen.

b) Benenne die Rechtsgrundsätze, die deiner Meinung nach heute noch aktuell sind.

→ M5

Woher wissen wir etwas über die Römer?

Alles, was aus römischer Zeit bis heute erhalten geblieben ist, kann als Quelle genutzt werden, um etwas über die Römer zu erfahren. Je nachdem, was man wissen möchte, also welche Fragestellung man hat, können ganz unterschiedliche Quellensorten hilfreich sein. Dies soll im Folgenden am Beispiel der Varusschlacht und an der Person des Varus erläutert werden.

Die Varusschlacht in der römischen Geschichtsschreibung

Im Jahre 9 n. Chr. erlitten die Römer in Germanien im Kampf gegen mehrere verbündete germanische Stämme eine der schwersten Niederlagen ihrer Geschichte. Unter Führung des Publius Quinctilius Varus verloren dabei auf römischer Seite mehrere Zehntausend Mann ihr Leben. Anführer der Germanen war Arminius (später auch „Hermann der Cherusker" genannt). Die wichtigste Quellensorte für diese Schlacht ist – wie für die meisten Fragestellungen zu dieser Epoche – die römische Geschichtsschreibung. Sie vermittelt Einzelheiten und Hintergründe, die es uns ermöglichen, eine zusammenhängende Rekonstruktion der Ereignisse zu erstellen. Die Frage lautet: Wie verlief die Schlacht?

Von den zahlreichen antiken römischen Berichten über die Varusschlacht sind im Laufe der Jahrhunderte die meisten verloren gegangen, andere waren lange Zeit verschollen. So hat beispielsweise der römische Historiker Tacitus um 120 n. Chr. in seinen „Annalen" über die weiteren Kämpfe der Römer gegen Arminius geschrieben und dabei auch berichtet, wie die Römer im Jahre 15 n. Chr. das Schlachtfeld besuchten. Das Geschichtswerk des Tacitus wurde in nur einer einzigen Handschrift bis ins Mittelalter überliefert, wobei der Text mehrere Jahrhunderte lang unbeachtet in einem Kloster lag. Erst Anfang des 16. Jahrhunderts wurde Tacitus' Buch wiederentdeckt und entfachte in Deutschland ein lebhaftes Interesse an Arminius und an der Varusschlacht.

Insbesondere war die Frage von Interesse: Wo fand die Schlacht statt? Tacitus nannte als Ort der Schlacht den „Teutoburger Wald" („Teutoburgiensis saltus"). Nach der Wiederentdeckung der „Annalen" versuchte man mithilfe der hier enthaltenen Angaben zu bestimmen, wo dieser Wald gewesen sein könnte, und be-

M 1 Feier zur Einweihung des Hermannsdenkmals 1875
Ab 1838 wurde nach den Plänen Ernst von Bandels bei Detmold das Hermannsdenkmal erbaut und 1875 eingeweiht („Hermann" = Arminius), Holzstich nach einer Zeichnung von Knut Ekwall.

nannte ein bis dahin „Osning“ genanntes Gebirge in „Teutoburger Wald“ um. Hier wurde 1875 auch das „Hermannsdenkmal“ eingeweiht.

Die ausführlichste Beschreibung der Varusschlacht bieten allerdings die gut 200 Jahre nach den Annalen auf Griechisch verfassten Werke des römischen Historikers Cassius Dio. Für seinen Bericht griff Cassius Dio auf ältere Darstellungen zurück, die heute leider verschollen sind.

M 2 **Caeliusstein**

Grabstein für den Zenturio Marcus Caelius, der in der Varusschlacht gefallen ist, Fundort: bei Xanten (im heutigen Nordrhein-Westfalen)

Inschriften, Papyri und Münzen liefern Informationen über Varus

Wer aber war dieser Varus? War er an der katastrophalen Niederlage der Römer schuld? Bei dieser Frage helfen uns neben der Geschichtsschreibung auch andere Quellensorten weiter, z. B. eine Inschrift auf der griechischen Insel Tenos, die die Einwohner zu Ehren ihres Patrons Varus errichtet haben. In dieser Inschrift wird Varus als Quästor des Augustus bezeichnet und dadurch wird deutlich, dass Varus bereits als junger Mann in seinem ersten Amt in besonderer Nähe zum Kaiser gestanden haben muss. Als Quästor begleitete Varus den Kaiser auf der Reise durch die Osthälfte des Römischen Reiches.

Die Nähe zum Kaiserhaus, die sich in der Inschrift zeigt, wird auch durch einen weiteren außergewöhnlichen Fund bestätigt: Auf einem 1970 veröffentlichten Papyrus hat sich in griechischer Übersetzung ein Teil der Leichenrede erhalten, die Augustus 12 v. Chr. bei der Beisetzung seines engsten Freundes und wichtigsten politischen Weggefährten Marcus Agrippa in Rom gehalten hat. Erst aus dieser Rede haben wir erfahren, dass Varus Agrippas Schwiegersohn war.

Einige Jahre nach Agrippas Tod verwaltete Varus als Statthalter die römische Provinz Africa proconsularis. Dies ist durch Münzen belegt, die die nordafrikanische Stadt Achulla prägen ließ. Eine zweite Statthalterschaft bekleidete Varus in Syrien. Nach dem Bericht des jüdischen Historikers Flavius Josephus verwaltete er diese schwierige Provinz sehr erfolgreich.

Als Augustus im Jahre 7 n. Chr. Varus als Statthalter nach Germanien schickte, entsandte er also nicht nur jemanden, den er seit Langem gut kannte, sondern auch einen Mann, der sich bereits in verschiedenen Ämtern bewährt hatte.

Archäologische Quellen zur Varusschlacht

Jahrhundertelang hat man immer wieder neu versucht, mithilfe der Angaben von Tacitus und Cassius Dio den Ort der Varusschlacht zu finden. Wo fand also die Schlacht statt? Über 700 verschiedene Orte sind im Laufe der Zeit vorgeschlagen worden, ohne dass es überzeugende Beweise gegeben hätte. Das einzige archäologische Zeugnis zur Varusschlacht bildete lange Zeit der sogenannte Caeliusstein – ein bei Xanten gefundener Grabstein für einen in der Varusschlacht gefallenen Offizier (Zenturio) namens Marcus Caelius.

Ab 1987 kamen dann jedoch bei Ausgrabungen im nördlich von Osnabrück gelegenen Ort Kalkriese Tausende römischer Fundstücke ans Tageslicht, vor allem Ausrüstungsteile von Legionären und Münzen. Unter den ersten Funden war auch eine sehr seltene Gesichtsmaske, die ursprünglich zu einem römischen Reiterhelm gehört hatte. Die Funde zeigten rasch, dass an diesem Ort eine große Schlacht stattgefunden haben musste. Aber handelte es sich dabei tatsächlich um die Varusschlacht? Ließen sich die Funde genauer datieren?

M 3 **Maske eines römischen Gesichtshelms**

Silber und Bronze, Höhe: 16,9 cm

Zur Lösung dieses Problems waren die zahlreichen in Kalkriese gefundenen Münzen besonders wichtig. Unter den Münzen fanden sich nämlich auch einige,

M 4 Ausgrabungen in Kalkriese

Archäologen analysieren die Knochen eines Maultieres.

M 5 Münze aus Kalkriese

Die Vorderseite trägt einen Prägestempel des Feldherrn Varus.

die mit einer als „Gegenstempel" bezeichneten Prägung des Varus versehen waren. Dieser Gegenstempel konnte nur zwischen 7 und 9 n. Chr., als Varus Statthalter in Germanien war, angebracht worden sein. Andererseits wurden keine nach dem Jahr 9 n. Chr. geprägten Münzen gefunden. Da es neben der Varusschlacht keinen anderen großen Kampf zwischen Römern und Germanen in der Statthalterschaft des Varus gegeben hat, sind die meisten Historiker heute der Meinung, dass in Kalkriese ein Schauplatz der mehrtägigen Varusschlacht gefunden worden ist.

Leider können wir die Ereignisse rund um die Varusschlacht nur aus römischer Sicht rekonstruieren, da die Germanen zu dieser Zeit noch keine Schrift benutzt und uns also auch keine schriftlichen Quellen hinterlassen haben. Die Germanen hielten die Erinnerung an Arminius und an den Sieg über Varus lange in Liedern lebendig, welche heute allerdings nicht mehr zu rekonstruieren sind.

Aufgaben

1. Quellen zur Varusschlacht

a) Wiederhole, was eine Quelle ist und welche Arten von Quellen es gibt.

b) Lege eine Tabelle mit drei Spalten an. Stelle in der linken Spalte die Fragen zusammen, die im Text zur Varusschlacht genannt werden. Trage in der mittleren Spalte die Quellen bzw. Quellenarten ein, die helfen, die Fragen zu beantworten. Notiere in der rechten Spalte schließlich die wichtigsten Antworten bzw. Informationen.

c) Erkläre, warum es zur Varusschlacht nur Quellen aus römischer Sicht gibt.

d) Erläutere, welche Vor- und Nachteile Werke der römischen Geschichtsschreibung bei der Erschließung der Varusschlacht haben.

e) Beurteile das Ergebnis der Forschungen: Was wurde geklärt? Was ist noch ungeklärt?

→ M1–M5, Text

2. Quellen untersuchen – Zusatzaufgabe

a) Suche zu jeder Quellenart ein weiteres Beispiel aus dem Buch, also z. B. eine weitere Inschrift oder Münze.

b) Überlege dir eine passende Frage, die du mithilfe der Quelle beantworten kannst.

c) Beantworte die Frage mithilfe der Quelle und beurteile, ob die Antwort zufriedenstellend ist.

→ selbstgewählte Quellen aus diesem Schulbuch

Die Bedeutung Roms für uns heute

Die Nachwirkungen des Römischen Reiches sind kaum zu überschätzen. Nicht nur Bauwerke zeugen heute noch von dieser Zeit, auch die Sprache der Römer war von großem Einfluss. Die sogenannten romanischen Sprachen wie Italienisch, Spanisch und Französisch sind aus dem Lateinischen entstanden. Bis heute fortwirkende Spuren des Römischen Reiches lassen sich insbesondere auch in den Bereichen Rechtswesen, Politik, Religion, Kunst und Kultur finden.

Vom Dorf zur Weltmacht

Als mythisches „Gründungsdatum" Roms gilt das Jahr 753 v. Chr.; der Aufstieg vom Dorf zur Stadt zog sich über einen langen Zeitraum hin. Aus dem ursprünglichen Königtum entwickelte sich um 500 v. Chr. eine Republik. Zuerst brachten die Römer die Stämme Italiens teils friedlich, teils durch Gewalt unter ihre Vormacht. In vielen Kriegen unterwarfen sie dann bis etwa 100 n. Chr. Süd- und Westeuropa, Nordafrika und die westlichen Teile Asiens.

Der Übergang von der Republik zur Kaiserzeit

In der Zeit der späten Republik (1. Jh. v. Chr.) führten äußere Bedrohungen und die wachsende soziale Ungleichheit zu großen Problemen. Der Einfluss von Einzelpersonen wie z. B. Caesar, die sich oft auf ein Heer stützen konnten, wuchs. Nach Caesars Ermordung ging die Herrschaft in der Zeit um Christi Geburt auf Augustus über, wobei die politische Ordnung der Republik zunächst weiterexistierte. Die Herrschaftsform des Augustus wird als Prinzipat bezeichnet. Von Augustus an wurde das römische Imperium dann von Kaisern regiert, die Göttern gleichgesetzt wurden. Unter den Nachfolgern des Augustus konnte Rom seine Vormachtstellung noch etwa zwei Jahrhunderte lang behaupten.

Christen und Juden im Römischen Reich, Romanisierung

Mit dem Christentum entstand ein Glaube, der die römischen Götter verdrängte. Ende des 4. Jahrhunderts n. Chr. wurde das Christentum zur Staatsreligion, woraufhin es sich in ganz Europa durchsetzte. Die Juden wurden aus ihrem angestammten Gebiet vertrieben und siedelten sich verstreut in verschiedenen Gegenden an (Diaspora). Die Römer verbreiteten ihre Kultur über ihr gesamtes Reich, das sich vom Norden Englands bis nach Nordafrika und vom Schwarzen Meer bis nach Portugal erstreckte. Die Übernahme der römischen Zivilisation und der lateinischen Sprache durch andere Völker nennt man Romanisierung. Römische Traditionen bilden die kulturelle Grundlage großer Teile des heutigen Europa.

GRUNDLEGENDE DATEN

753 v. Chr.:
Mythische Gründung Roms

1. Jh. v. Chr.:
Übergang von der Republik zur Kaiserzeit

um Christi Geburt:
Zeitalter des Augustus

GRUNDLEGENDE BEGRIFFE

Senat
Republik
Diktator
Limes
Judentum
Christentum
Caesar
Romanisierung
Provinz

1000 v. Chr | 850 | 700 | 550 | 400 | 250 | 100 v. Chr. | 50 n. Chr. | 200 | 350 | 500 n. Chr.

ı 900 v. Chr.:
der Stelle des späteren m steht ein Bauerndorf

753 v. Chr.:
mythische Gründung Roms

Punische Kriege

1. Jh. v. Chr.:
Übergang von der Republik zur Kaiserzeit

um Christi Geburt:
Zeitalter des Augustus

Die Römer errichten eine Grenzmauer zum freien Germanien

karolus
magnus
Annis·14·

06

VON DER ANTIKE ZUM MITTELALTER

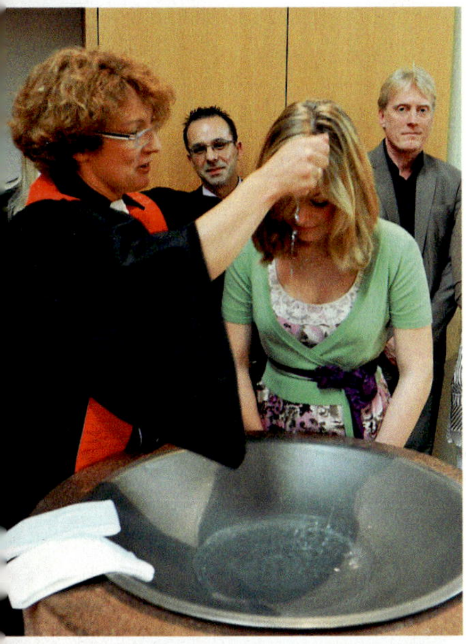

M 1 **Hagia Sophia in Istanbul,** aktuelles Foto

M 2 **Die Kaaba in Mekka,** aktuelles Foto

M 3 **Bischof Remigius von Reims tauft Chlodwig,** französische Buchmalerei, 14. Jahrhundert

M 4 **Karl der Große,** Gemälde von Albrecht Dürer, 1512/13

M 5 **Lesen des Koran,** der Heiligen Schrift des Islam, in einer Moschee während des Ramadans, 2006

M 6 **Christliche Taufe,** in einer protestantischen Kirche, 2010

M 7 **Thora-Rolle,** ein Junge liest aus dem Buch Gottes (Thora) in einer Synagoge

M 8 **Aachener Dom mit der Pfalzkapelle Karls des Großen,** aktuelle Fotografie

Das Römische Reich geht unter – „Völkerwanderung“

Das Römische Reich existierte weit mehr als 1000 Jahre. Mit seinem Untergang ging auch ein Zeitalter, die Antike, zu Ende. Wie kam es zu dieser Entwicklung?

M 1 Germanische Wanderungen und Reiche (bis 526 n. Chr.)

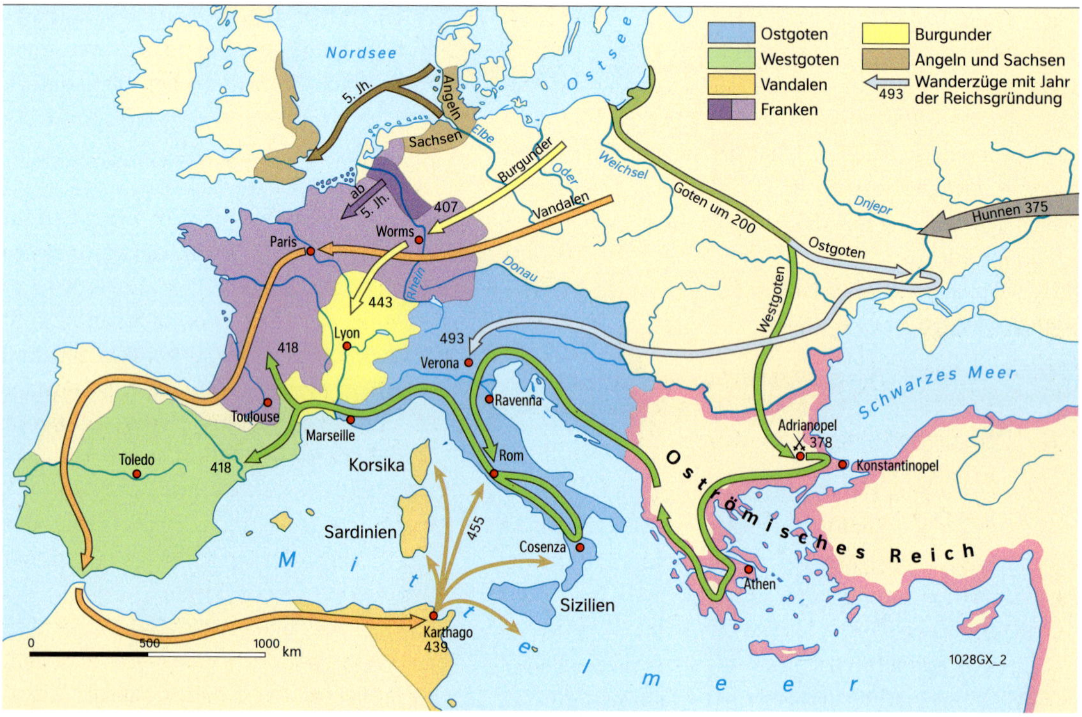

M 2 Die Mittelmeerwelt um 750

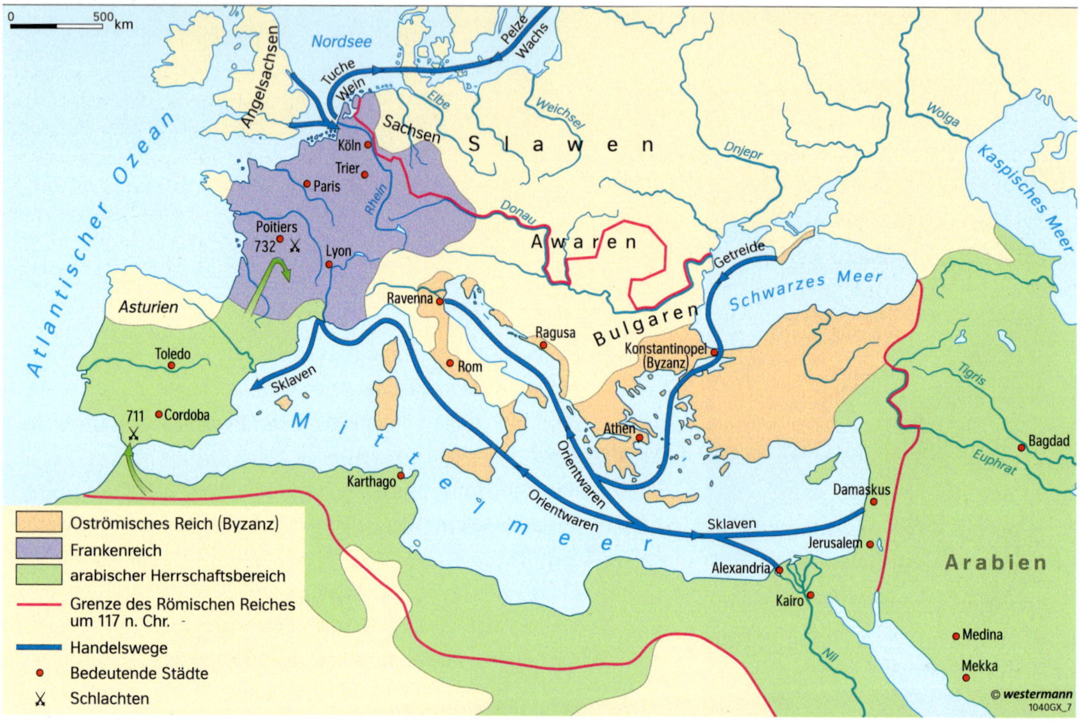

M 3 Das Römische Reich geht unter – „Völkerwanderung" – Infotext

1. Innere Auflösung und ein machtloser Kaiser:

Der letzte weströmische Kaiser Romulus Augustus, dessen Machtbereich auf Italien beschränkt war, wurde vom östlichen Teil des Reiches schon nicht mehr anerkannt. Sein Spottname „Augustulus" („Kaiserlein") weist darauf hin, dass die alte Ordnung im westlichen Teil des Römischen Reiches bereits in Auflösung begriffen war: Nicht der Kaiser, sondern mächtige Heerführer übten die Herrschaft aus; die öffentliche Ordnung und das Staatswesen verfielen zusehends. Im Jahr 476 n. Chr. wurde Romulus Augustulus durch Odoaker, einem weströmischen Offizier germanischer Herkunft, abgesetzt. Odoaker schickte die Kaiserinsignien nach Konstantinopel, womit er das weströmische Kaisertum beendete, und ließ sich selbst zum König von Italien krönen.

2. Die „Völkerwanderung":

Neben den inneren Zerfallsprozessen trugen auch äußere Entwicklungen zum Ende des Imperiums bei. Immer wieder waren in den vorangegangenen Jahrhunderten Stämme ins Reich eingedrungen und hatten Gebiete erobert, aus denen sie teilweise wieder vertrieben werden konnten, immer öfter aber auch geduldet werden mussten. Zahlreiche Krieger dieser Stämme machten im römischen Militär Karriere. Die Wanderungsbewegungen, die vor allem zwischen 380 und 570 nachweisbar sind, bezeichnet man als „Völkerwanderung". Die „Völkerwanderung" zerstörte das Weströmische Reich von außen.

Auslöser der „Völkerwanderung" war das Reitervolk der Hunnen, das aus Asien nach Westen vordrang. Unter ihrem König Attila zogen die Hunnen quer durch Europa, bis sie 451 besiegt wurden, was zum raschen Zerfall ihres Reiches führte. Zuvor hatten die Hunnen aber viele germanische Stämme aus ihren Siedlungsgebieten vertrieben.

Die Bezeichnung „Germanen" fasst verschiedene Volksgruppen wie zum Beispiel Sachsen, Goten oder Vandalen zusammen. Es handelte sich bei diesen Völkern um unterschiedlich große, jeweils von eigenen Königen regierte Gruppen, die in Mittel-, Nord- und Osteuropa siedelten, ohne dass heute eindeutige Grenzen feststellbar sind. Die „Völkerwanderung" bestand aus einer Vielzahl einzelner Wanderungsbewegungen. Die von ihren Familien begleiteten Kriegergruppen schlossen sich dabei gelegentlich zu größeren Einheiten zusammen oder trennten sich auch wieder.

3. Die Dreiteilung der Mittelmeerwelt:

Um 500 n. Chr. markiert der Untergang des Weströmischen Reiches die Epochenschwelle von der Antike zum **Mittelalter**. Nach mehr als 1000 Jahren römischer Herrschaft entstanden in einem sich über Jahrhunderte hinziehenden Prozess drei neue große Herrschaftsbereiche:

1. Der östliche Teil mit der Hauptstadt Konstantinopel blieb als Byzantinisches Reich bestehen. An dessen Spitze stand der oströmische Kaiser, der sich zum Christentum bekannte.
2. Im südlichen Teil entstanden große Herrschaften, die von muslimischen Anführern regiert wurden, den sogenannten Kalifen.
3. Im westlichen und nördlichen Teil bildete sich nach und nach das christliche Frankenreich als entscheidende Macht heraus, das für sich beanspruchte, das Erbe des Römischen Reiches fortzuführen.

Grundlegende Begriffe

Mittelalter

Das Mittelalter bezeichnet den Zeitraum zwischen der Antike und der Neuzeit, umfasst also den Zeitraum von etwa 500 bis 1500 n. Chr. Der Anfang und das Ende werden jeweils von bedeutenden Ereignissen, wie zum Beispiel dem Untergang des Weströmischen Reiches 476 n. Chr. oder der Entdeckung Amerikas durch Christoph Kolumbus 1492 markiert. Allerdings ist mit fließenden Übergängen zwischen den Epochen zu rechnen.

Aufgaben

1. Die „Völkerwanderung"

a) Erarbeite aus der Karte M1 die wichtigsten Informationen. Ziehe dazu auch den Trainingskasten auf Seite 30 heran.

b) Beschreibe mit eigenen Worten den Zug eines Germanenstammes, der in der Karte verzeichnet ist. Achte dabei auf die Jahreszahlen.

c) Erschließe aus der Karte, wodurch diese Wanderungen ausgelöst wurden.

d) Lies den zweiten Abschnitt im Infotext M3. Untersuche, welche zusätzlichen Informationen der Text enthält.

→ M1, Infotext M3

2. Die Dreiteilung der Mittelmeerwelt

a) Erkläre mithilfe der Karte M2 den Begriff „Dreiteilung der Mittelmeerwelt" und ordne ihn zeitlich ein.

b) Erörtere, inwieweit die damalige Entwicklung noch Auswirkungen bis heute hat.

→ M2, Infotext M3

Migration – damals und heute

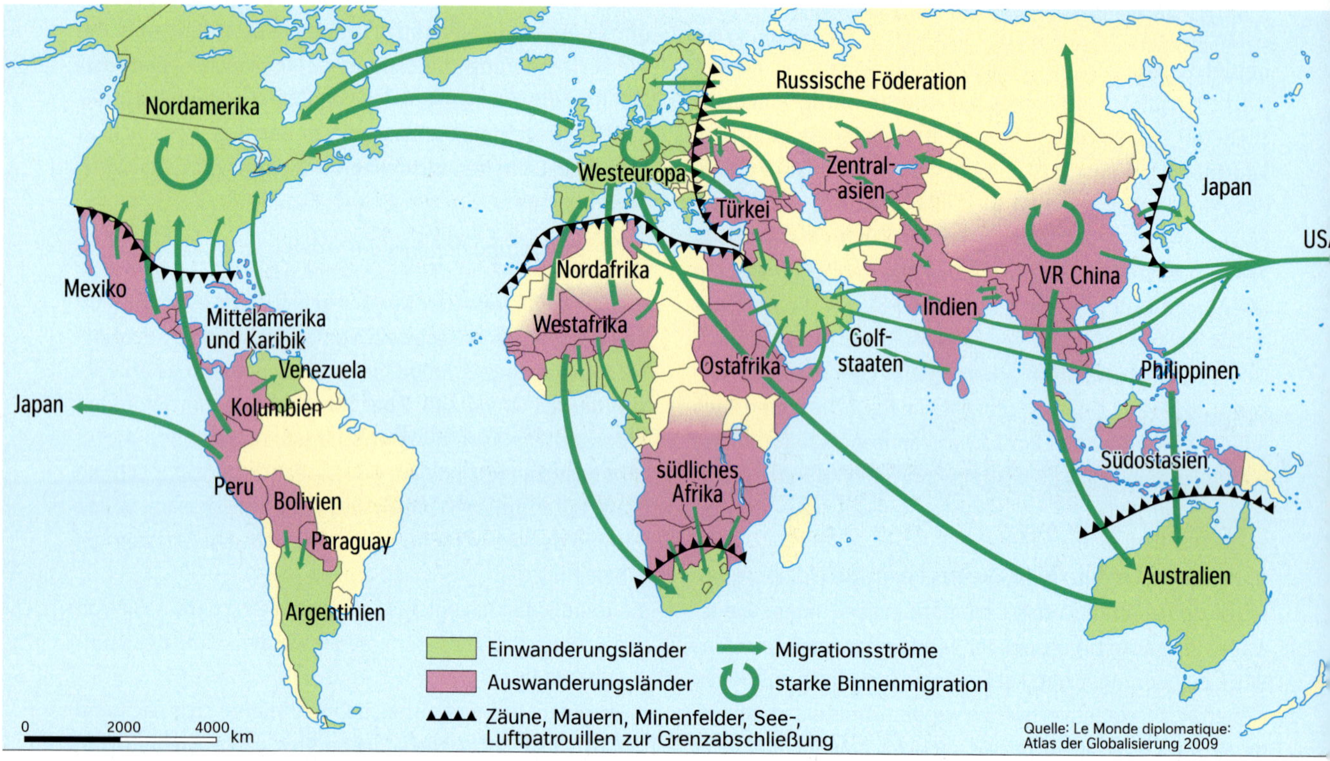

M 4 **Migration zu Beginn des 21. Jahrhunderts**

M 5 Was heißt Migration?

Definition 1:

Migration ist die auf einen längerfristigen Aufenthalt angelegte räumliche Verlagerung des Lebensmittelpunktes von Individuen, Familien, Gruppen oder auch ganzen Bevölkerungen.

Jochen Oltmer: Migration; in: Online-Lexikon zur Kultur und Geschichte der Deutschen im östlichen Europa, 2012, online unter: http://ome-lexikon.uni-oldenburg.de/begriffe/migration/ [letzter Zugriff: 28.5.2018]

Definition 2:

Migration. Fortgehen, wegziehen. In den vergangenen Jahrhunderten haben immer wieder kleinere oder größere Gruppen von Menschen oder ganze Völker die Gegend verlassen, in der sie lebten, sie sind „gewandert". Die Gründe waren und sind vielfältig. Manche Menschen wurden oder werden aus religiösen oder politischen Motiven verfolgt, manche sehen für sich und ihre Kinder keine Zukunft mehr dort, wo sie leben. Heute etwa ziehen bei uns in einigen Teilen Deutschlands Menschen vom Land in die Stadt, weil sie dort eher eine Arbeit finden können. Auch kommen Menschen aus anderen Ländern zu uns, weil es ihnen in ihrer Heimat schlecht ergangen ist. In der Zeit des Nationalsozialismus haben viele Menschen Deutschland verlassen, sind ins Exil gegangen, weil sie um ihr Leben fürchten mussten. [...]
Der Oberbegriff für alle diese Wanderungen ist „Migration". Die Menschen, die ihre angestammte Heimat verlassen, um woanders zu leben, nennt man „Migranten". Das Wort „migrare" heißt auf Lateinisch „wandern", „sich bewegen". Man kann noch genauere Unterscheidungen treffen: „Immigration" bedeutet „Einwanderung", mit „Emigration" ist „Auswanderung" gemeint. Naturforscher benutzen den Begriff „Migration" ebenfalls. So spricht man beim Vogelzug im Frühjahr und Herbst von „periodischer Migration", also zeitweiliger Wanderung.

Gerd Schneider/Christiane Toyka-Seid, Das junge Politik-Lexikon, Bonn: Bundeszentrale fur politische Bildung 2017, online unter: http://www.bpb.de/nachschlagen/lexika/das-jungepolitik-lexikon/161411/migration [letzter Zugriff: 28.5.2018]

Zusatzaufgabe: Warum ging das Römische Reich unter?

M 6 Wissenschaftliche Darstellung

Der Historiker Klaus Bringmann (*1936) schreibt in einer wissenschaftlichen Darstellung über die Gründe für den Untergang Roms Folgendes (2008):

Das Römische Reich ist [...] einer Kette von Invasionen [militärischen Eroberungen] zum Opfer gefallen.
Es war gewiss jedem einzelnen seiner Feinde überlegen. Aber seine Kraft reichte nicht aus, die überdehnten Grenzen an allen Fronten zu schützen und überall dort, wo den Barbaren [Gegnern Roms] ein Einbruch gelungen war, militärische Überlegenheit zu zeigen. [...]
Aber die Gründe für die Schwäche des Reiches liegen tiefer. Mit dem Weltreich war zwangsläufig die Berufsarmee entstanden – und damit die Arbeitsteilung zwischen dem Militär und dem zivilen Sektor [Bereich] der Gesellschaft.
Dieser hatte die Mittel für den Unterhalt des Heeres aufzubringen, aber er bot keine Basis mehr für zeitlich begrenzte Massenaufgebote [große Heere]. [...]
Zur strukturellen Schwäche trugen auch die geringe Produktivität der Wirtschaft und die Struktur der Gesellschaft bei.
Die bäuerlichen Produzenten trugen letztlich nicht nur die Kosten des stehenden Heeres:
Sie erwirtschafteten auch die Überschüsse, die sich eine reiche Aristokratie, die Städte und [...] die Kirche teilten.
Soziale Konflikte blieben nicht aus. [...]
Diese von der bäuerlichen Bevölkerung getragenen sozialrevolutionären [auf Umsturz bedachten] Bewegungen waren Begleiterscheinung einer sich auflösenden inneren Ordnung.
Zerstört wurde diese von außen.
Es waren die Invasionen der Germanen, der Perser und der Araber, die die verborgenen Schwächen des spätrömischen Reiches an den Tag brachten.

Klaus Bringmann, Römische Geschichte. Von den Anfängen bis zur Spätantike, München: C.H. Beck 2008, S. 116 f.

Für den Untergang Roms werden im Text M6 verschiedene Gründe genannt:

(1) Belastung durch die Berufsarmee	(2) Angriff durch andere Völker („Völkerwanderung")	(3) Größe des Reiches; Probleme der Grenzsicherung	(4) geringe wirtschaftliche Erträge aus der Landwirtschaft	(5) Luxus der Führungsschichten

Aufgaben

1. Migration – damals und heute

a) Erarbeite aus den beiden Definitionen in M5 eine Erklärung des Begriffs „Migration".

b) Vergleiche die Definitionen mit der Erklärung im Lexikon der Fachbegriffe im Anhang dieses Buches. Nenne die neuen Aspekte.

c) Erarbeite aus der Karte M4 die gegenwärtig wichtigsten Auswanderungs- und Einwanderungsländer.

d) Vergleiche die Karte der „Völkerwanderung" mit der Karte heutiger Migrationen. Nenne Unterschiede und Gemeinsamkeiten.

→ M1, M4, M5

2. Warum ging das Römische Reich unter? – Zusatzaufgabe

a) Der Historiker Klaus Bringmann nennt in seinem Text einige Gründe für den Untergang Roms. Der Autor unterscheidet dabei innere und äußere Gründe. Ordne die einzelnen Sätze in M6 den beiden Bereichen zu: Gefahren von außen/Probleme im Inneren.

b) Der Autor vertritt die Meinung: „Es waren die Invasionen der Germanen, der Perser und der Araber, die die verborgenen Schwächen des spätrömischen Reiches an den Tag brachten." Erörtere, worin er die Hauptursache für den Untergang Roms sieht: in den inneren Problemen, in den Angriffen von außen oder im Zusammenwirken von inneren und äußeren Problemen?

→ M6

Byzanz – das „neue Rom“

Konstantinopel, Byzanz oder das „neue Rom“ – die türkische Millionenstadt Istanbul hatte schon viele Namen in der Vergangenheit. Das liegt daran, dass die Stadt am Bosporus seit über 2000 Jahren ein Zentrum für Kultur, Handel und Finanzen ist. Ihre außergewöhnliche Lage zwischen den Kontinenten Europa und Asien machte die Metropole durch die Jahrhunderte zur Drehscheibe der Geschichte. Und alles begann mit Kaiser Konstantin.

Die Stadt Byzantion bestand schon seit etwa 660 v. Chr., doch erst Kaiser Konstantin machte die Stadt 330 n. Chr. zu seiner Hauptstadt im Römischen Reich. Als Konstantinopolis (gr. „Stadt Konstantins“) brachte er sie damit zu Weltruhm.

M 1 Istanbul

Blick auf die Hagia Sophia (links), aktuelles Foto. Hagia Sophia bedeutet auf Griechisch „Kirche der göttlichen Weisheit“. Sie wurde unter Kaiser Justinian errichtet und war mit einer Höhe von etwa 55 m und einem Kuppeldurchmesser von rund 32 m von unvergleichlicher Größe. Nach der Eroberung von Byzanz im Jahre 1453 wurde sie zur Moschee.

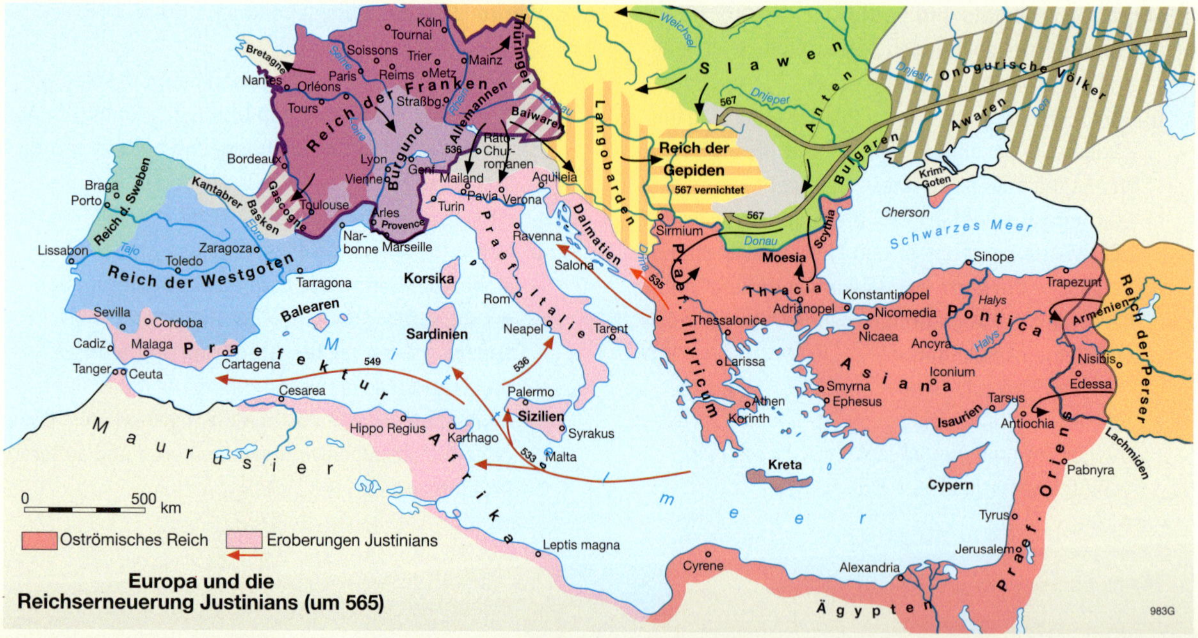

M 2 Europa und die Reichserneuerung Justinians (um 565)

M 3 Byzanz – das „neue Rom" – Infotext

1. Neue Residenzstadt des römischen Kaisers:

Konstantin selbst behauptete später, beim Ausbau Byzantions einem nächtlichen Rat der Jungfrau Maria gefolgt zu sein, doch hatte die Wahl des Ortes sicherlich vor allem strategische Gründe, um die neugewonnene Herrschaft im Osten des Reiches zu festigen. Denn von hier konnten ganz zentral alle Teile des Römischen Reiches gesteuert werden. Konstantinopel wurde fünfmal größer als Byzantion angelegt. Wie im alten Rom gab es ein Kapitol, ein Forum und einen Circus – Hippodrom (gr. „Pferdebahn") genannt. Kunstwerke aus dem ganzen Reich wurden herbeigeschafft, die der neuen Residenzstadt ihren Glanz verliehen. Um ihre Bedeutung weiter zu festigen, wurde zudem behauptet, dass sie ebenso wie Rom auf sieben Hügeln errichtet sei. Konstantinopel war nicht direkt als „christliches Rom" geplant, doch es entwickelte sich schnell zum Zentrum des Christentums: Konstantins Annäherung an das Christentum führte schließlich dazu, dass der christliche Glaube Staatsreligion wurde.

2. Das Byzantinische Reich:

Im Jahr 395 n. Chr. wurde das Römische Reich in eine Ost- und eine Westhälfte geteilt. Während das Weströmische Reich im Zuge der „Völkerwanderung" zerfiel, konnte sich das Oströmische Reich behaupten. Es wird auch als Byzantinisches Reich bezeichnet. Das einfache Volk von Byzanz sah seinen Herrscher fast nie, denn der Kaiser lebte meist in seinem riesigen Palast. Wurde ein Untertan oder Gast durch die zahlreichen Gänge des Palastes zum Kaiser geleitet, so erlebte er den Herrscher nur thronend. Seinen Gehorsam und seine Untertänigkeit musste der Vorgelassene dann im Niederwerfen vor dem Kaiser ausdrücken. Dies wird als Proskynese bezeichnet.
Für die byzantinischen Herrscher war auch nicht vorstellbar, dass jemand anderes den Kaisertitel beanspruchte und behauptete, das Erbe des Römischen Reiches anzutreten. Denn in Byzanz blieb, wenngleich Griechisch gesprochen und geschrieben wurde, das römische Erbe lebendig.

3. Justinian:

Einer der wichtigsten Herrscher des Byzantinischen Reiches war Kaiser Justinian (527–565 n. Chr.). Unter ihm gelang es sogar, Nordafrika, Italien und Südspanien zurückzuerobern und dadurch große Teile des Römischen Reiches wieder zu vereinen. Auch wenn dieser Erfolg nicht von Dauer war, konnten Justinian und seine Nachfolger das Byzantinische Reich im Osten noch bis 1453 erhalten und gegen Angriffe von außen verteidigen.

Justinian war um eine Vereinheitlichung von Staat und Kirche bemüht: Er selbst behauptete, seine Herrschaft unmittelbar von Gott erhalten zu haben. Dies bezeichnet man als Gottesgnadentum. Andersgläubige zwang er gewaltsam, zum Christentum überzutreten. Als Kaiser und religiöses Oberhaupt bemühte er sich, Religion und Politik zu ordnen. Er verfasste daher den Codex Iustinianus (später auch Corpus Iuris Civilis genannt): eine Zusammenstellung aller Rechtsvorschriften der Römer. Durch diese Sammlung blieb das antike Rechtswesen erhalten und für Europa bestimmend.

Aufgaben

1. Byzanz – das „neue Rom"

a) Fasse die Gründe für die Wahl Byzantions als neue Residenzstadt zusammen.

b) Sowohl Konstantin als auch Justinian behaupteten, bei der Planung der Stadt Konstantinopel Weisungen im Schlaf erhalten zu haben. Überlege Dir Gründe hierfür.

c) Für die byzantinischen Herrscher war nicht annehmbar, dass jemand anderes den Kaisertitel beanspruchte. Nenne Gründe dafür.

d) Erschließe die Bedeutung Justinians für die europäische Geschichte.

→ Text, M1, M2, M3

Der Islam – eine Weltreligion entsteht

Der Islam zählt heute zu den großen Weltreligionen. Ihren Ausgang nahm die Religion im arabischen Raum, wo sie bis heute weit verbreitet ist. Wie vollzog sich die Ausbreitung des Islam?

M 1 Die Ausbreitung des Islam von 622 bis 750

M 2 Die Kaaba in Mekka

Zentrum der islamischen Welt, aktuelle Fotografie

M3 Der Islam entsteht – Infotext

1. Der Prophet Mohammed:

Der **Islam** geht auf Mohammed zurück, der für die Muslime der Prophet Allahs (Gottes) ist. Sein Lebenslauf stellt sich so dar:
Mohammed wurde um 570 n. Chr. in Mekka, einer arabischen Handelsstadt, geboren. Er wuchs als Vollwaise bei Verwandten auf, bevor er sich als Kaufmann in Mekka niederließ und heiratete. Der Koran, die heilige Schrift des Islam, enthält gemäß dem Glauben der Muslime die an Mohammed ergangene Offenbarung Gottes: Im Koran wird berichtet, dass Mohammed dem Engel Jibrîl (Dschibril) begegnet sei, der ihm den Willen Allahs offenbart habe. In einer Nacht sei er von ihm zuerst nach Jerusalem gebracht worden, dann habe er auf einer Himmelsreise Allah und die sieben Paradiese erblickt.
Vom Glauben an Allah als einzigen Gott überzeugt, begann Mohammed gegen den in Mekka verbreiteten Polytheismus zu predigen. Die meisten Menschen verehrten viele verschiedene Götter in der Kaaba, einem würfelförmigen Haus, das als Heiligtum galt.
Als er auf Widerstand stieß, siedelte Mohammed im Jahr 622 nach Medina über. Diese sogenannte Hijra (Hidschra) stellt für die Muslime den Beginn der Zeitrechnung dar. Es entstanden die ersten Moscheen als Andachtsorte für Allah.
629 kehrte Mohammed nach Mekka zurück und beseitigte in der Kaaba alles, was an den früheren Glauben erinnerte. Die Kaaba gilt seitdem als höchstes Heiligtum des Islam. In den Jahren bis zu seinem Tod 632 n. Chr. bemühte sich Mohammed um die Verbreitung des Islam.

2. Die Ausbreitung des Islam:

Bis zum Tod Mohammeds im Jahr 632 waren bereits große Teile der arabischen Halbinsel in muslimischer Hand. Nun nahmen Kalifen als „Stellvertreter“ oder „Nachfolger“ Mohammeds Stellung ein.
In der Folgezeit wurden in weit ausgreifenden Feldzügen riesige Gebiete erobert. Schließlich war der Islam in Arabien und Nordafrika, ja sogar in Spanien verbreitet. Hier lebten jahrhundertelang Muslime, Christen und Juden nebeneinander. Es kam zu vielfältigen Handelsbeziehungen und zu einem Austausch zwischen den Kulturen. Auf diese Weise bekamen die Christen zum Beispiel Zugang zu zahlreichen wissenschaftlichen Erkenntnissen der Antike. Die Europäer lernten auf diese Weise zudem viele Errungenschaften der arabischen Kultur kennen.
Das Aufkommen und die Ausbreitung einer neuen Religion bedeuteten einen grundlegenden Wandel. Im Süden des ehemaligen Römischen Reiches entstand somit ein völlig neuer Kulturkreis, der bis heute fortbesteht.

Grundlegende Begriffe

Islam

(arab. = Unterwerfung unter Gott). Eine der großen Weltreligionen, die der Prophet Mohammed im 7. Jh. begründete. Seine Anhänger, die Muslime, bekennen sich zu einem einzigen Gott (Allah) und betrachten den Koran, das heilige Buch, als Glaubens- und Lebensgrundlage. Die Ausdehnung des islamischen Herrschaftsbereichs führte zur Verbreitung der Religion in Asien, Afrika und Europa.

Aufgaben

1. **Das Wirken Mohammeds – verschiedene Materialien auswerten.**
   a) Suche auf der Karte M1 die Orte Mekka und Medina.
   b) Erläutere mithilfe des Infotextes M3 (Abschnitt 1), der Karte M1 und der Abbildung der Kaaba (M2) das Wirken Mohammeds.
   ↝ M1, M2, Infotext M3
2. **Die Ausbreitung des Islam – eine Geschichtskarte auswerten**
   a) Nenne anhand der Karte M1 die verschiedenen Phasen der Ausbreitung des Islam. Ziehe dazu auch den Infotext (Abschnitt 2) heran.
   b) Erstelle eine Liste mit den heutigen Ländern, die die Araber in den unterschiedlichen Phasen ihrer Expansion ganz oder zum Teil beherrscht haben. Nutze dazu gegebenenfalls einen Erdkundeatlas.
   ↝ M1, Infotext M3, Erdkundeatlas
3. **Die islamische Welt – ein neuer Kulturkreis**
   a) Erkläre mit eigenen Worten den Begriff „Islam“.
   b) Erläutere den grundlegenden Wandel, der durch das Aufkommen des Islam bewirkt wurde.
   c) Zeige, welche Bedeutung die islamische Welt für die christliche Welt hatte.
   d) Informiere dich, welche Rolle der Islam in deiner persönlichen Umgebung spielt.
   ↝ Infotext M3

Das Frankenreich entsteht

Wie entsteht ein großes Reich? Auf diese Frage gibt es keine allgemeingültige Antwort, jedoch stellt die Entstehung des Frankenreichs ein lehrreiches Beispiel dar. Wie kam es dazu, dass das Frankenreich die Nachfolge des römischen Imperiums antreten konnte?

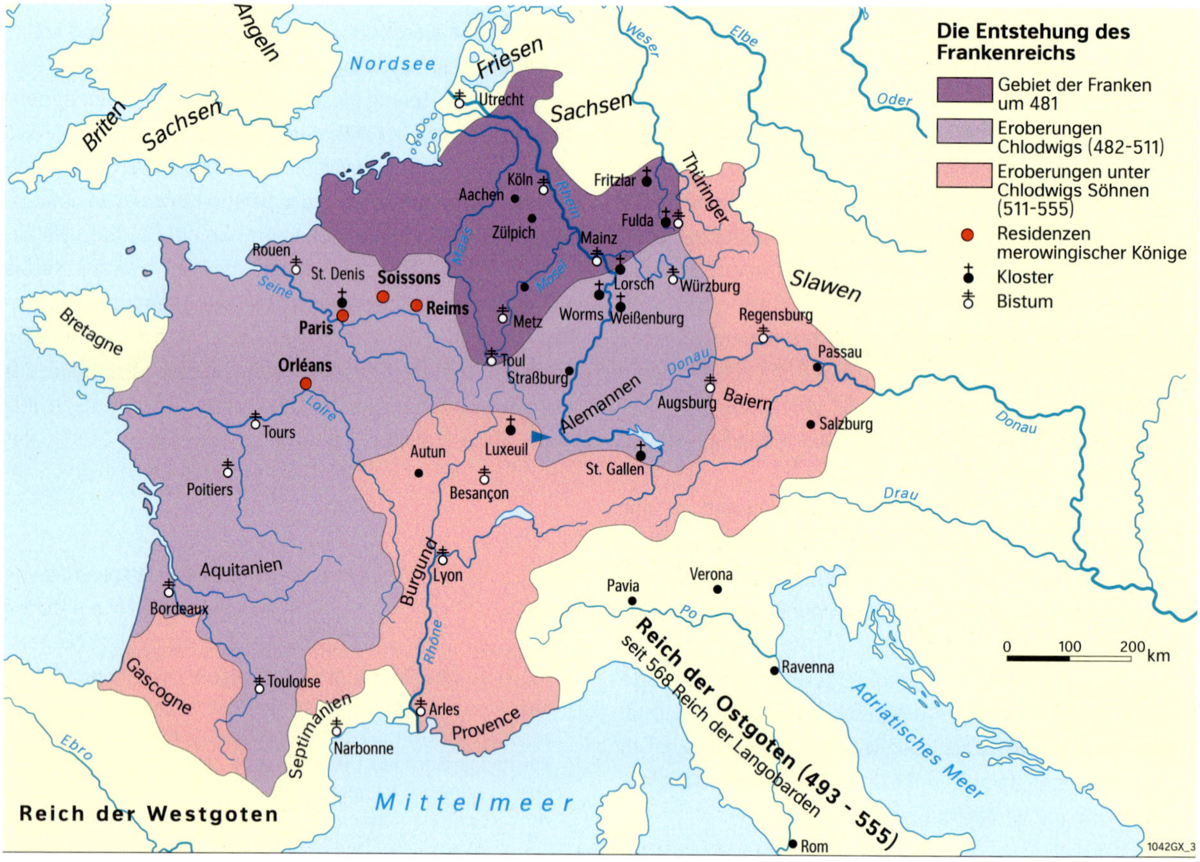

M 1 Das Frankenreich der Merowinger

Aufgaben

1. Die Entstehung des Frankenreichs – eine Geschichtskarte auswerten

a) Beschreibe anhand der Karte M1 die Ausdehnung des Frankenreichs.

b) Nenne die heutigen Staaten, die auf dem Gebiet des ehemaligen Frankenreichs liegen.

↝ M1

2. Die Entstehung des Frankenreichs – den Infotext auswerten

a) Im Infotext M2 werden verschiedene Gründe für die Entstehung des Frankenreichs aufgezählt. Finde für die einzelnen Punkte geeignete Überschriften.

b) Schreibe diese Überschriften auf Zettel und ergänze sie jeweils um einige inhaltliche Stichworte.

c) Gestalte mithilfe der Blätter ein Schaubild zur Frage: „Warum kam es zum Aufstieg des Frankenreichs?“

↝ M2

M 2 Das Frankenreich entsteht – Infotext

1. Chlodwig und die Merowinger:

Nach dem Untergang des Weströmischen Reiches war die Situation im Norden zunächst unübersichtlich. Die Volksgruppen der Völkerwanderungszeit errichteten viele kleine Herrschaften, aus denen sich aber bald ein großes Reich entwickelte: das Frankenreich, in dessen Tradition sich auch das heutige Frankreich sieht.

2. Ein neues Großreich:

Die Grundlagen für die **Reichsbildung der Franken um 500** legte der zu dieser Zeit regierende Chlodwig. Er stammte aus dem Geschlecht der Merowinger, deren Stammvater der König Merowech war. Innerhalb von etwa 50 Jahren konnten Chlodwig und seine Söhne durch Feldzüge und Verhandlungen ihr Gebiet um ein Vielfaches vergrößern. Dies hatte mehrere Gründe.

- Die fränkischen Stammesführer bzw. Kleinkönige verbündeten sich zwar häufig gegen die Römer, führten aber in wechselnden Bündnissen auch untereinander Kriege. Chlodwig war ein außerordentlich erfolgreicher Feldherr und ein machtbewusster Stammesführer. Bei der Durchsetzung seiner Herrschaft schreckte er auch vor Intrigen nicht zurück. So gelang es ihm, andere Könige zu entmachten.

- Als Herrscher über ein großes Gebiet musste Chlodwig besondere militärische Fähigkeiten und politisches Geschick besitzen. Die Germanen glaubten daran, dass ihre Anführer ein sogenanntes „Königsheil" verkörperten, das neben Klugheit und Kraft auch übernatürliche Eigenschaften wie Unverwundbarkeit umfasste. Sichtbarer Ausdruck dieser besonderen Stellung waren lange Haare. Die Macht eines Königs beruhte auf seinem Grundbesitz, den er durch Eroberungen erwarb und den Untergebene bewirtschafteten, die seiner Schutzherrschaft unterstanden.

- Da Chlodwig das anwachsende Frankenreich bald nicht mehr allein regieren konnte, war er auf Berater und Gefolgsleute angewiesen, die seine Herrschaft anerkannten und ihn unterstützten.

- Aufgrund der Nähe zum Römischen Reich bestanden zwischen Römern und Franken trotz aller Konflikte immer auch friedliche Kontakte – Chlodwigs Vater Childerich stand sogar in römischen Militärdiensten. Die Vermischung der fränkischen Oberschicht mit der Oberschicht der ehemaligen römischen Provinz Gallien ließ eine neue Adelsschicht entstehen.

- Der enge Kontakt mit den Römern führte auch dazu, dass sich die Franken an der römischen Verwaltung orientierten und dass die Schriftlichkeit beim Regieren eine zunehmende Bedeutung gewann. Chlodwig befahl sogar, das Recht der Franken nach römischem Vorbild auf Latein in einem Rechtsbuch niederzuschreiben.

- Wichtig für die Reichsbildung der Franken war schließlich auch, dass sich Chlodwig unter dem Einfluss seiner Frau taufen ließ. Seinem Beispiel folgten viele seiner Gefolgsleute und Schutzbefohlenen, wodurch sich das Christentum im Frankenreich immer stärker verbreitete. Die gemeinsame Religion führte zu einem Zusammengehörigkeitsgefühl als Volk, wobei sich römische Bewohner der ehemaligen Provinz Gallien und die Mitglieder der fränkischen Stämme immer mehr aneinander anglichen. Der Herrscher an ihrer Spitze wurde nicht „König des Frankenreiches", sondern „König der Franken" („rex francorum") genannt.

Die Ausdehnung des Frankenreiches war die Voraussetzung dafür, dass im Westen wieder ein Kaiserreich entstehen konnte, jedoch wurde dieses nicht unter den Merowingern, sondern erst unter deren Nachfolgern, den Karolingern, errichtet.

M 3 Ein merowingischer König

Das Siegel zeigt einen Herrscher mit langen Haaren – dem Zeichen für das Königsheil. An der Verwendung von Siegeln kann man zugleich erkennen, dass die Schriftlichkeit bei der Verwaltung des Reiches immer wichtiger wurde.

Chlodwig und die Entstehung des Frankenreichs – schriftliche Quelle auswerten

M 4 Die Taufe Chlodwigs

a) Der Bischof Gregor von Tours schrieb um 575 „Zehn Bücher Geschichte", eine Geschichte der Franken, in der er, beginnend mit der Entstehung der Welt, v. a. die Zeit des frühen Frankenreiches ausführlich beschrieb. Er wurde um 540 geboren und entstammte dem römischen Adel in Gallien. Gregor berichtet über die Schlacht Chlodwigs gegen den Stamm der Alemannen 496/97:

Als die beiden Heere zusammenstießen, kam es zu einem gewaltigen Blutbad, und Chlodwigs Heer war nahe daran, völlig vernichtet zu werden. Als er das sah, erhob er seine Augen zum Himmel, sein Herz wurde gerührt, seine Augen füllten sich mit Tränen und er sprach: „Jesus Christus, Chrodechilde [Chlodwigs Frau] verkündet, du seiest der Sohn des lebendigen Gottes. Man sagt, du gebest Hilfe den Bedrängten und Sieg den auf dich Hoffenden. Dich flehe ich demütig an um deinen mächtigen Beistand. Gewährst du mir jetzt den Sieg über diese meine Feinde und erfahre ich so jene Macht, die das Volk, das deinem Namen sich weiht, an dir erprobt zu haben rühmt, so will ich an dich glauben und mich taufen lassen auf deinen Namen [...]."
Und da er solches gesprochen hatte, wandten die Alemannen sich und fingen an zu fliehen.

b) Über die Taufe Chlodwigs berichtet Gregor:

Zuerst verlangte der König vom Bischof getauft zu werden. Er ging [...] zum Taufbade hin, sich rein zu waschen von dem alten Aussatz und sich von den schmutzigen Flecken, die er von alters her gehabt, in frischem Wasser zu reinigen. Als er aber zur Taufe hintrat, redete ihn der Heilige Geist mit beredtem Munde so an: „Beuge still deinen Nacken, Sicamber [Franke], verehre, was du verfolgtest, verfolge, was du verehrtest." [...] Also bekannte der König den allmächtigen Gott als den dreieinigen, und ließ sich taufen im Namen des Vaters, des Sohnes und des Heiligen Geistes, und wurde gesalbt mit dem heiligen Öl unter dem Zeichen des Kreuzes Christi. Von seinem Heer aber wurden mehr als dreitausend getauft.

Zit. nach: Lutz E. v. Padberg, Die Christianisierung Europas im Mittelalter, Stuttgart: Reclam 1998, S. 230 f.

M 5 „Bischof Remigius von Reims tauft Chlodwig"

Ausschnitt aus einem Bildteppich, flämisch, um 1523/31. Aus einer Serie von sechs Bildteppichen zur „Historie de Saint Remi", Standort: Musée Saint-Rémi, Reims (Frankreich).

Zusatzaufgabe: Grabbeigaben – Funde und Rekonstruktion vergleichen

M 6 **Grabbeigaben**

In einem gut erhaltenen Grab eines merowingischen Adligen in Planig bei Bad Kreuznach befanden sich diese Beigaben.

M 7 **Ein Rekonstruktionsversuch**

Aufgrund der Funde kann man sich einen merowingischen Krieger so vorstellen.

Aufgaben

1. Die Taufe Chlodwigs

a) Erläutere die Gründe, die zur Bekehrung Chlodwigs führten, und beurteile Chlodwigs Verhalten.

b) Erkläre, warum die Taufe Chlodwigs so bedeutsam für die Reichsbildung der Franken war. Ziehe dazu auch den Infotext M2 heran.

c) Benenne die Herkunft und den Beruf des Autors von M4. Erläutere, welche Sichtweise er hatte und wieso er das Ereignis in der vorliegenden Form darstellte.

d) Gregor schrieb über Vorgänge, die sich vor seiner Geburt ereignet hatten. Erläutere die Gründe dafür, dass er die Szenen so genau beschreiben konnte.

e) Untersuche, ob die Abbildung M5 als Quelle gelten kann.

→ M4, M5, Infotext M2

2. Grundlagen der Herrschaft

Zeige, welche germanischen, christlichen und römischen Elemente im Frankenreich zusammenwirkten.

→ M1, Infotext M2, M3 –M7

3. Grabbeigaben – Zusatzaufgabe

a) Stelle mögliche Gründe dafür zusammen, dass den Toten Beigaben ins Grab gelegt wurden.

b) Suche die im Grab von Planig gefundenen Gegenstände auf der Rekonstruktionszeichnung. Nenne diejenigen Teile der Ausrüstung, die durch die Funde nicht belegt sind. Suche dafür eine Erklärung.

→ M6, M7

Ein neues Kaiserreich

An Weihnachten im Jahr 800 wurde **Karl der Große** in Rom zum **Kaiser** gekrönt. Damit wurde das Römische Reich erneuert. Welche Gemeinsamkeiten hatten das römische und das mittelalterliche Kaisertum? Und worin unterschieden sie sich?

M 1 Das Reich Karls des Großen (768–814)

Aufgaben

1. **Das Reich Karls des Großen – mit einer Geschichtskarte arbeiten**
   a) Erschließe die Geschichtskarte im Hinblick auf die Ausdehnung des Frankenreiches. Verwende dafür den Trainingskasten „Erschließung von Geschichtskarten" auf Seite 30.
   b) Nenne die wichtigsten heutigen Länder, deren Regionen das Reich Karls des Großen umfasste.
   → M1 und Seite 30

2. **Ein neues Kaiserreich**
   Stelle die Voraussetzungen zusammen, die das Kaisertum Karls ermöglichten. Werte dafür den Infotext M2 aus (insbes. Abschnitte 2 und 4).
   → M2

M 2 Ein neues Kaiserreich – Infotext

1. Der Aufstieg der Karolinger:

Karl gehörte zur Familie der Karolinger. Diese waren zunächst die „Hausmeier“ der Merowinger gewesen, also die Leiter der königlichen Verwaltung und die wichtigsten Berater der fränkischen Könige. Der Begriff „Hausmeier“ leitet sich vom lateinischen „maior domus“ („Vorsteher des Hauses“) ab. Mit der Zeit wurden die Karolinger aber immer einflussreicher, bis schließlich Karls Vater, der Karolinger Pippin, den letzten Merowingerkönig absetzte und sich selbst zum König der Franken machte.

2. Karls Regierungsweise:

Als Karl König wurde, setzte er die Eroberungen fort. Um sein Reich nach außen zu schützen, richtete Karl Grenzmarken ein, die besonders befestigt waren und in denen sogenannte Markgrafen in seinem Namen regierten. Grafen waren aber auch im Inneren eine wichtige Hilfe für Karl: Sie handelten im Auftrag des Königs, sprachen Recht und sorgten für militärischen Schutz. Daneben gab es Königsboten, die im ganzen Reich unterwegs waren. Sie hatten dafür Sorge zu tragen, dass die königlichen Beschlüsse ausgeführt wurden. Auch Karl selbst war viel in seinem Reich unterwegs, da er sein Amt in der Form des sogenannten Reisekönigtums ausübte. Dabei zog er mit seinem Hofstaat von Ort zu Ort, um das Reich zu verwalten, Recht zu sprechen, die lokalen Herrscher zu kontrollieren und persönliche Verbindungen zu pflegen.
Karls bevorzugter Aufenthaltsort war Aachen. Hier ließ er einen prunkvollen Herrschaftssitz errichten. Diese Pfalz, abgeleitet vom lateinischen Wort „palatium“ („Palast“), gilt als Symbol für die Macht des Frankenreiches unter Karls Herrschaft. In Karls Regierungszeit von 768 bis 814 n. Chr. erreichte das Frankenreich seine größte Ausdehnung.

3. Karl wird Kaiser:

Die Kaiserkrönung Karls des Großen wurde zu Weihnachten im Jahr 800 in Rom vollzogen. Dieses Ereignis hatte eine Vorgeschichte: Als die Karolinger das Königtum von den Merowingern übernahmen, hatten sie dafür auch die Unterstützung des Papstes gesucht, was sich auf das Selbstverständnis ihres Königtums auswirkte. Die Herrschaft wurde fortan mit einer „Einsetzung durch Gott“ begründet, die Könige herrschten also „von Gottes Gnaden“. Karl wurde schließlich so mächtig, dass er die Nachfolge der römischen Kaiser antreten konnte.
Sein Kaisertum stand einerseits in der Tradition des Römischen Reiches, wofür der Gedanke der Übertragung des Imperium Romanum auf den neuen Herrscher entwickelt wurde. Dieses Konzept wird lateinisch auch „translatio imperii“ genannt. Andererseits galt der Kaiser als „von Gott eingesetzt“, was durch die päpstliche Salbung und durch die Bezeichnung „Heiliges Römisches Reich“ verdeutlicht wurde.
Neben den Papst, das geistliche Oberhaupt der Christenheit, trat nun der Kaiser als weltliches Oberhaupt. Das Verhältnis dieser beiden „Universalgewalten“ zueinander bestimmte in den folgenden Jahrhunderten in wesentlicher Form die Geschichte des Mittelalters.

Grundlegende Begriffe

Karl der Große (747–814 n. Chr.)

Als König erweiterte Karl das fränkische Reich. Karl stand in einem engen Schutz- und Vertrauensverhältnis zum Papst in Rom. Hieraus folgte die Erneuerung der Kaiseridee zu Weihnachten 800. Karl galt bereits im Mittelalter als bedeutender König und Kaiser.

Kaiser

Nach Caesars Ermordung führte dessen Adoptivsohn Oktavian, mit dem das römische Kaisertum begann, den Beinamen „Caesar“. Daraus entwickelte sich der Begriff „Kaiser“. Seither führten alle Herrscher des Römischen Reichs die Kaisertitel Caesar, Augustus und Imperator. Im Mittelalter wurde dieser Titel weiterverwendet. Allerdings spielte dann das christliche Selbstverständnis der Herrscher eine Rolle. Die Kaiser beriefen sich darauf, von Gott eingesetzt worden zu sein.

M 3 Außenansicht der Pfalzkapelle in Aachen

Der achteckige Grundriss der Pfalzkapelle ist trotz der späteren Anbauten noch deutlich erkennbar, heutiger Zustand.

Die Kaiserkrönung – zwei Sichtweisen

M 4 Berichte von der Kaiserkrönung in Rom

a) Die Sicht des Papstes findet sich in einer Sammlung von Lebensbeschreibungen der Päpste:

Am Tag der Geburt unseres Herrn Jesu Christi waren alle in der schon genannten Basilika des heiligen Apostels Petrus wiederum versammelt. Und da krönte ihn der ehrwürdige und segenspendende Vorsteher [Papst] eigenhändig mit der kostbaren Krone. Darauf riefen alle gläubigen und getreuen Römer, die den Schutz und die Liebe sahen, die er der römischen Kirche und ihrem Vertreter gewährte, einmütig mit lauter Stimme auf Gottes Geheiß und des heiligen Petrus, des Himmelreiches Schlüsselträger, Eingebung aus: Dem heiligsten Augustus Karl, dem großen, von Gott gekrönten und Frieden bringenden Kaiser Leben und Sieg! Vor der heiligen Confessio des seligen Petrus ist das, unter Anrufung vieler Heiliger, dreimal ausgerufen worden, und von allen ist er als Kaiser eingesetzt worden. Auf der Stelle salbte der heilige Vorsteher und Oberpriester mit heiligem Öl Karl, seinen hervorragendsten Sohn, an demselben Tage der Geburt unseres Herrn Jesu Christi zum König.

b) Die Lebensbeschreibung Einhards liefert folgende Version:

Seine letzte Reise nach Rom hatte mehrere Gründe. Die Römer hatten Papst Leo schwer misshandelt, ihm die Augen ausgestochen und die Zunge ausgerissen, sodass er sich gezwungen sah, den König um Schutz zu bitten. Daher begab sich Karl nach Rom, um die verworrenen Zustände der Kirche zu ordnen, das dauerte den ganzen Winter. Bei dieser Gelegenheit erhielt er den Kaiser- und Augustustitel, der ihm anfangs so zuwider war, dass er erklärte, er würde die Kirche selbst an jenem hohen Feiertage nicht freiwillig betreten haben, wenn er die Absicht des Papstes geahnt hätte. Die Eifersucht der oströmischen Kaiser, die ihm die Annahme der Titel schwer verübelten, ertrug er dann allerdings mit erstaunlicher Gelassenheit.

Zit. nach: Wilfried Hartmann (Hg.), Deutsche Geschichte in Quellen und Darstellung Bd. 1: Frühes und hohes Mittelalter 750–1250, Stuttgart: Reclam 1995, S. 53 f., 56 f.

M 5 Antikes und mittelalterliches Kaisertum im Vergleich – Infotext

Das Kaisertum Karls knüpfte bewusst an das römische Kaisertum an, aber es gab auch eine Reihe von Unterschieden. Beide Reiche erhoben einen universalen Anspruch, wollten also Weltreiche sein, auch wenn sie „nur" begrenzte Gebiete beherrschten. Das antike Römische Reich beherrschte den weiteren Mittelmeerraum, das Heilige Römische Reich hingegen Regionen Mittel- und Westeuropas. Während die antiken römischen Kaiser ihr Amt per Verkündigung übernahmen, vollzog im Mittelalter der Papst die Kaiserkrönung und brachte so auch die neue Rechtfertigung der Herrschaft zum Ausdruck: Mittelalterliche Kaiser herrschten „von Gottes Gnaden", wohingegen die antiken römischen Kaiser für sich selbst einen göttlichen Rang beanspruchten, bevor das Christentum zur Staatsreligion erhoben wurde. Schließlich existierte für die mittelalterlichen Kaiser neben dem Papst in Rom auch im fortbestehenden Oströmischen Reich eine christliche Machtkonkurrenz.

M 6 Statue Karls des Großen

Sie entstand um 870 n. Chr.

Vergleich antikes/mittelalterliches Kaisertum

M 7

	antikes Kaisertum	mittelalterliches Kaisertum
Zentrum der Herrschaft	Mittelmeerraum	
Rechtfertigung der Herrschaft		
Einsetzung		
Herrschaftsanspruch		
Konkurrenten		

M 8

keine Konkurrenz

gottgleiche Stellung, später Berufung auf Gott

von Gottes Gnaden

Weltherrschaft

Oströmisches / Byzantinisches Kaiserreich

Krönung durch Papst

West- und Mitteleuropa

Mittelmeerraum

Ausrufung

Weltherrschaft

Aufgaben

1. Vergleich antikes/mittelalterliches Kaisertum

a) Übertage die Tabelle M7 in dein Heft.

b) Ergänze deine Tabelle, indem du die passenden Begriffe aus M8 einfügst. Ziehe dazu auch den Infotext M5 heran.

M7, M8, Infotext M5

2. Krönungsberichte vergleichen

a) Vergleiche die beiden Krönungsberichte und gehe dabei auch auf die Rollen ein, die der Papst, die Römer und Karl bei der Krönung jeweils spielten.

b) Erläutere mögliche Gründe für die Unterschiede zwischen den beiden Berichten.

M4

3. Die Beurteilung Karls – Zusatzaufgabe

a) Stelle in einer Tabelle Argumente zusammen, die es rechtfertigen, Karl als „den Großen“ zu bezeichnen, und Argumente, die dagegen sprechen.

b) Informiere dich mithilfe des Internets über fünf weitere Herrscher, die einen Beinamen tragen. Recherchiere die jeweiligen Hintergründe.

M1–M7, Internet

Jerusalem: eine Stadt – viele Religionen

Am Morgen beim Frühstück hörst du im Radio, dass es Unruhen in Jerusalem gegeben hat. Wie jeden Morgen muss es auch heute schnell gehen und du kommst nicht mehr dazu, mit deinen Eltern darüber zu sprechen. In der Schule fragst du dann deine Banknachbarn, warum es in Jerusalem eigentlich so viel Streit gibt. Als keiner so genau Antwort weiß, kommt dir eine Idee: „Warum nicht einfach Tante Hanna fragen? Sie ist ja Geschichtslehrerin und war schließlich schon oft in Jerusalem …"

Tante Hanna wohnt in Berlin und ist meist viel unterwegs, deshalb schreibst du ihr gleich nach der Schule eine E-Mail mit deiner Frage. Deine Banknachbarn hast du „cc" gesetzt, sodass sie mitlesen können. Schon am Nachmittag erhaltet ihr Antwort.

M 1

Senden | Jetzt speichern | Entwurf löschen

Cc hinzufügen | Bcc hinzufügen

Betreff:

Hallo Ihr Drei,

warum es so viel Streit um Jerusalem gibt, liegt kurz gesagt an der Stadtgeschichte, die sehr vielschichtig ist. Denn sowohl Juden, Christen als auch Muslime – das sind ja die drei monotheistischen Weltreligionen – haben einen sehr engen Bezug zu Jerusalem. Alle haben hier heilige Stätten, also Orte, die sie immer wieder besuchen, um ihre Religion zu leben. Und obwohl alle drei Religionen an einen Gott glauben, behauptet jede, den eigentlich richtigen zu verehren. Und das hat in den letzten 2000 Jahren schon zu viel Streit geführt und sehr vielen Menschen auch das Leben gekostet.

Aber zurück zu Jerusalem: Die Altstadt von Jerusalem umfasst nur etwa 1 Quadratkilometer, ist also sehr klein mit vielen engen Gassen. Und gerade hier stehen die verschiedenen Heiligtümer der Religionen. Jetzt fragt Ihr Euch sicherlich, warum sich alle drei Religionen denn denselben Ort ausgesucht haben? Das liegt an der Geschichte der Stadt – dort haben die Kulturen und Religionen nach und nach ihre Spuren hinterlassen.

Ich habe Euch drei Arbeitsblätter mit Lückentext angehängt, die ich gerade mit meiner Klasse bearbeite. Damit könnt Ihr selbst Spuren der drei Religionen in Jerusalem entdecken. Viel Spaß beim Lösen.

Herzliche Grüße Hanna

Aufgaben

Aufgabe 1

a) Fasst die fünf wichtigsten Aspekte zu Jerusalem aus Hannas Antwort in Stichpunkten zusammen.

b) Bildet Dreiergruppen und teilt die drei folgenden Texte untereinander auf. Setzt die Wörter in eurem Text jeweils so ein, dass es den richtigen Sinn ergibt.

→ Text, M2 – M4

M 2 Der zweite Tempel

Bereits König a errichtete in b einen Tempel für den Gott c. Dieser Tempel machte Jerusalem zur zentralen heiligen Stätte des jüdischen Volkes. Nachdem dieser erste Tempel bereits d vom babylonischen König e zerstört und das jüdische Volk nach f mitgenommen worden war, errichteten die Juden nach ihrer Rückkehr in die Stadt einen zweiten Tempel. Dieser Tempel wurde unter König g als prächtige h ausgebaut. Als die Römer dann i die Stadt nach dem Jüdischen Krieg erneut zerstörten, blieben nur noch die gewaltigen Grundmauern stehen. Den westlichen Teil dieser Mauern hast du vielleicht schon einmal gesehen. Es ist heute eine bekannte Gebetsstätte für Juden, die j.

1. Suche die richtigen Begriffe und ordne die Zahlen den Buchstaben zu.
   Hinweis zur Lösung: Verwende das Kapitel „Juden im Römischen Reich“

1) Tempelanlage, 2) Jahwe, 3) Babylon, 4) Jerusalem, 5) 587 v. Chr. , 6) Salomon, 7) Herodes, 8) Nebukadnezar, 9) 70 n. Chr., 10) „Klagemauer“

M 3 Die Grabeskirche

Unter der a Herrschaft in Judäa kam ein junger Mann vom nördlich gelegenen See Genezareth als Prediger nach b – das war c. Die Römer hielten ihn für einen d, schlugen ihn vor der damaligen Stadt auf dem Hügel e ans Kreuz und bestatten ihn dort. Zunächst errichtete Kaiser f hier einen Tempel für g, um eine christliche Kultstätte zu verhindern. Doch h der Große ließ als Christ eine Kirche errichten, die „Grabeskirche“. Heute ist dieser Ort eine der bedeutendsten christlichen Pilgerstätten, gerade am Karfreitag zur Osterzeit. Auf der „via dolorosa“ (der Leidensweg) erinnern dann gläubige Christen an den letzten Gang von Jesus. Sechs i Konfessionen teilen sich die Grabeskirche, was auch manchmal zum Streit führt. Damit der Zugang zur Glaubensstätte in neutralen Händen liegt, verwahren zwei muslimische Familien die Schlüssel.

1. Suche die richtigen Begriffe und ordne die Zahlen den Buchstaben zu.
   Hinweis zur Lösung: Verwende das Kapitel „Die Römer werden Christen“

1) Unruhestifter, 2) christliche, 3) Jerusalem, 4) Jesus, 5) Hadrian, 6) Konstantin, 7) Aphrodite, 8) römischen, 9) Golgatha

M 4 Der Felsendom

Nach dem a soll der Prophet und Gründer des Islam, b, in einer Nacht mit seinem Reittier c nach Jerusalem geritten sein. Hier soll er seine Himmelfahrt begonnen haben, um die Offenbarungen zu erhalten. Denn ebenso wie Juden und Christen glauben Muslime, dass sie von d abstammen. Während sein jüngster Sohn Isaak als Stammvater der Juden angesehen wird, soll Ismael als ältester Sohn der Stammvater der Muslime sein. In allen drei e Religionen heißt es, dass Abraham seinen Sohn (Isaak bzw. Ismael) als Gottesbeweis opfern sollte. Als dieser in treuem Gottesglauben zur Tat schritt, konnte er durch einen f gerade noch davon abgehalten werden. Der Ort, an dem dies geschehen sein soll, ist der Felsen, der im g Tempelbezirk der Juden oberhalb der h liegt und heute vom goldglänzenden i überragt wird – eines der Hauptheiligtümer des Islam.

1. Suche die richtigen Begriffe und ordne die Zahlen den Buchstaben zu.
   Hinweis zur Lösung: Verwende das Kapitel „Der Islam“

1) „Felsendom“, 2) Abraham, 3) Koran, 4) „Klagemauer“, 5) Buraq, 6.) Mohammed, 7) monotheistischen, 8) ehemaligen, 9) Engel

Aufgaben

Aufgabe 2

a) Erzählt euch gegenseitig, was ihr mithilfe eures Textteils herausgefunden habt. Berichtet jeweils euren beiden Mitschülern aus eurem Textabschnitt.

b) Jetzt wisst ihr schon viel über Jerusalem. Doch wie sehen die genannten Bauwerke aus und wo befinden sie sich in der Stadt? Ordnet auf der Grundlage der Texte die Bilder auf den folgenden Seiten den Gebäudenamen zu und sucht diese in der Karte.

c) Begründet eure Zuordnung.
   Text, M5 – M8 (nächste Doppelseite)

M 5

M 6

M 7

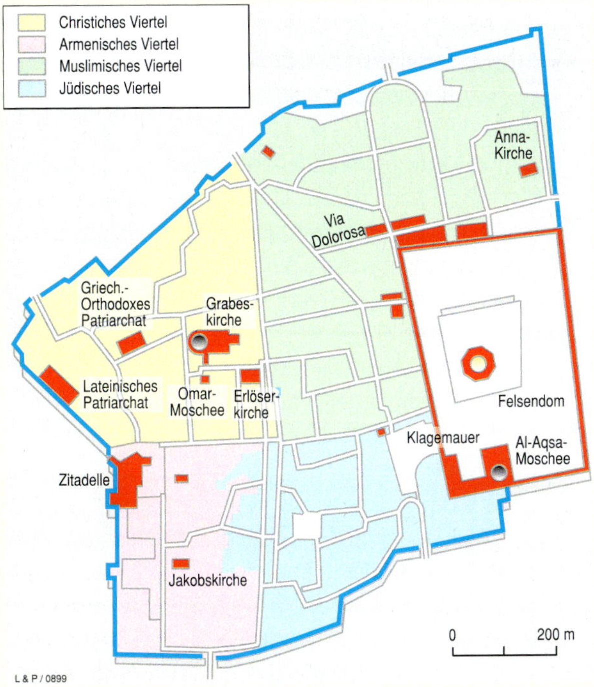

M 8

Aufgaben

Aufgabe 3

a) Auf der Seite www.abenteuer-jerusalem.de erfahrt ihr viele Einzelheiten über die Alt- und Neustadt sowie die Umgebung von Jerusalem. Wählt euch zu dritt weitere drei bedeutende Gebäude aus (jeder ein Gebäude).

b) Fasst die wichtigsten Informationen zu eurem gewählten Gebäude zusammen.

c) Gestaltet selbst einen Lückentext für Tante Hanna. Testet euren Lückentext bei euren Nachbarn.

d) Formuliert eine Antwort an Tante Hanna. Berücksichtigt dabei die Ausgangsfrage: Warum gibt es in Jerusalem so viel Streit?

Internet

500 n. Chr. 600 700 800 900 1000 1100 1200 1300 1400 1500 1600 1700 1800 1900 2000

Antike | Mittelalter | Frühe Neuzeit | Neuzeit | Gegenwart

Epochenwende

Oft lässt sich erst im historischen Rückblick begründet einschätzen, an welcher Stelle sich im Verlauf der Geschichte grundsätzliche Veränderungen vollzogen haben. Der Übergang von der Antike zum Mittelalter stellt eine derartige Veränderung dar. Was blieb gleich und was änderte sich?

M 1

	Antike	Mittelalter
Politik		
Gesellschaft		
Wirtschaft		
Kultur		

M 2 Altes und Neues – Infotext

Bei einer genaueren Betrachtung des Übergangs von der Antike zum Mittelalter um das Jahr 500 fällt auf, dass sich manche Veränderungen relativ langsam vollzogen haben. Vieles blieb sogar gleich, und andere wichtige Entwicklungen setzten erst später ein: So bestand das Oströmische Reich noch bis 1453 fort, und der Islam entstand erst im 7. Jahrhundert.

- Politisch entstand mit dem Frankenreich eine Herrschaft, die bewusst das Römische Reich fortführte und sich daher später auch Heiliges Römisches Reich nannte. An der Spitze stand ein König, später ein Kaiser. Neu war im Mittelalter die Rolle des Adels, der über bestimmte Gebiete und die dort lebenden Menschen eigenmächtig herrschte und seine gesellschaftliche Stellung vererbte.

- So entwickelte sich eine ständische Gesellschaft, in der der Einzelne in eine bestimmte soziale Gruppe hineingeboren wurde und – von Ausnahmen abgesehen – zeit seines Lebens verblieb. Ungleichheit und Unfreiheit hatten schon im Römischen Reich geherrscht, nun aber wandelten sich deren Formen: In einem langen Prozess entstand aus der Gruppe der rechtlosen Sklaven und der abhängigen Landarbeiter im Römischen Reich die Gruppe der unfreien Bauern im Frankenreich.

- Auf wirtschaftlichem Gebiet blieb nach wie vor die Landwirtschaft bestimmend, wobei der Grad an wirtschaftlicher Verflechtung, wie er zur Blütezeit des römischen Imperiums geherrscht hatte, erst wieder erreicht werden musste. Auch wenn die Straßen im Mittelalter nicht mehr gepflegt, geschweige denn ausgebaut wurden, blieb das römische Straßensystem noch für eine lange Zeit die entscheidende Grundlage jeglicher Mobilität zu Lande. Im Hinblick auf die römischen Thermen, die Wasserversorgung oder die Stadtplanung konnte der in Rom und in den Zentren des römischen Imperiums zuvor herrschende zivilisatorische Standard im Mittelalter jedoch nicht wieder erreicht werden.

- Kulturell wirkten zahlreiche Errungenschaften der Römer fort. Latein war auch im Mittelalter die Sprache der Gebildeten und die Schriften der Antike wurden weiter gelesen oder wiederentdeckt. Vor allem war das Christentum, das im Römischen Reich Staatsreligion geworden war, zentral für das Weltbild der Menschen.

Info

Epoche

Epoche (griechisch), eigentlich der Zeitpunkt eines Ereignisses, Wendepunkt; heute meist für „Zeitraum, Periode" gebraucht. In der Geschichte der durch ein herausragendes Ereignis oder eine Person gekennzeichnete geschichtliche Zeitraum.

Zit. nach: dtv-Lexikon, Bd. 6, München: dtv Verlagsgesellschaft 2006, S. 237.

M 3 Epochenwende – Infotext

1. Eine neue Epoche: Das Mittelalter:

„Mittelalter" ist ein Begriff, der erst im 16. Jahrhundert, also nach dem Ende des Mittelalters aufgekommen ist. Damals glaubten viele Menschen, am Beginn einer neuen Zeit, der „Neuzeit", zu leben, was dazu führte, dass die vorangegangenen Jahrhunderte als „mittleres Zeitalter" oder „Mittelalter" betrachtet wurden. Heute bezeichnet der Begriff Mittelalter das Jahrtausend zwischen 500 und 1500, weil sich um diese Jahreszahlen herum jeweils wichtige Neuerungen häuften.

Wenn in der Geschichte tief greifende Wandlungen stattfinden, spricht man von einem epochalen Einschnitt oder Epochenwechsel. Der Übergang von der Antike zum Mittelalter kann als solch eine Veränderung gelten. Dabei ist allerdings zu berücksichtigen, dass diese Charakterisierung nur für Europa gilt – in anderen Gegenden der Welt werden andere Epochen unterschieden.

2. Antike und Mittelalter heute:

Die Menschen haben sich immer wieder mit den früheren Zeiten auseinandergesetzt und sich ein Bild vergangener Epochen gemacht. So galt die Antike als kulturell hochstehende, ja vorbildliche Epoche der Menschheit. Deshalb versuchte man z. B. den Baustil nachzuahmen und errichtete Gebäude, die an antike Tempel erinnerten. Der bayerische König Ludwig I. etwa ließ in der Nähe von Regensburg die Walhalla bauen, eine Ruhmeshalle, in der Büsten berühmter Deutscher versammelt sind.

Antike und Mittelalter sind auch heute noch auf vielfältige Weise gegenwärtig: in Ausstellungen und in Romanen, in Spielfilmen und Computerspielen. Das dabei vermittelte Bild kann korrekt sein, also dem, was Wissenschaftler herausgefunden haben, entsprechen. Es kann aber auch deutlich davon abweichen. So wird die Antike oft als kulturell hochstehende Zeit dargestellt, in der mutige Einzelne ehrenvoll kämpften. Das Mittelalter erscheint demgegenüber als finstere, primitive Epoche, in der nur willkürliche Gewalt herrschte. Ein genauerer Blick zeigt jedoch, dass beide Epochen Licht- und Schattenseiten aufwiesen.

M 4 Die Walhalla bei Regensburg

Die Walhalla gilt als das Hauptwerk aller Kunstschöpfungen des bayerischen Königs Ludwig I. (1825–1848). Der Architekt Leo von Klenze erbaute sie in der Zeit von 1830 bis 1842. Walhalla bedeutet übersetzt „Totenhalle". Ein Platz in der Ruhmeshalle kann für eine bedeutende Persönlichkeit aus der „germanisch-deutschen" Sprachfamilie frühestens 20 Jahre nach dem Tod beantragt werden.

Aufgaben

1. Von der Antike zum Mittelalter

a) Ergänze die Tabelle M1, indem du den Infotext M2 auswertest.

b) Beurteile, ob es berechtigt ist, von einer Epochenwende zu sprechen.

b) Diskutiere, welche Vor- und Nachteile eine Einteilung in Epochen hat.

→ M1, Infotext M2, Info-Kasten

2. Wahrnehmung von Veränderungen

a) Erläutere an Beispielen, welche geschichtlichen Veränderungen du oder deine Familienmitglieder schon erlebt haben.

b) Beurteile, ob es sich dabei um epochale Umbrüche gehandelt hat.

→ Infotext M3

Epochenwende – Grundlegende Daten und Begriffe wiederholen und vertiefen

ab 3000 v. Chr.:
Hochkultur in Ägypten

Kaiser

800:
Kaiserkrönung Karls des Großen in Rom

Jungsteinzeit

König

Diktatur

Christentum

Quelle

Monarchie

5. Jh. v. Chr.:
Blütezeit Athens

Antike

Migration

Islam

Caesar

Limes

Altsteinzeit

um Christi Geburt:
Zeitalter des Augustus

Republik

Judentum

Verfassung

753 v. Chr.:
Mythische Gründung Roms

Pyramide

Senat

Demokratie

Polis

Provinz

Pharao

1. Jh. v. Chr.:
Übergang Roms von der Republik zur Kaiserzeit

Romanisierung

um 500:
Reichsbildung der Franken

Aristokratie

Karl der Große

Mittelalter

Aufgaben

1. Daten und Begriffe – wiederholen

a) Erkläre die einzelnen Daten und Begriffe. Wenn du dir unsicher bist, schlage im Verzeichnis der Fachbegriffe (Seite 224ff.) nach. Du kannst auch im Register nachschlagen, auf welcher Seite die Begriffe im Buch erklärt werden (Seite 229ff.).

b) Prüfe, welche Daten zur Gliederung von Zeiträumen besonders wichtig sind.

c) Untersuche, welche Begriffe nur für die damaligen Epochen wichtig sind, und welche heute noch verwendet werden.

2. Daten und Begriffe – ordnen/strukturieren

a) Übertrage die Daten und Begriffe auf kleine Karten und schreibe auf die Rückseite jeweils eine kurze Erläuterung.

b) Ordne die Begriffe in der richtigen zeitlichen Reihenfolge. Erkläre, welche Begriffe nicht eindeutig zuzuordnen sind.

c) Wähle „Antike“ und „Mittelalter“ als Oberbegriffe aus und ordne die anderen Begriffe zu. Erläutere, welche Begriffe sich nicht eindeutig zuordnen lassen.

d) Ordne die Begriffe unter folgenden Aspekten: Politik, Gesellschaft, Wirtschaft und Kultur. Erläutere, was dir bei dem Ergebnis auffällt.

Zeit des Übergangs

Die Jahre um 500 v. Chr. waren eine Zeit des Übergangs, in der sich viele Veränderungen zeigten: Das Weströmische Reich ging unter und im Mittelmeerraum entstanden neue Herrschaftsgebiete. Aufgrund dieser Ereignisse wird diese Zeit als das Ende der Antike und als Beginn des Mittelalters angesehen. Gleichwohl änderte sich nicht alles – vieles blieb auch erhalten, Altes und Neues überlagerten sich.

Der Begriff „Epoche" bedeutete ursprünglich Halte- oder Wendepunkt. Heute wird er im Sinne von „Zeitalter" verwendet, also für einen längeren historischen Zeitraum wie z. B. die Antike oder das Mittelalter.

„Völkerwanderung" und Dreiteilung der Mittelmeerwelt

Eine Vielzahl von germanischen Stämmen drang auf der Flucht vor den einfallenden Hunnen immer wieder in das Römische Reich ein. Diese Wanderungsbewegung (Migration) bildete eine Ursache für den Untergang des Weströmischen Reiches, weitere Gründe waren der Machtverlust der römischen Kaiser, die Rolle des Heeres sowie soziale und wirtschaftliche Probleme.

Nach dem Untergang des Weströmischen Reiches entstanden drei große Herrschaftsgebiete:

- Das Oströmische Reich blieb als Byzantinisches Reich erhalten.
- In Westeuropa entstand das Frankenreich.
- In Nordafrika bildeten sich islamische Herrschaften.

Im Zuge dieser „Dreiteilung der Mittelmeerwelt" entwickelten sich unterschiedliche Kulturkreise, die bis in unsere heutige Staatenwelt nachwirken und das Leben der Menschen prägen.

Byzantinisches Reich, Frankenreich und islamische Herrschaften

Im Bereich des östlichen Mittelmeers konnte sich fast 1000 Jahre lang das Oströmische Reich behaupten. Es war zwar griechisch geprägt, setzte jedoch die Tradition des Römischen Reiches fort.

Aus den verschiedenen kleinen Herrschaftsgebieten der „Völkerwanderungszeit" ging das Frankenreich hervor, das unter Karl dem Großen seine größte Ausdehnung erreichte. Hier verbanden sich germanische, christliche und römische Elemente zu einer neuen Herrschaftsform. Mit seiner Kaiserkrönung im Jahr 800 n. Chr. beanspruchte Karl, Herr über das Römische Reich zu sein und das Erbe des Imperium Romanum fortzuführen. Er erneuerte das römische Kaisertum.

Zu Beginn des 7. Jahrhunderts stiftete Mohammed in Arabien eine neue Religion: den Islam. Der neue Glaube breitete sich sehr rasch in Vorderasien, in Nordafrika, in Spanien und im Nahen Osten aus. Hier entstanden islamische Herrschaften.

GRUNDLEGENDE DATEN

um 500:
Reichsbildung der Franken

800:
Kaiserkrönung Karls des Großen

GRUNDLEGENDE BEGRIFFE

Islam

Mittelalter

König

Kaiser

Karl der Große

400 n. Chr. | 450 | 500 | 550 | 600 | 650 | 700 | 750 | 800 | 850 | 900

Völkerwanderung

Um 500:
Das Frankenreich entsteht

Das Byzantinische Reich besteht fort

Ausbreitung des Islam

800:
Kaiserkrönung Karls des Großen

07

LEBEN IN DER FAMILIE

Wenn wir heute von „Familie“ sprechen, meinen wir meist eine recht kleine Gruppe von Menschen, die zusammenleben, in der Regel Eltern und Kinder. In einem weiteren Sinn gehören aber alle Menschen, mit denen wir verwandt sind, zu unserer Familie, also auch Großeltern, Tanten, Onkel, Cousins und Cousinen. Von wem wir abstammen, sieht man zumeist auch an unseren Namen: Unser Nachname ist geerbt, in einigen Familien werden sogar Vornamen „weitergegeben“. Was unter einer Familie zu verstehen ist, hat sich im Lauf der Zeit geändert. Deshalb ist es einerseits schwierig, Familien in verschiedenen Epochen miteinander zu vergleichen. Andererseits ist es aber auch sehr interessant, da auf diese Weise deutlich wird, was sich alles geändert hat. Dazu ist es notwendig, bestimmte Fragen zu beantworten, wie z. B.:

- Wer gehörte zu einer Familie?
- Wer durfte wen heiraten?
- Welche Aufgaben hatten die Frauen?
- Welche Aufgaben hatten die Männer?
- Wie wurden die Jungen erzogen?
- Wie wurden die Mädchen erzogen?

Mithilfe dieser Fragen lassen sich die Unterschiede und Gemeinsamkeiten zwischen Familien zu verschiedenen Zeiten herausarbeiten. Im Folgenden werden die Familien in der griechischen und in der römischen Antike mit heutigen Familien verglichen.

M 1 **Familie,** aktuelles Foto
M 2 **Patchworkfamilie,** aktuelles Foto
M 3 **Homosexuelles Paar mit Kind,** Foto, 2016
M 4 **Asylbewerber in Deutschland,** Foto, 2003
M 5 **Bürgerliche Familie 1927,** Foto, 1927
M 6 **Arbeiterfamilie um 1900,** Foto, 1900
M 7 **Reiche Familie im 15. Jh.,** zeitgenössische Zeichnung von Jean Bourdichon
M 8 **Römische Familie,** römischer Grabstein, 1. Jahrhundert n. Chr.

Familie heute

Heute gibt es eine Vielzahl von Familienformen: von der Großfamilie bis hin zu Kindern, die mit nur einem Elternteil zusammenleben. Das macht es schwierig, allgemeine Aussagen zu treffen. In welchen Lebensformen leben die Menschen im heutigen Deutschland?

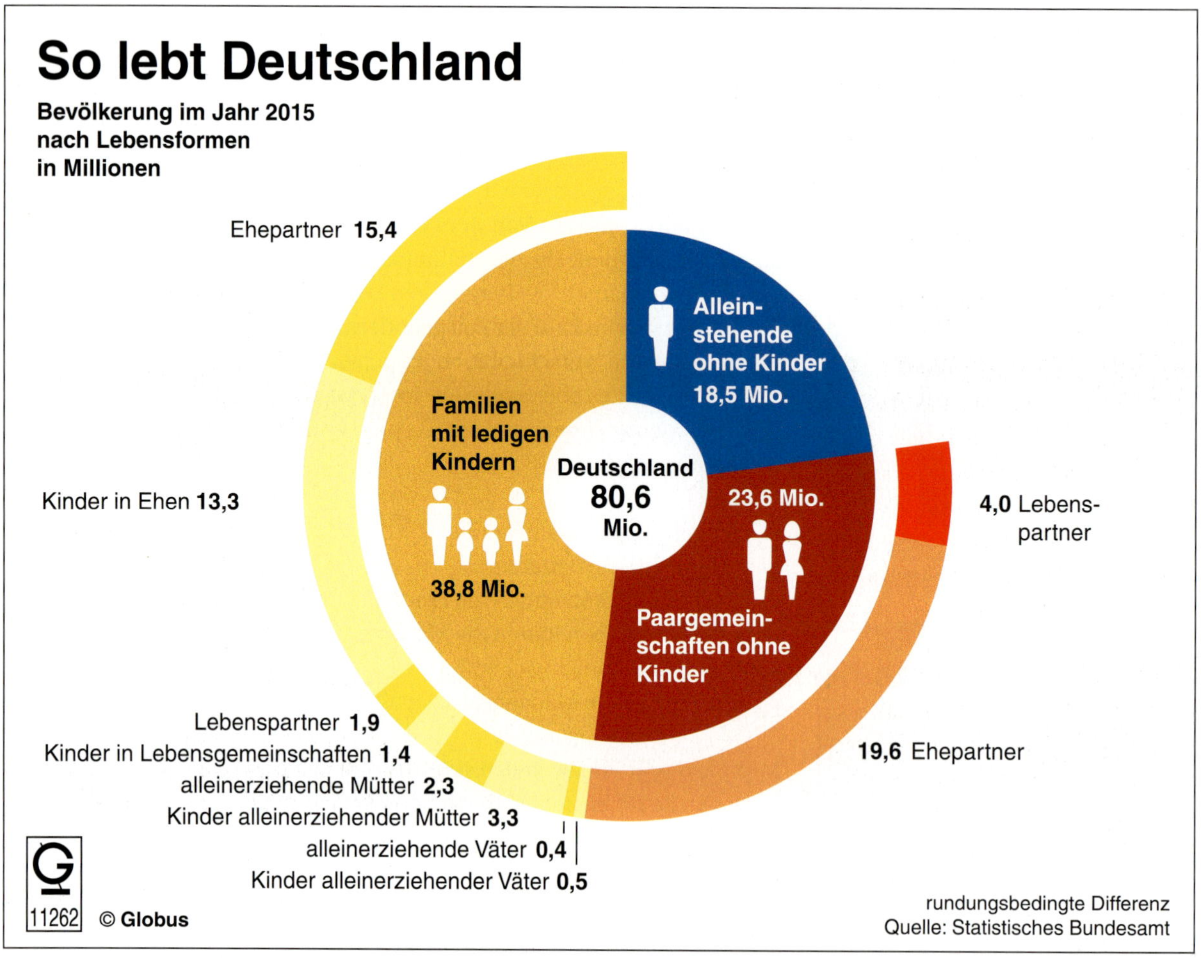

M 1

Info

Familie/Familienpolitik – Eine Definition

Was **Familie** ist, wissen wir natürlich alle: Dazu gehören Eltern, Kinder, Großeltern und die weitere Verwandtschaft. Früher lebte die ganze Familie oft unter einem Dach zusammen. So erklärt sich auch der Begriff „Familie". Er kommt von dem lateinischen Wort „familia" und das bedeutet „Hausgenossenschaft". Solche Großfamilien gibt es heute bei uns nur noch selten. Unter „Familie" versteht man eine Gemeinschaft, in der Erwachsene und Kinder zusammenleben. [...] Unter **„Familienpolitik"** versteht man alles das, was eine Regierung tut, damit es den Familien in einem Staat möglichst gut geht. Dazu gehören zum Beispiel Gesetze, die festlegen, dass Familien mit Kindern nicht so viel Steuern zahlen müssen wie andere Leute. [...] Die Elternzeit soll ermöglichen, dass Mütter und Väter eine Zeitlang weniger in ihrem Beruf arbeiten und sich mehr um ihre kleinen Kinder kümmern können.

https://www.hanisauland.de/lexikon/f/familie.html [letzter Zugriff: 28.5.2018]

M 2 Familie heute – Infotext

Im Jahr 2016 lebten 82,5 Millionen Menschen in Deutschland, die meisten davon in mittelgroßen oder sehr großen Städten. Die Mehrzahl der Kinder und Jugendlichen wächst heute in Kleinfamilien auf. Neben der klassischen Familie, in der Kinder mit ihren verheirateten Eltern leben, gibt es aber auch eine Vielzahl anderer Formen des Zusammenlebens. Dass Eltern mit ihren Kindern zusammenleben, ohne miteinander verheiratet zu sein, ist heute – anders noch als in der Generation der Großeltern – nichts Ungewöhnliches und gesellschaftlich akzeptiert. Eine Famile kann auch durch Adoption begründet werden: 2014 wurden in Deutschland 3800 Kinder adoptiert.

Heute gibt es eine Vielzahl von Familienformen in Deutschland:
So steht die Ehe auch homosexuellen Paaren offen. Das war vor einigen Jahrzehnten noch undenkbar.
Da viele Menschen heute nicht mehr heiraten und sich zahlreiche Ehepaare auch wieder scheiden lassen, gibt es heute eine große Anzahl an Alleinerziehenden.
Durch Wiederverheiratung oder das Zusammenleben von Männern und Frauen mit Kindern aus verschiedenen Partnerschaften entstehen sogenannte „Patchwork-Familien".

In Deutschland sind Frauen und Männer vor dem Gesetz gleichgestellt, in der Familie haben sie die gleichen Rechte. Das war nicht immer so: Die älteren Generationen haben noch erlebt, dass Ehefrauen ohne die Erlaubnis ihrer Männer nicht arbeiten durften. Ein Studium wurde Mädchen nicht selten von ihren Eltern mit dem Hinweis untersagt, sie sollten lieber einen Ehemann finden und dann eine gute Hausfrau und Mutter sein.

Die Situation vieler Kinder und Jugendlicher ist dadurch bestimmt, dass beide Elternteile berufstätig sind. Die Kinder besuchen oft Tagesstätten und kommen erst spät nach Hause. Auch deutet vieles darauf hin, dass sie in den Familien mehr Mitsprachemöglichkeiten haben als früher.

M 3 Eine Familie

Aufgaben

1. Was ist eine Familie?

a) Erläutere, was du unter einer Familie verstehst. Dazu kannst du auf ein großes Blatt den Begriff „Familie" schreiben und wichtige Merkmale hinzufügen. Trage deine Ergebnisse in der Klasse vor.

b) Lies den Infotext M2 und den Artikel aus einem Internet-Lexikon für Kinder (Info-Kasten auf Seite 188) und notiere wichtige Stichworte. Vergleiche mit deiner eigenen Definition.

→ Infotext M2 und Infokasten auf Seite 188

2. So lebt Deutschland

a) Erläutere den inneren Ring der Grafik M1.

b) Erläutere, welche Lebensformen in der Grafik als Familien bezeichnet werden.

c) Stimmst du dieser Einteilung zu? Begründe deine Meinung.

d) Erkläre den äußeren Ring der Grafik.

e) Rechne zusammen, wie viele Kinder in Deutschland leben.

f) Betrachte die Abbildung einer Familie in M3 und erläutere, an welchen Stellen sie in der Grafik M1 eingeordnet werden könnte.

g) Ist Deutschland ein Familienland? Begründe deine Meinung.

→ M1, Infotext M2, M3

Die Familie im klassischen Athen

Das 5. Jahrhundert vor Christus gilt als die politische und kulturelle Blütezeit Athens. Die Polis war zu dieser Zeit eine Demokratie nach antiken Maßstäben – alle freien Vollbürger der Stadt besaßen politische Rechte. Doch wie genau gestaltete sich das Leben für Kinder, Frauen und Männer eigentlich in dieser hoch entwickelten antiken Gesellschaft? Wer hatte welche Rechte?

M 1 Das Wasserholen als Frauenarbeit

Vasenmalerei auf einer schwarzfigurigen Vase, Ende des 6. Jahrhunderts v. Chr.

M 2 Braut und Bräutigam fahren vom Elternhaus der Braut zum Haus des Bräutigams

Vase, um 550 v. Chr.

M 3 Eine Tänzerin

Bei Götterfesten führten Frauen und Mädchen sorgfältig eingeübte Tänze auf. Tonstatue aus der Umgebung von Athen.

M 4 Eine Frau beim Waschen

Vasenmalerei auf einer attischen Vase

M 5 Der Mann als Hausherr

Der griechische Philosoph Aristoteles erklärt die Rolle des Mannes in der Familie folgendermaßen:

[...] der Hausherr gebietet auch über die Gattin und die Kinder – über beide als Freie, jedoch nicht in der gleichen Weise. Über die Ehefrau herrscht er wie unter Bürgern, über die Kinder dagegen wie ein König. Denn von Natur aus hat das Männliche eher die Führung als das Weibliche [...]. Die Herrschaft über die Kinder entspricht der eines Königs; denn der Vater übt seine Herrschaft mit Liebe und aufgrund der Autorität des Alters aus [...].

[Es gibt von Natur aus] mehrere Arten von Herrschenden und Beherrschten [...]: denn auf andere Weise herrscht der Freie über den Sklaven und der Mann über die Frau und der Vater über das Kind [...]. Der Sklave besitzt die Fähigkeit zur praktischen Vernunft überhaupt nicht, die Frau besitzt sie zwar, aber nicht voll wirksam, auch das Kind besitzt sie, jedoch noch nicht voll entwickelt.

Aristoteles, Politik, übers. und hrsg. v. Eckart Schütrumpf, Hamburg: Meiner 2012, S. 27f.

M 6 Die Aufgabe der Frau im Haus

Xenophon (430/425 v. Chr. bis nach 355 v. Chr.) stammte aus einer wohlhabenden griechischen Familie. Er war Politiker, Feldherr und Schriftsteller. In seinem Werk Oikonomikos (gr.: „Hauswirtschaft") behandelte er in Form eines Dialogs Fragen der Haus- und Landwirtschaft. Es entstand zwischen 390 und 355 v. Chr.:

Denn mir scheinen [...] die Götter dieses Paar, das Mann und Frau genannt wird, mit größter Umsicht zusammengefügt zu haben, damit es sich selbst möglichst nützlich sei bei seinem gemeinsamen Leben. Erstens nämlich ist dieses Paar dazu bestimmt, miteinander Kinder zu zeugen, damit die Gattungen nicht aussterben; sodann wird aus dieser Verbindung – wenigstens bei den Menschen – erreicht, Pfleger für das eigene Alter zu haben; schließlich leben die Menschen nicht wie das Vieh unter freiem Himmel, sondern brauchen offensichtlich Behausungen. Die Menschen, die etwas haben wollen, was sie unter Dach und Fach bringen können, brauchen natürlich Arbeitskräfte für die Arbeiten auf dem Felde. Denn Bodenbearbeitung, Aussaat, Pflanzen und Viehhüten – all das sind Arbeiten im Freien, und aus ihnen entstehen die Mittel zum Leben. Wenn sie unter Dach und Fach gebracht sind, wird wieder jemand gebraucht, der sie aufbewahrt und der die Arbeiten verrichtet, die im Hause zu erledigen sind. Das Haus ist nötig für die Versorgung der neugeborenen Kinder, aber auch für die Zubereitung der Speisen aus den Feldfrüchten, ebenso auch für die Herstellung von Kleidung aus Wolle. Da aber die Arbeiten drinnen und draußen beide der Ausführung und Aufsicht bedürfen, hat der Gott, so habe er gesagt, von vornherein die Natur entsprechend eingerichtet, und zwar, wie mir scheint, die der Frau für die Arbeiten und Beschäftigungen im Inneren des Hauses, die des Mannes für die Arbeiten und Beschäftigungen im Freien. Denn Kälte und Hitze, Märsche und Feldzüge besser aushalten zu können, hat er Leib und Seele des Mannes eingerichtet; deshalb übertrug er ihm die Arbeiten außerhalb des Hauses; der Frau aber hat der Gott anscheinend einen dazu weniger fähigen Körper geschaffen und ihr daher, so habe er gesagt, die Arbeiten im Inneren des Hauses zugewiesen.

Xenophon, Ökonomische Schriften (gr./dt.), hrsg. v. Gerd Audring, Berlin: Akademie-Verlag 1992, Kap. Kap. 7/18–23, S. 63.

Aufgaben

1. Alltag von Frauen in Athen
   a) Zahlreiche Vasenbilder zeigen Szenen aus dem Alltagsleben der griechischen Frauen. Betrachte die Bilder M1–M4 genau und liste die Tätigkeiten auf.
   b) Informiere dich im Infotext M7 über die Aufgaben der Frauen im Haus und lass eine griechische Ehefrau ihren Alltag beschreiben. Wähle dazu eine passende Form: Lass sie z. B. einen Brief schreiben, verfasse ein Interview mit ihr oder lass sie in einem Video sprechen.
   → M1–M4, Infotext M7 (auf der folgenden Seite)

2. Die Familie im antiken Athen
   a) Erarbeite aus der Quelle M5, welche Rolle Aristoteles den einzelnen Mitgliedern der Familie zuweist.
   b) Erstelle ein Schaubild zur griechischen Familie. Markiere darauf die wichtigsten Unterschiede zu heute.
   c) Beurteile die Aussagen von Aristoteles zur Familie und begründe deine Meinung.
   → M5

3. Die Rollen von Männern und Frauen in Athen
   a) Erkläre, wie Xenophon in M6 das Verhältnis von Mann und Frau sieht.
   b) Erläutere, wie Xenophon seine Aussagen begründet.
   c) Beurteile, ob diese Rollenverteilung noch aktuell ist.
   → M6

Die Familie im klassischen Athen

M 7 Die Familie im klassischen Athen – Infotext

1. Haus und Familie im antiken Griechenland:

Die Griechen lebten in der Antike in Hausgemeinschaften zusammen und hatten kein eigenes Wort für die Familie im heutigen Sinne. Mitglieder einer solchen Hausgemeinschaft waren auch die Sklaven und – für den Zeitraum ihres Besuchs – die Gäste, weshalb diese immer besonders gut behandelt wurden. Die Zugehörigkeit zu einem Haus, zu einem Oikos, wie die Griechen sagten, bestimmte auch die Stellung innerhalb der Gesellschaft wesentlich mit. Der Oikos wurde von einem Hausherrn, einem Kyrios geleitet. Dieser war sowohl Herr über Haus, Land und Vermögen als auch über die Frau, die Kinder und die Sklaven. Nur der Hausherr hatte in der Polis Athen die vollen Bürgerrechte. Die Frau des Hauses, minderjährige Kinder und Sklaven waren in der Polis weitgehend ohne Rechte. Da der Oikos für die Griechen als Grundlage ihrer Gemeinden so wichtig war, musste der Hausherr unbedingt darauf achten, diesen und den zugehörigen Besitz gut zu erhalten und ihn an die folgenden Generationen weiterzugeben. Er durfte den Familienbesitz also auf keinen Fall verschleudern oder verschenken. Die Söhne erbten das Familiengut zu gleichen Teilen. Keinen Sohn zu haben, war genauso problematisch wie zu viele Söhne: Wenn ein Gut unter zu vielen Söhnen aufgeteilt werden musste, reichte das Erbteil nämlich oft nicht mehr aus, eine Familie zu ernähren.

Eine athenische Frau unterstand ihr gesamtes Leben einem männlichen Hausherrn, sei es ihr Vater, ihr Bruder oder ihr Ehemann. Da sie keine politischen Rechte hatte, wurde sie außerhalb des Hauses in allen Angelegenheiten von ihrem jeweiligen Kyrios vertreten.

Im Alltag waren Männer und Frauen oft auch räumlich voneinander getrennt. In größeren Häusern gab es eigene Bereiche für die Frauen. Mann und Frau aßen auch nicht zusammen. Während die Kinder ihre Mahlzeiten zusammen mit der Mutter einnahmen, traf sich der Hausherr mit männlichen Verwandten und Freunden zu Gastmählern (Symposien). Auf diesen wurde viel gegessen, getrunken, gesungen und diskutiert. Kam ein Gast ins Haus, wurde die Ehefrau häufig weggeschickt, da Gespräche über Politik und Philosophie als „Männersache“ angesehen wurden. Die Frauen trafen sich dafür mit Nachbarinnen, weiblichen Verwandten und Freundinnen.

2. Erziehung der Kinder und Jugendlichen:

Jungen und Mädchen wurden unterschiedlich erzogen und behandelt. Dass in einem griechischen Haushalt Jungen als wichtiger angesehen wurden als Mädchen, zeigte sich schon in der Ernährung der Kinder: Mädchen erhielten weniger zu essen und einfachere Speisen als Jungen. Bis zum Alter von sieben Jahren wurden Mädchen und Jungen zusammen aufgezogen, nämlich von ihrer Mutter oder Amme. Danach übernahm der Vater oder ein männlicher Lehrer die Erziehung der Jungen, während die Mädchen bei den Frauen blieben. Hier wurden sie darauf vorbereitet, selbst einmal einen Haushalt zu führen. Typische Frauentätigkeiten waren damals das Spinnen von Wolle, das Weben von Stoffen oder das Brotbacken. Aber auch die Jungen wurden auf ihr späteres Leben als Bürger und Hausherr vorbereitet: sei es, dass sie in der Landwirtschaft mithelfen mussten, um die nötigen Fertigkeiten zu erlernen, oder indem sie eine Schule besuchten. Mädchen hingegen besuchten keine Schulen. Ein gut erzogenes Mädchen sollte nach damaligem Verständnis wenig fragen, schweigsam, zurückhaltend und gehorsam sein. Bis zu ihrer Verheiratung durften junge Frauen keine Liebesbeziehung haben. Die jungen Männer in Athen waren hingegen viel freier – sie durften vor der Eheschließung auch Geliebte haben.

M 8 Haus in Athen

Haus und Werkstatt eines Bildhauers in Athen, Rekonstruktionszeichnung von Peter Conolly nach archäologischen Funden aus dem 5. Jahrhundert v. Chr.

3. Die Partnerwahl und Heirat:

Ab einem Alter von zwölf Jahren konnte eine Athenerin verheiratet werden. Sie durfte ihren Mann aber nicht selbst wählen, dies übernahm ihr Vater oder ein anderer männlicher Verwandter, wobei noch nicht einmal die Zustimmung der Frau erforderlich war – ein Mädchen konnte also auch gegen ihren Willen verheiratet werden. Mädchen wurden meist schon sehr früh einem Bräutigam versprochen, der aus einer passenden Familie stammte. Eine Heirat wurde dadurch vollzogen, dass die junge Frau aus dem Haus ihres Vaters in einer feierlichen Zeremonie in das Haus ihres zukünftigen Mannes geführt wurde. Häufig war der Ehemann einige Jahre älter als die Braut.
Um gut verheiratet zu werden, musste eine junge Frau von ihrem Vater mit einer Mitgift ausgestattet werden, d. h. mit einem Vermögen in Form von Geld oder Gütern. Eine Frau ohne Mitgift hatte große Schwierigkeiten, einen Mann zu finden. Das Vermögen, das die Braut in die Ehe mitbrachte, wurde zwar von ihrem Mann verwaltet, im Falle einer Scheidung oder beim Tod ihres Mannes hatte eine Frau jedoch das Recht, ihre Mitgift zurückzuerhalten.

M 9 Schule in Athen – Eine Darstellung

Die Historikerin Annika Backe-Dahmen schildert die Schulerziehung in Athen. Nur Jungen durften die Schule besuchen (2008):

Eine allgemeine Schulpflicht für Kinder ab einem Alter von 6–7 Jahren [...] war in der gesamten Antike unbekannt. Auch gab es keine vom Staat ins Leben gerufene und flächendeckend finanzierte Institution Schule. Den Besuch einer Lehranstalt konnten sich nur Angehörige der Oberschicht für ihre Kinder leisten, da es Schulgeld abzuführen galt. Je niedriger die gesellschaftliche Schicht, in die ein Kind hineingeboren wurde, desto größer war die Wahrscheinlichkeit, dass es nie einen Klassenraum von innen sah und stattdessen früh zum Unterhalt der Familie durch Arbeit beitragen musste. [...].
Im antiken paidagogos vermutet man sogleich das antike Pendant zum modernen Pädagogen (Schullehrer). Freilich war der paidagogos nicht als aktiv Unterrichtender tätig. Vielmehr handelte es sich bei ihm um einen Sklaven zumeist fortgeschrittenen Alters, der die Kinder der Familie seines Herrn sicher zur Schule und wieder nach Hause brachte, Gelerntes am späteren Tage nochmals abfragte und den Eltern über die Fortschritte berichtete [...].
Als wesentliche Bestandteile des Bildungskanons der klassischen Zeit, im 5. und 4. Jh. v. Chr., lassen sich folgende Schulfächer fassen: Lesen, Schreiben, Rechnen, Rezitation der Dichter, Musik und Tanz sowie Sport. Bei allen intellektuellen Inhalten sollte der Schüler aber immer auch sittlich geformt werden. Hierzu stand die Prügelstrafe im Unterricht als Disziplinarmaßnahme in der antiken Wahrnehmung keinesfalls im Widerspruch.
Insgesamt war der antike Schulunterricht geprägt von Auswendiglernen, Abschreiben und Rezitieren. Das Zitieren von Versen großer griechischer Autoren wie Homer war dabei kein reiner Selbstzweck, sondern sollte die Knaben an die ehrenvollen Taten der Vorfahren erinnern, sie in ihrem Geist und Wertesystem formen und bilden. Eine höhere Schulbildung, mit einer Unterweisung in Rhetorik und Philosophie, die den hier skizzierten Grundunterricht überstieg, konnten nur noch sehr wohlhabende Familien ihren Söhnen bezahlen, für die sie sich hohe Karrieren erhofften.

Annika Backe-Dahmen, Die Welt der Kinder in der Antike, Mainz: von Zabern 2008, S. 58 ff.

Aufgaben

1. Lebenswege von Männern und Frauen
   a) Erstelle mit den Informationen aus dem Infotext M7 jeweils einen typischen Lebensweg für einen Mann und eine Frau im antiken Athen. Zeichne dazu eine Zeitleiste und trage die Lebensalter und Ereignisse ein.
   b) Stelle zusammen, welche Lebensformen es im antiken Athen für Frauen gab.
   c) Untersuche, ob diese Rollenverteilung heute noch nachwirkt.
   → Infotext M7

2. Schule in Athen
   a) Stelle Informationen über den Schulunterricht in Athen zusammen.
   b) Vergleiche den Schulunterricht in Athen mit dem heutigen. Achte dabei auf folgende Aspekte: Fächer, Dauer, Verhältnis Lehrer – Schüler, Finanzierung, Ablauf des Unterrichts.
   → Infotext M7, M9

3. Die Familie im klassischen Athen
   Erstelle eine knappe Präsentation zur Familie im klassischen Athen. Verwende dazu die Grundlegenden Begriffe Antike, Polis, Blütezeit Athens (5. Jh. v. Chr.).
   → M1–M6, Infotext M7, M8–M9

Die römische Familie in der Kaiserzeit

Im Gegensatz zum kleinen Stadtstaat Athen war das römische Imperium ein großer Flächenstaat. Unter Augustus wurde aus der römischen Republik ein Kaiserreich. Wie sah in dieser Zeit eine römische Familie aus? Wie lebten die Familienmitglieder zusammen?

M 1 Römisches Ehepaar

Die Büste aus dem 1. Jahrhundert v. Chr. zeigt den Römer Marius Gratidus Libanus und seine Ehefrau.

M 2 Calpurnia – eine ideale Ehefrau

Plinius d. Jüngere (ca. 61/62 n. Chr. – 113/115 n. Chr.) war ein römischer Senator der Kaiserzeit und verfasste ein umfangreiches schriftstellerisches Werk. Besonders bekannt sind seine Briefe, die eine wichtige Quelle für das Leben und Denken dieser Zeit darstellen. In einem Brief an seine Tante lobt er seine dritte Ehefrau Calpurnia auf folgende Weise:

Sie besitzt außerordentlichen Scharfsinn und führt ein äußerst anspruchsloses Dasein. Sie liebt mich, ein Beweis ihres züchtigen Lebenswandels. Dazu gesellt sich noch ihre Neigung für wissenschaftliche Studien, die sie aus Liebe zu mir gefasst hat. Sie besitzt meine literarischen Arbeiten, liest darin und lernt sie sogar auswendig. [...] Halte ich einmal einen öffentlichen Vortrag, so sitzt sie in meiner nächsten Nähe hinter einem Vorhang und lauscht in höchster Spannung dem mir gespendeten Lob. Sie singt auch meine Lieder, die sie nach eigener Weise zur Zither vertont. [... Im] Verkehr mit Dir hat sie nur Tugend und Anstand gesehen und [...] auf deine Empfehlung hin mich liebgewonnen.

Plinius der Jüngere, Briefe, übers. v. Mauriz Schuster, Stuttgart: Reclam 1990, S. 27.

M 3 Sempronia – eine unwürdige Lebedame

Der Historiker Sallust (ca. 86–34 v. Chr.) beschreibt in seiner Geschichte der Verschwörung Catilinas eine reiche, aber unwürdige Römerin namens Sempronia:

Diese Dame war durch ihre Abkunft und Schönheit, durch ihren Mann und ihre Kinder in einer recht glücklichen Lage; sie war in griechischer und lateinischer Literatur gut unterrichtet, sie konnte besser tanzen und Zither spielen als es sich für eine anständige Frau gehört. [...]
Alles war ihr wichtiger als Ehrbarkeit und Keuschheit. Es ist schwer zu sagen, womit sie weniger schonend umging: mit ihrem Geld oder mit ihrem guten Ruf. [...].
Oft schon hatte sie ihr Wort gebrochen, einen Kredit abgeleugnet und von einem Mord gewusst. Infolge ihrer Genusssucht und der Knappheit ihrer Mittel war es mit ihr abwärts gegangen. Dabei war sie kein ungeschickter Kopf: Sie verstand es, Verse zu machen, Scherz zu treiben, ein Gespräch sittsam oder schnippisch oder auch anzüglich zu führen; kurz, sie besaß viel Witz und viel Charme.

Zit. nach: Werner Eisenhut/Josef Lindauer (Hg./Übers.), Sallust: Werke (lat./dt.), München/Zürich: Artemis (Sammlung Tusculum) 1985, S. 37 ff.

M 4 Idealer Ehemann gesucht!

In einem Brief an seinen Freund Iunius Mauricus schlägt Plinius d. Jüngere (vgl. M5) diesem den jungen Minicius Acilianus als Ehemann für die Nichte des Iunius vor. Wir erfahren in diesem Brief etwas über das Idealbild eines römischen (Ehe-)Mannes:

Du bittest mich, nach einem Gatten für die Tochter Deines Bruders Umschau zu halten, und Du tust recht daran, gerade mich damit zu betrauen. [...]

Da hätte man freilich lange suchen müssen, wenn nicht Minicius Acilianus bereitstände und gleichsam dazu prädestiniert [vorherbestimmt] wäre. Als Altersgenossen verbindet ihn herzliche Freundschaft mit mir.

[...]

Er stammt aus Brixia, jener Gegend unsres lieben Italiens, die bis auf den heutigen Tag ein Gutteil alter Sittsamkeit, Biederkeit und ländlicher Einfachheit behalten hat und weiter bewahrt. Sein Vater Minicius Macrinus ist der erste Mann im Ritterstande [...]. Seine Großmutter mütterlicherseits, Serrana Procula, stammt aus der Landstadt Patavium. Du kennst die Lebensart dieses Ortes, doch Serrana gilt selbst den Patavinern als ein Muster der Sittenstrenge. In P. Acilius besitzt er auch einen Oheim [Bruder oder Schwager der Mutter] von nahezu einzigartiger Charakterfestigkeit, Klugheit und Zuverlässigkeit. Kurz gesagt: In der ganzen Familie wirst Du nichts finden, was Dir nicht wie in Deiner eigenen gefiele.

Acilianus selbst ist ein überaus regsamer, energischer und dabei doch völlig anspruchsloser Mann. Quästur, Tribunat und Prätur [römische Ämter] hat er in allen Ehren durchlaufen und es Dir somit erspart, Dich für ihn verwenden zu müssen. Er besitzt ein offenes Gesicht, stark durchblutete, tiefrote Wangen, natürliche Schönheit in seiner ganzen Erscheinung und gewissermaßen senatorischen Anstand. Das alles sind Eigenschaften, die man doch keinesfalls unbeachtet lassen sollte; die Mädchen verdienen sie als eine Art Belohnung für ihre Sittsamkeit. Ich weiß nicht, ob ich noch bemerken muss, dass sein Vater ein sehr vermögender Mann ist.

Zit. nach: Rainer Nickel/Helmut Kasten (Hg.), Plinius der Jüngere: Briefe, Düsseldorf/Zürich: Artemis & Winkler 2003, Ep. 1,14; S. 39 ff.

M 5 Römisches Familienleben

Das Relief aus dem 2. Jahrhundert nach Chr. zeigt Szenen aus dem Leben reicher Römer.

Aufgaben

1. Die Rolle der Frauen in Rom

a) Erstelle eine Liste aller Eigenschaften, die Plinius an seiner Ehefrau Calpurnia lobt (M2). Nimm Stellung zu diesem Frauenideal.

b) Erarbeite aus der Quelle M3, warum Sallust die reiche Römerin Sempronia für würdelos und verdorben hält. Nimm Stellung zu seinem Urteil.

c) Beide Texte sind aus der Sicht von Männern geschrieben. Lass nun Calpurnia oder Sempronia sprechen, ihr Leben selbst beschreiben und bewerten.

↝ M2 – M3

2. Die Rolle der Männer in Rom

a) Nenne die Eigenschaften des jungen Acilianus, die Plinius im M4 anführt. Erläutere, weshalb diese Eigenschaften wichtig für einen römischen Mann waren.

b) Nimm Stellung zu diesem Ideal.

↝ M4

Die römische Familie in der Kaiserzeit

M 6 Die römische familia – Infotext

Unser deutsches Wort „Familie“ stammt vom lateinischen „familia“ ab. Allerdings verstanden die Römer etwas anderes darunter als wir heute: Sprachen die Römer von familia, so meinten sie nicht Vater, Mutter und Kinder, sondern in der Regel alle Personen, die in einem Haushalt („domus“) lebten und die der Gewalt eines Familienvaters, des „pater familias“, unterstanden. Das konnten neben der Mutter, der „mater familias“, leibliche und adoptierte Kinder, Sklaven und Freigelassene sein.

1. Die Bedeutung des Vaters:

Der Vater, der „pater familias“, hatte als Oberhaupt der römischen Familie sehr viel Macht. Seine Kinder und deren Kinder trugen seinen Namen und unterstanden seiner Gewalt, der „patria potestas“, und zwar so lange er lebte oder bis er seine Kinder aus seiner Gewalt entließ. Der „pater familias“ besaß das Haus, die Sklaven, das Familienvermögen und die Macht über die Mitglieder der Familie. Solange der Vater lebte, hatte ein Römer kein eigenes Vermögen, auch nicht als Erwachsener. Ohne die väterliche Erlaubnis durfte kein römischer Bürger heiraten. Selbst eine verheiratete Römerin unterstand in vielen Fällen nicht ihrem Ehemann, sondern ihrem Vater. Verließ sie ihren Mann, so kehrte sie zu ihrem Vater zurück. Ein Familienvater richtete über seine Sklaven und Kinder und bestrafte sie, wenn sie sich seiner Ansicht nach falsch verhalten oder ein Verbrechen begangen hatten. Er hatte sogar das Recht, sie zu töten.

2. Die römische Ehe:

Eine Ehe konnte nur zwischen freien römischen Bürgern geschlossen werden. Nur die Kinder aus einer solchen Ehe wurden wieder römische Bürger. Nach dem Tod ihres Vaters wurden die Söhne Oberhaupt einer römischen Familie.
Eine Ehe war in Rom keine Angelegenheit zwischen zwei Personen, die sich ineinander verliebt hatten. Viel wichtiger als Liebe und Zuneigung war, dass die mächtigen Familienoberhäupter und -mitglieder, meist die Väter oder Großväter, mit der Verbindung einverstanden waren. Ehen wurden also zwischen den Familien arrangiert. Es kam häufig vor, dass sich Braut und Bräutigam gar nicht oder kaum kannten, bevor sie heirateten. Allerdings mussten Braut und Bräutigam mit der Ehe einverstanden sein – sie durften nicht gegen ihren Willen verheiratet werden. Heiraten durfte eine Frau ab dem Alter von zwölf, ein Mann ab einem Alter von vierzehn Jahren. In der Regel war der Bräutigam allerdings deutlich älter als die Braut. Die Ehe wurde dadurch geschlossen, dass die Braut für alle sichtbar in das Haus ihres Mannes zog und dort mindestens ein Jahr lang lebte. Genauso einfach wie die Eheschließung war eine Scheidung: Zog die Ehefrau dauerhaft aus dem Haus ihres Mannes aus, so galt die Ehe als aufgelöst. Die Kinder blieben normalerweise beim Vater. Zu Scheidungen kam es recht oft. Eine Ehe wurde nicht als „Bund fürs Leben“ betrachtet. Durch die Wiederverheiratung ihrer Eltern hatten viele junge Römer Stiefeltern oder Stiefgeschwister.

3. Kinder und Jugendliche:

Bei der Geburt eines Kindes entschied allein der Vater darüber, ob das Neugeborene in die Familie aufgenommen wurde oder nicht. Nachdem die Hausherrin entbunden hatte, legte die Hebamme das Neugeborene dazu vor dem Hausherren auf den Boden. Nur wenn dieser es vom Boden aufhob, galt es als sein Kind und wurde aufgezogen. Säuglinge, die der „pater familias“ nicht aufnahm, wurden auf der Straße ausgesetzt. Hatte der Vater keine leiblichen Kinder, konnte er einen Erben adoptieren.
Wenn der Vater das Neugeborene aufgenommen hatte, erhielt es nach einigen Tagen seinen Namen. Römische Bürger trugen drei Namen, einen Vornamen (z. B. Gaius), den väterlichen Familiennamen (z. B. Julius) und einen Bei- oder Spitznamen (z. B. Caesar). Die Namensgebung wurde gemeinsam mit Freunden und Verwandten gefeiert. Die Kinder wuchsen in der Familie auf. Als sehr vornehm galt es, einen griechischen Hauslehrer zu haben, der die Kinder in griechischer Sprache und Literatur unterrichtete.

4. Schulen:

Es gab auch römische Schulen, die allerdings meistens nur von Jungen besucht wurden – Mädchen wurden von den Frauen zuhause erzogen und gingen nur sehr selten und viel kürzer als Jungen in eine Schule. Lesen, Schreiben und Rechnen lernten die Kinder ab etwa sieben Jahren. Das Auswendiglernen war eine wichtige Unterrichtsmethode. Ungehorsame Schüler wurden mit einem Stock aus Holz oder mit Leder geschlagen. Zur Schule ging man bis zu einem Alter von etwa 15 Jahren. Reiche und vornehme Jugendliche konnten danach noch weiter studieren, zum Beispiel Recht, Geschichte, Geografie oder Rhetorik. Kinder von armen Römern besuchten hingegen keine Schulen, da sie schon sehr früh hart arbeiten mussten.

Erziehung im antiken Rom

M 7 Kinder reicher Römer im Unterricht bei einem Privatlehrer

Relief aus dem 2. Jh. n. Chr.

M 8 Ein Beispiel altrömischer Erziehung

Der antike Schriftsteller Plutarch berichtet über die Erziehungsmethoden des Senators Cato:

Er [Cato] war auch ein guter Vater [...]. Sobald dieser [sein Sohn] zu begreifen begann, nahm er ihn selbst in die Lehre und brachte ihm Lesen und Schreiben bei, obwohl er einen tüchtigen Elementarlehrer an seinem Sklaven Chilon hatte, der viele Knaben unterrichtete. Aber er hielt es nicht für recht, wie er selbst sagt, dass sein Sohn von einem Sklaven gescholten oder am Ohr gezogen würde, wenn er nicht fleißig lernte, noch auch, dass er einem Sklaven für einen so wichtigen Unterricht Dank schuldete, sondern er war selbst der Lehrer im Lesen und Schreiben, in der Gesetzeskunde und in den Leibesübungen, indem er seinen Sohn nicht nur im Speerwerfen, im Gebrauch der Nahkampfwaffen und im Reiten unterwies, sondern auch im Boxen, im Ertragen von Hitze und Kälte und im kräftigen Durchschwimmen der Wirbel und der reißenden Stellen des Flusses. Auch seine Geschichte, sagt er, habe er selber mit eigener Hand und mit großen Buchstaben niedergeschrieben, damit der Knabe die Möglichkeit habe, sich im eigenen Hause zur Kenntnis der Taten und Sitten der Vorfahren heranzubilden.

Plutarch, Fünf Doppelbiographien, übers. v. Konrat Ziegler u. Walter Wuhrmann, München/Zürich: Artemis & Winkler 2001, S. 473f.

M 9 Sklavenkinder

Der Historiker Gérard Coulon schreibt (2006):

Wie bei allen Völkern im Altertum gab es bei den Römern Sklaverei. Die Sklaven besaßen keinerlei Freiheit und gehörten ihr ganzes Leben lang ihrem Herrn. Das Kind von Sklaven war wiederum Sklave und konnte von seinen Eltern getrennt werden. Es besuchte natürlich keine Schule, sondern musste sehr früh anfangen zu arbeiten. So wie ein kleiner Junge, der im Dienst des reichen Dichters Ausonius stand. In einem seiner Bücher berichtet uns Ausonius, wie er dem kleinen Sklaven jeden Morgen seine Anordnungen erteilte: „Aufstehen, Kind! Gib mir meine Schuhe und meine Leinentunika, reiche mir alle Kleider, die du vorbereitet hast, damit ich ausgehen kann. Bringe mir Brunnenwasser, damit ich mir die Hände, den Mund und die Augen waschen kann. Öffne mir die Tür zur Kapelle.“ Die jungen Sklaven standen ganz im Dienst ihres Herrn.

Gérard Coulon, Das Leben der Kinder im alten Rom, München: Knesebeck 2006, S. 38f.

Hinweis

Das Leben von Sklaven in Rom wird auch auf den Seiten 120–121 behandelt.

Aufgaben

1. **Die Rolle von Männern und Frauen im Vergleich**
   a) Vergleiche die Eigenschaften, die römische Männer und Frauen nach damaliger Auffassung idealerweise haben sollten. Gibt es auch Gemeinsamkeiten?
   b) Untersuche, ob die römische Rollenverteilung heute noch nachwirkt.
   → M2–M5, Infotext M6
2. **Erziehung im antiken Rom**
   a) Gib den Bericht über Cato in eigenen Worten wieder (M8).
   b) Zeige, dass Cato der Erziehung seines Sohnes einen großen Stellenwert beimaß.
   c) Berichte anhand der Darstellung des Historikers Gérard Coulon (M9) über Sklaven in Rom.
   d) Vergleiche die Plutarch-Quelle M8 mit der Darstellung Coulons und erkläre wichtige Unterschiede zwischen einer Quelle und einer Darstellung.
   → M7–M9
3. **Die römische Familie in der Kaiserzeit**
   Erstelle eine knappe Präsentation zur Familie im klassischen Athen. Verwende dazu die Grundlegenden Daten und Begriffe Antike, Übergang Roms von der Republik zur Kaiserzeit (1. Jh. v. Chr.), Zeitalter des Augustus (um Christi Geburt).
   → M1–M9

Fragebogen zum Thema: Leben in der Familie

Aufgabe: Kopiere die folgende Tabelle und fülle dann die fehlenden Tabellenfelder aus. Vergleiche im Anschluss dein Ergebnis mit dem deiner Mitschüler.

→ **Bitte kopiere die Seite, bevor du mit ihr arbeitest.**

Familien	im antiken Griechenland
Wer gehörte zu einer Familie?	
Wer durfte wen heiraten?	
Welche Aufgaben hatten die Frauen?	Organisation des Haushalts
Welche Aufgaben hatten die Männer?	
Wie wurden die Jungen erzogen?	
Wie wurden die Mädchen erzogen?	

	im antiken Rom	heute
		verschieden
		außer Alter keine Beschränkungen
	alleinige Entscheidungsgewalt des „pater familias“ für die „familia“	

Bitte beachte: Kopiere die Seite, bevor du mit ihr arbeitest.

Hinweis

Die Grundlegenden Begriffe sind rot gefärbt.

Adel. Privilegierter Stand, der sich durch Besitz, Macht, Leistung und eigene Lebensformen von der übrigen Gesellschaft abhebt. Der Adel kann erblich sein, aber auch mit einem staatlichen Amt verbunden sein Eine Staatsform, in der die politische Herrschaft beim Adel liegt, bezeichnet man als Aristokratie (gr. = Herrschaft der Besten).

Ädil (Mz. Ädilen). Ursprünglich zwei Beamte der römischen Plebejer, die als Gehilfen der Volkstribunen eingesetzt waren. Sie führten die Aufsicht über die öffentlichen Gebäude, Straßen und Märkte, regelten die Getreideversorgung Roms und organisierten die öffentlichen Spiele.

Agora. Marktplatz und zumeist auch Versammlungsort der griechischen Polis. Sie war der Mittelpunkt des städtischen Lebens.

Akropolis (gr. = Oberstadt). Burgberg der griechischen Polis, zumeist verbunden mit dem Tempel der Stadtgottheit.

Altsteinzeit. Siehe Steinzeit.

Amphitheater. Theaterbau der Römer mit kreisförmiger Arena und rundum angeordneten Sitzreihen. Es diente der Veranstaltung von Tierhetzen und Gladiatorenkämpfen. Das größte Amphitheater ist das römische Kolosseum mit rund 50 000 Plätzen.

Antike. Die Zeit der griechisch-römischen Kultur im Altertum. Sie dauerte von etwa 800 v. Chr. bis 500 n. Chr. Manchmal werden auch die frühen Hochkulturen wie z. B. Ägypten dazugerechnet.

Apostel (gr. = Sendbote). Bezeichnung der von Jesus zur Verkündigung des Christentums ausgewählten 12 Jünger. Sie genossen nach Jesu Tod bei der christlichen Urgemeinde hohes Ansehen und waren als Missionare tätig.

Aquädukt (lat. = Wasserleitung). Brückenartige Bauwerke der Römer zur Weiterleitung von Wasser, vorwiegend bei der Überwindung von Höhenunterschieden.

Arbeitsteilung. Aufgliederung unterschiedlicher Arbeitsprozesse und ihre Verteilung auf verschiedene Berufe (z. B. Bauern, Händler, Handwerker, Beamte). Sie setzt am Ende der Jungsteinzeit ein und bildet die Voraussetzung zur Entstehung von Hochkulturen.

Archäologie. Wissenschaft, die aufgrund von Ausgrabungen und Bodenfunden alte Kulturen geschichtliche Sachverhalte erforscht.

Archon. Nach Abschaffung des Königtums wurden in Athen jährlich neun Archonten als oberste Beamte gewählt.

Areopag (gr. = Areshügel). Sitz des gleichnamigen Rates in Athen, der während der Adelszeit die politischen Entscheidungen fällte und oberster Gerichtshof war. Ihm gehörten die ehemaligen Archonten an. Nach Einführung der Demokratie verblieb ihm lediglich die Blutgerichtsbarkeit.

Aristokratie (griech. = Herrschaft der Besten). Staatsform, wo im Unterschied zur Monarchie oder Demokratie ein bevorzugter Teil des Volkes herrscht. In der Regel handelt es sich dabei um eine privilegierte, oftmals grundbesitzende Adelsschicht.

Auswanderung. Bezeichnung für Wanderungsbewegungen, die zu einem dauerhaften Verlassen der Heimat führen (s. Kolonisation)

Bischof. Amtsträger der christlichen Kirche, dem die Verwaltung eines bestimmten Gebietes (Bistum, Diözese) übertragen ist.

Bronzezeit. Epoche etwa zwischen 2500–800 v. Chr., in der sich die Verarbeitung von Bronze für Werkzeuge, Waffen und Schmuck durchsetzte. Die Technik entstand in Vorderasien und breitete sich seit etwa 1800 v. Chr. auch in Europa aus. Auf die Bronzezeit folgte die Eisenzeit.

Bürger. Wer an politischen Entscheidungen des Staates aktiv mitwirkte und das Bürgerrecht besaß, galt in der Antike als Bürger. In Griechenland vererbte sich das Bürgerrecht, konnte jedoch durch die Volksversammlung auch Fremden verliehen werden. Neben solchen Vollbürgern gab es auch Bürger mit eingeschränkten Rechten (z. B. Frauen). Römischer Bürger war man durch Geburt von römischen Eltern. Anfangs beschränkte sich das Bürgerrecht auf die Stadt Rom, wurde später auf die römischen Bundesgenossen übertragen und galt seit 212 n. Chr. für alle freien Reichsuntertanen.

Caesar, Gaius Julius. (100 v. Chr. – 15.03.44 v. Chr.) Gaius Julius Caesar war ein römischer Staatsmann, Feldherr und Schriftsteller, der aufgrund zahlreicher außen- und innenpolitischer Siege immer mächtiger wurde. Dies war der Hauptgrund, weshalb er im Jahre 44 v. Chr. ermordet wurde.

Christentum. Die größte der monotheistischen Weltreligionen. Gott gilt als Schöpfer der Welt und der Menschen. Die Vertreibung von Adam und Eva aus dem Paradies, die sich über ein Verbot Gottes hinweggesetzt hatten, ist Sinnbild für die Belastung des Menschen mit Sünden. Das Leben und Leiden von Jesus Christus verspricht den Menschen allerdings die Erlösung. Die Zehn Gebote bilden die Leitlinien für das Handeln des Einzelnen.

Christenverfolgung. Verschieden Versuche im Römischen Reich, die Anhänger der neuen Religion zu unterdrücken und zu töten.

Demokratie (gr. = Herrschaft des Volkes). Herrschaftsform, in der das Volk über die Politik bestimmt. Die ursprüngliche Form entstand in der Polis Athen im 6. und 5. Jh. v. Chr. In ihr konnten alle männlichen Bürger in der Volksversammlung direkt über Sachfragen abstimmen (direkte Demokratie). Frauen, Fremde und Sklaven besaßen keine politischen Rechte. Im Gegensatz dazu basiert der moderne Demokratiebegriff auf den für alle geltenden Menschenrechten wie Freiheit und Gleichheit. Zudem werden in den meisten modernen Demokratien im Unterschied zur direkten Demokratie in der Antike in der Regel Volksvertreter (Abgeordnete) in Parlamente gewählt, die dort stellvertretend für alle Bürgerinnen und Bürger beraten und entscheiden (repräsentative Demokratie).

Diadochen (gr. = Nachfolger). Die Feldherrn Alexanders d. Gr., die nach seinem Tod das Weltreich unter sich aufteilten. So entstanden mehrere unabhängige Staaten mit griechischen Herrscherfamilien (z. B. Ägypten unter den Ptolemäern).

Diktator. Während der römischen Republik konnte bei einem Staatsnotstand ein außerordentlicher Beamter als Diktator eingesetzt werden. Seine Ernennung erfolgte auf Vorschlag des Senats durch einen der zwei Konsuln für höchstens 6 Monate. Während dieser Amtszeit hatte er weit reichende Befugnisse, doch blieben die Magistrate als untergeordnete Instanzen bestehen.

Dreiteilung der Mittelmeerwelt. Nach dem Ende des Weströmischen Reiches um 500 n. Chr. entstanden in den nachfolgenden Jahrhunderten auf dem Gebiet des ehemaligen Imperium Romanum drei große Reiche: Der östliche Teil des Römischen Reiches mit der Hauptstadt Konstantinopel bestand als Byzantinisches Reich fort; der südliche Teil des Römischen Reiches wurde ab dem 7. Jahrhundert von arabischen Herrschern erobert; im westlichen Teil des Römischen Reiches kam es schließlich zur Reichsbildung der Franken.

Eisenzeit. Epoche etwa ab 1000 v. Chr. (in Europa), in der sich Eisen als Rohstoff für Waffen und Werkzeuge durchsetzte. Sie löste die Bronzezeit ab.

Eiszeiten. Verschiedene Epochen der Erdgeschichte, in denen es durch weltweiten Rückgang der Temperaturen zum Vorrücken von Gletschern kam. Die Zeiträume zwischen den Eiszeiten nennt man Warmzeiten.

Faustkeil. Meist aus Feuerstein gefertigtes Werkzeug der Altsteinzeit. Er wurde mithilfe eines Schlagsteins kegelförmig zugeschlagen und zum Stoß in der Faust geführt.

Forum (lat. = Marktplatz). Das Forum war in allen römischen Städten Mittelpunkt des öffentlichen Lebens und Zentrum für die städtischen Behörden. Magistratsgebäude, Tempel, Wandelgänge und Markthallen umgaben den Platz. Nach dem Vorbild des Forum Romanum wurden auch die Foren in den Städten der Provinzen erbaut.

Gladiator (von lat. gladius = Schwert). Berufsmäßige Kämpfer und Fechter, die in Rom zur Unterhaltung des Volkes auftraten. Bei den Gladiatorenspielen wurde auf Leben und Tod gekämpft. Die Gladiatoren waren Sklaven, Kriegsgefangene oder Verbrecher, doch gab es auch Angeworbene. Die Ausbildung erfolgte in Gladiatorenschulen.

Hellenismus. Eine von Alexander d. Gr. eingeleitete Epoche, in der sich die griechische Kultur im gesamten Mittelmeerraum und bis in den Orient ausbreitete. Die Aufnahme orientalischer Elemente führte zu einer Mischkultur, in der das Griechische jedoch bestimmend blieb.

Hieroglyphen (gr. = heilige Zeichen). Die Bilderschrift der alten Ägypter, die neben Zeichen für Begriffe auch Silben- und Konsonantenzeichen enthielt. Die Entzifferung gelang dem französischen Gelehrten Champollion.

Hochkultur. Wenn menschliche Gruppen in einer bestimmten Region typische Lebensformen entwickeln, spricht man von einer Kultur. Erkennbar ist sie anhand ihrer materiellen und geistigen Schöpfungen: Geräte, Waffen, Kleidung, Kunstwerke, Siedlungen, Bestattungsarten, Religion, Formen des Zusammenlebens. Seit etwa 3000 v. Chr. entstanden mit Ägypten und den sumerischen Stadtstaaten die ersten Hochkulturen. Ihre Kennzeichen sind zentrale Verwaltung, Schrift, städtische Lebensformen sowie ein gegliedertes Gesellschaftssystem mit Arbeitsteilung.

Hoplit. Schwer bewaffneter griechischer Fußsoldat, der in geschlossener Formation (Phalanx) kämpfte. Hopliten mussten das Bürgerrecht besitzen und für ihre Ausrüstung selbst aufkommen.

Horde. Kleine Menschengruppe in der Altsteinzeit, die sich von der Jagd und dem Sammeln pflanzlicher Nahrung ernährte. Sie bildete eine familienähnliche Lebensgemeinschaft von etwa 20–30 Personen.

Hünengrab. Volkstümliche Bezeichnung für Grabanlagen aus der Jungsteinzeit, die aus großen Steinblöcken errichtet wurden (Großsteingräber). Sie finden sich auf einigen Inseln des Mittelmeeres, an der Atlantikküste sowie in Norddeutschland und Dänemark.

Hunnen. Nomadisches Reitervolk aus Innerasien, das im 4. Jh. n. Chr. nach Westen vordrang und die germanische Völkerwanderung auslöste.

Ilias. Neben der Odyssee die älteste überlieferte griechische Dichtung in Versform (Epos). Beide entstanden vermutlich im 8. Jahrhundert v. Chr. und werden dem Dichter Homer zugeschrieben. In der Ilias wird der Endkampf um Troja geschildert, der vermutlich um 1200 v. Chr. stattfand.

Islam (arab. = Unterwerfung unter Gott). Eine der großen Weltreligionen, die der Prophet Mohammed im 7. Jh. begründete. Seine Anhänger, die Muslime, bekennen sich zu einem einzigen Gott (Allah) und betrachten den Koran, das heilige Buch, als Glaubens- und Lebensgrundlage. Die Ausdehnung des islamischen Herrschaftsbereichs führte zur Verbreitung der Religion in Asien, Afrika und Europa.

Israel (hebräisch = „für den Gott streitet"). Nach der Überlieferung des Alten Testaments erhielt Jakob – einer der legendären Stammväter seines Volks – den Ehrennamen „Israel". Dieser Name ging auf alle Stämme des Volks über, das sich nach ihm „Kinder Israels" oder „Israeliten" nannte. Als das Reich Israel im 6 Jh. v. Chr. vernichtet wurde, bewahrte allein der Stamm Juda die alte Tradition. Von ihm leitet sich der Name Juden ab, der zur neuen Volksbezeichnung wurde.

Judentum. Die jüdische Religion ist neben dem Christentum und dem Islam eine monotheistische Religion. Der Gott der Juden heißt Jahwe. Die wichtigste Heilige Schrift des Judentums ist die Thora. Juden sind Angehörige des jüdischen Volkes und der jüdischen Religion. Sie siedelten ab etwa 1250 v. Chr. in Palästina. Dort gründeten sie um 1000 v. Chr. ein Reich mit der Hauptstadt Jerusalem. Es zerfiel später in die Staaten Juda und Israel. Die Eroberung Jerusalems durch die Römer 70 n. Chr. zerstörte den jüdischen Staat. Es kam zur Zerstreuung der Juden in viele Länder (Diaspora).

Jungsteinzeit. Siehe Steinzeit.

Kaiser. Nach Caesars Ermordung führte dessen Adoptivsohn Oktavian, mit dem das römische Kaisertum begann, den Beinamen „Caesar". Daraus entwickelte sich der Begriff „Kaiser". Seither führten alle Herrscher des Römischen Reichs die Kaisertitel Caesar, Augustus und Imperator. Im Mittelalter wurde dieser Titel weiterverwendet. Allerdings spielte dann das christliche Selbstverständnis der Herrscher eine Rolle. Die Kaiser beriefen sich darauf, von Gott eingesetzt worden zu sein.

Kalender. Um den Zeitpunkt der jährlichen Nilüberschwemmungen exakt zu berechen, ersannen die Ägypter ein System der Zeitrechnung: den Kalender. Aus astronomischen Berechnungen ermittelten sie ein Kalenderjahr von 365 Tagen, das sie in drei Jahreszeiten einteilten: Überschwemmung, Aussaat, Ernte. Jede Jahreszeit umfasste 4 Monate zu 30 Tagen; hinzu kamen 5 Zusatztage, die sich am Ende des Jahres befanden, sowie Schalttage.

Kalif. Bezeichnung der Nachfolger bzw. Stellvertreter (= arab. chalifa) des Propheten Mohammed. Der Kalif war das geistliche Oberhaupt aller Muslime und weltlicher Herrscher des islamischen Reiches.

Karl der Große. (747–814 n. Chr.) Als König erweiterte er das fränkische Reich. Karl stand in einem engen Schutz- und Vertrauensverhältnis zum Papst

Hinweis

Die Grundlegenden Begriffe sind rot gefärbt.

in Rom. Hieraus folgte die Erneuerung der Kaiseridee zu Weihnachten 800. Karl galt bereits im Mittelalter als bedeutender König und Kaiser.

Kelten. Volksstamm, der zwischen 800 v. Chr. und Christi Geburt weite Teile Europas beherrschte. Ihr Ursprungsgebiet erstreckte sich über Ostfrankreich, Süddeutschland und Böhmen. Metallverarbeitung und Kunsthandwerk standen bei ihnen in hoher Blüte. Unter ihren Fürsten lebten sie in befestigten Siedlungen, die häufig auf Bergeshöhen lagen. Das Vordringen der Römer und Germanen vernichtete die Macht der Kelten. Reste des keltischen Volkstums finden sich z. B. in Irland, Wales und der Bretagne.

Klient. Die meisten Römer waren in republikanischer Zeit Klienten (Schutzbefohlene) eines einflussreichen adligen Patrons (Schutzherr). Sie unterstützten dessen politische Absichten, traten bei Wahlen für ihn ein und bildeten seine Anhängerschaft. Für diese Treue schuldete der Patron dem Klienten Schutz und Hilfe in allen Nöten und vertrat seine Interessen vor Gericht. Dieses Schutz- und Treueverhältnis (Klientel) stützte den Einfluss adliger Politiker und brachte armen Bürgern manche Vorteile.

König. Bezeichnung für den obersten Herrscher in einem Gebiet. Es leitet sich vermutlich von der germanischen Bezeichnung für Sippe ab. Die lateinische Bezeichnung ist rex.

Kolonisation (lat. colere: bebauen). Besiedlung eines fremden, oft wilden Gebiets. Im Altertum kolonisierten besonders Phöniker, Griechen und Römer durch Neugründung von Städten in fremden Gebieten. Landmangel und Übervölkerung führten im 8.–6. Jh. v. Chr. zur Besiedlung der Mittelmeerküsten durch die Griechen. Die dort gegründeten Kolonien waren von ihren Mutterstädten unabhängig, blieben jedoch durch geistige und oftmals wirtschaftliche Bande mit ihnen verbunden. – Die römischen Kolonien dienten der militärischen Sicherung eroberter Gebiete. In ihnen wurden häufig ausgediente Soldaten (Veteranen) angesiedelt.

Konsul. Titel der zwei höchsten Beamten der römischen Republik, die für ein Jahr gewählt wurden. Die Konsuln führten die Regierungsgeschäfte, beaufsichtigten die Militär- und Zivilverwaltung, beriefen Senat und Volksversammlung ein und hatten im Krieg den Oberbefehl.

Koran. Das heilige Buch des Islam, das die von Mohammed verkündeten Offenbarungen Allahs enthält. Er ist in 114 Kapitel (Suren) gegliedert, die Weissagungen, Belehrungen, Predigten und Prophetenerzählungen enthalten. Der Koran ist für die islamische Welt zugleich Gesetzbuch und religiöses Lehrwerk.

Legion. Größter Verband des römischen Heeres. Sie hatte zur Zeit Caesars eine Stärke von etwa 6000 Soldaten, untergliedert in 10 Kohorten.

Liktor. Römische Bürger, die höheren Magistraten als Amtsdiener zugeordnet waren. Sie schritten ihnen in der Öffentlichkeit voran und trugen als Zeichen der Amtsgewalt ein Rutenbündel mit Richtbeil (fasces). Die Liktoren erledigten niedrige Amtspflichten im Auftrag der Magistrate wie Vorladungen, Verhaftungen oder Geißelungen.

Limes. Befestigte Grenzlinie des Römischen Reiches. Umfangreiche Grenzbefestigungen entstanden besonders in Britannien, an Rhein und Donau und Nordafrika.

Magistrat. Bezeichnung der durch Wahl berufenen Beamten im römischen Staat und des Amtes selbst. Die Magistrate übten ihr Amt ehrenhalber und unentgeltlich aus. Für sie galt der Grundsatz der Annuität (einjährige Amtszeit) und Kollegialität (Besetzung eines Amtes mit mehreren Beamten). Die Magistrate konnten nach Ablauf ihrer Amtszeit einen Sitz im Senat einnehmen.

Migration (von „migrare“, lateinisch „wandern“). Verlagerung des Lebensmittelpunktes in eine andere Gegend oder ein anderes Land.

Metöken (gr. = Mitbewohner). Name der freien Bewohner Athens, die keine attischen Bürger waren. Gegenüber anderen Fremden genossen sie bestimmte Vorrechte und waren, da ihnen Landbesitz verwehrt war, vorwiegend im Handel und Handwerk tätig.

Monarchie. Im Gegensatz zur Aristokratie und Demokratie die Herrschaft eines Einzelnen im Staat. Die Regierungszeit eines Monarchen ist in der Regel unbeschränkt.

Mittelalter. Das Mittelalter bezeichnet den Zeitraum zwischen der Antike und der Neuzeit, umfasst also den Zeitraum von etwa 500 bis 1500 n. Chr. Der Anfang und das Ende werden jeweils von bedeutenden Ereignissen, wie zum Beispiel dem Untergang des Weströmischen Reiches 476 n. Chr. oder der Entdeckung Amerikas durch Christoph Kolumbus 1492 markiert. Allerdings ist mit fließenden Übergängen zwischen den Epochen zu rechnen.

Monotheismus (gr. mono = Allein; Theismus = Gottesglaube). Der Glaube an einen einzigen Gott. In der Zeit der Hochkulturen und der Antike waren zuerst das Judentum, dann das Christentum die einzigen monotheistischen Religionen.

Nilschwelle. Bezeichnung für die jährliche Nilflut, die seit der Pharaonenzeit das landwirtschaftliche Jahr in Ägypten bestimmt.

Nobilität (lat. nobilis = edel). Bezeichnung für die Oberschicht in Rom. Sie umfasste die führenden Plebejerfamilien und die alten Patriziergeschlechtern, die ein hohes Staatsamt bekleiden durften.

Nomaden. Viehhalter, die mit ihren Herden sowie ihrer gesamten Habe regelmäßige Wanderbewegungen durchführen, um geeignete Weideplätze aufzusuchen.

Odyssee. Dichtung Homers, die die Irrfahrten und die Heimkehr des Odysseus nach dem Trojanischen Krieg zum Inhalt hat (Ilias).

Olympische Spiele. Seit 776 v. Chr. fanden in Olympia alle 4 Jahre sportliche Wettkämpfe statt, die mit feierlichen Kulthandlungen verbunden waren. Die Olympischen Spiele erstreckten sich über 5 Tage und waren ein nationales Bindeglied zwischen den oftmals zerstrittenen griechischen Stämmen und Stadtstaaten. Während der Spiele herrschte ein allgemeiner Landfriede. Die letzten Spiele der Antike fanden 393 n. Chr. statt und wurden 394 n. Chr. durch Kaiser Theodosius verboten.

Ostrom. 330 n. Chr. beendete Kaiser Konstantin I. den Ausbau von Byzanz und machte es als Konstantinopel zur zweiten Hauptstadt des Römischen Reichs. Damit verlagerte er das Schwergewicht stärker nach Osten und 395 kam es zur endgültigen Trennung beider Reichshälften. Damit entstand ein griechisch geprägtes

Oströmisches Reich und ein lateinisches Westrom. Nach dem Untergang Westroms im Jahr 476 bestand die östliche Reichshälfte fort und erlebte unter Kaiser Justinian I. (527–565) eine Blüte. Erst die Türken versetzten dem Byzantinischen Reich, wie der Staat später hieß, mit der Eroberung Konstantinopels im Jahr 1453 den Todesstoß.

Papst (aus lat. papa = Vater). Die Bischöfe von Rom betrachteten sich als Nachfolger des Apostel Petrus und beanspruchten daher schon früh eine Vorrangstellung in der Gesamtkirche.

Papyrus (plur. Papyri). Grasartige Pflanze, die in den Sümpfen des Nils wuchs. Sie lieferte im Alten Ägypten das Rohmaterial für die Herstellung des Schriftträgers Papyrus. Das in Streifen zerschnittene Mark der Pflanze wurde nebeneinander gelegt und mit einer zweiten, rechtwinklig darüber gebreiteten Schicht durch Klopfen und Pressen verbunden. Die Pflanze enthält genügend Bindemittel, sodass Klebstoffe nicht erforderlich waren. Die ältesten Papyri stammen aus dem 3. Jahrtausend v. Chr.

Patrizier (lat. patres = Väter). In der Frühzeit der römischen Republik die alten Adelsfamilien, die die politische Führung bildeten und den → Senat stellten. Nach den Ständekämpfen wuchsen sie mit der Führungsschicht der → Plebejer zur → Nobilität zusammen.

Phalanx. Dicht geschlossene Schlachtlinie der schwer bewaffneten griechischen Fußsoldaten (Hopliten).

Pharao (ägypt. = Großes Haus). Die Bezeichnung des ägyptischen Herrschers. Der Name wurde ursprünglich nur für den königlichen Palast gebraucht und ging später auf den König selbst über.

Plebejer. In der Frühzeit der römischen Republik die große Masse der Bürger ganz unterschiedlicher Herkunft, die von der Staatsführung ausgeschlossen waren. Im Kampf gegen die regierenden Patrizier erlangten sie schließlich die politische Gleichberechtigung und führenden Plebejerfamilien gelang der Aufstieg in den Adel (Nobilität).

Polis. Im antiken Griechenland eine Stadt einschließlich des umliegenden Landgebietes. Die Polis (Mz. = Poleis) war politischer und religiöser Mittelpunkt ihres Gebietes und Tagungsort des Rates und der Volksversammlung. Man spricht daher auch von einem Stadtstaat, obwohl viele Poleis kaum die Größe eines Dorfes überschritten.

Polytheismus (gr. poly = viel; Theismus = Gottesglaube). Religion, in der eine Vielzahl von Gottheiten verehrt werden, die nach der Vorstellung der Menschen jeweils verschiedene Wirkungsbereiche hatten. Die Glaubensvorstellungen der alten Ägypter, der Griechen und der Römer war polytheistisch (Monotheismus).

Prätor (lat. = der Vorangehende). Ursprünglich war der Prätor wohl Heerführer des römischen Königs, doch wandelte sich sein Aufgabenbereich zur Zeit der Republik. Prätoren waren für die römische Gerichtsbarkeit zuständig und nach den Konsuln die ranghöchsten Magistrate.

Prinzipat. Der römische Kaiser Augustus nannte sich Princeps (= der Erste) um seine Stellung im Staat von Königtum und Diktatur abzugrenzen. Tatsächlich besaß er jedoch die alleinige Macht, obwohl die republikanischen Einrichtungen unter ihm fortbestanden. Diese neue monarchische Staatsform, mit der das römische Kaisertum beginnt, wird als Prinzipat bezeichnet.

Proletarier. Bezeichnung für die besitzlose Schicht römischer Bürger, die lediglich über eine Nachkommenschaft (lat. = proles) verfügten. Sie mussten keine Steuern zahlen und bis ins 1. Jh. v. Chr. auch keinen Militärdienst leisten. Die Proletarier entstammten dem verarmten Bauernstand sowie der Unterschicht der römischen Stadtbevölkerung.

Provinz. Die von Rom erworbenen Gebiete außerhalb Italiens hießen Provinzen. Sie wurden von Statthaltern verwaltet. Die Provinzbewohner galten als Untertanen ohne römisches Bürgerrecht (Bürger) und hatten Steuern und Tribute zu entrichten.

Pyramide. Auf viereckiger Grundlage aufgebautes, spitz zulaufendes steinernes Grabmal der Pharaonen in Ägypten. Die ersten Pyramiden entstanden ab etwa 2600 v. Chr.

Quästor (lat. = der Untersucher). Zur Zeit der römischen Republik waren die Quästoren für das Finanzwesen, die Verwaltung der Staatskasse und den Einzug der Steuern verantwortlich. Die Quästoren waren Jahresbeamte und nahmen innerhalb der Magistrate die unterste Rangstufe ein.

Quelle. Überlieferung, aus der Informationen über die Vergangenheit ermittelt werden können. Es werden verschiedene Quellenarten unterschieden: Schriftliche Quellen (z. B. Papyrus- und Pergamenthandschriften, Inschriften, Briefe oder Verträge), gegenständliche Quellen (z. B. Gebrauchsgegenstände oder Bauwerke), Bildquellen (z. B. Gemälde, Fotos oder historische Karten) sowie mündliche Quellen (z. B. Augenzeugenberichte).

Rat der Fünfhundert. Wichtiges Staatsorgan der athenischen Demokratie, das von Kleisthenes begründet wurde. Der Rat hatte 500 Mitglieder, die jährlich durch das Los bestellt wurden. Ratsfähig war jeder Bürger Athens. Ein Gremium von 50 Ratsherren führte für jeweils 36 Tage die Regierungsgeschäfte. Der Rat bereitete die Sitzungen der Volksversammlung vor, überwachte die gesamte Verwaltung und leitete die Außenpolitik.

Reichsbildung der Franken. Die Franken waren ein germanischer Stamm. Ihr Aufstieg erfolgte unter König Chlodwig (466–511 n. Chr.) aus dem Geschlecht der Merowinger. Er eroberte Ende des 5. Jahrhunderts Gallien und beseitigte gewaltsam alle rivalisierenden Kleinkönige. Damit fügte er den lockeren Stammesverband fest zusammen und legte die Grundlage des Frankenreiches unter einheitlicher Herrschaft. Durch Chlodwig erfolgte auch der Übertritt zum Christentum, was das Zusammenwachsen von fränkischer und gallo-römischer Bevölkerung erleichterte.

Republik (aus lat. res publica = öffentliche Angelegenheit). Im alten Rom Bezeichnung für ein Staatswesen, an dessen Spitze kein Monarch stand. Die Rechte und Pflichten waren in unterschiedlichem Umfang auf die verschiedenen Schichten des Volkes verteilt.

Romanisierung. Die Beeinflussung und Durchdringung eines Volkes mit der römischen Kultur und der lateinischen Sprache zur Zeit des Römischen Reiches.

Scherbengericht (Ostrakismos; von gr. ostrakon = Tonscherbe). Am Ostrakismos, den zuvor die Volksversammlung zu beschließen hatte, mussten mindestens 6000 Bürger teilnehmen. Zur Abstimmung schrieben sie den Namen der Person, die sie zu verbannen wünschten, auf eine Tonscherbe. Wer die meisten Stimmen erhielt, musste das Land für 10 Jahre verlassen. Der Verbannte behielt alle bürgerlichen

Hinweis

Die Grundlegenden Begriffe sind rot gefärbt.

Rechte und Ehren sowie sein Eigentum. Das Scherbengericht war somit keine Strafe für eine Verfehlung, sondern diente der Stabilität der Polis bei innenpolitischen Auseinandersetzungen.

Senat. Ursprünglich „Rat der Alten“, in den zur Zeit der römischen Republik vor allem ehemalige Magistrate auf Lebenszeit aufgenommen wurden. Aufgrund der Autorität und Erfahrung seiner Senatoren lenkte der Senat praktisch den Staat, obwohl seine Aufgaben gesetzlich nirgends festgelegt waren. Besonders im Gegensatz zu den jährlich wechselnden Beamten garantierte er eine kontinuierliche Staatsführung, bestimmte die Außenpolitik und beanspruchte ein Aufsichtsrecht über die staatliche Ordnung.

Sklaventum. Der Sklave war frei verfügbares Eigentum seines Herrn und vererbte diesen Status auf seine Nachkommen. Sklaverei war bei den Völkern des Altertums weit verbreitet, und wir finden Sklaven im Bergbau und Handwerk, im Haushalt und Erziehungswesen, in der Landwirtschaft und Staatsverwaltung. Ihr Los war unterschiedlich und hing vom Herrn und der Tätigkeit ab. Im Römischen Reich kam es auch zur Freilassung von Sklaven, die damit das römische Bürgerrecht erwarben.

Staatsreligion. In einer Gemeinschaft allein zugelassenes Glaubensbekenntnis. Die Abweichung wurde mitunter bestraft. Das Christentum wurde im Jahre 391 n. Chr. unter Kaiser Theodosius I. im Römischen Reich Staatsreligion.

Steinzeit. Älteste und längste Epoche der Vorgeschichte, benannt nach dem vorwiegend verwendeten Material für Waffen und Werkzeuge. Man unterscheidet „Altsteinzeit“ (etwa 2 Mill. Jahre – 15 000 v. Chr.) und „Jungsteinzeit“ (etwa 10 000 – 2000 v. Chr.). Während der Altsteinzeit lebten die Menschen als Jäger und Sammler in umherstreifenden Horden zusammen. In der Jungsteinzeit gingen sie zum Ackerbau und zur Tierzucht über und wohnten in Siedlungen. Auf die Steinzeit folgte die Bronzezeit.

Theater. Der Ursprung des europäischen Theaters liegt in Griechenland, wo es aus Festen zu Ehren des Gottes Dionysos hervorging. Gespielt wurde auf dem runden Tanzplatz des Chores (Orchestra), den ein halbkreisförmig ansteigender Zuschauerraum (Theatron) umschloss, der in einen Hang hineingebaut war. Als die Bedeutung der dramatischen Handlung wuchs, errichtete man am Rand der Orchestra eine bespielbare Bühnenwand, die Skene. Chor und Schauspieler trugen Masken, prunkvolle Gewänder sowie Kothurne, hohe Schaftstiefel mit besonders dicker Sohle.

Toleranzedikt. In Mailand beschlossen die Kaiser Konstantin und Licinius im Jahr 313 den Christen die gleichen Rechte wie anderen Kulturen zu gewähren. Diese Zusicherung enthielt vor allem die Freiheit des Gottesdienstes sowie die Rückgabe der vom Staat eingezogenen Güter.

Triere (gr. = Dreiruderer). Griechisches Kriegsschiff von rund 40 m Länge, bemannt mit bis zu 170 Ruderern und 50 Soldaten. Die Ruderer saßen auf jeder Seite in 3 Reihen übereinander und bewegten die Ruderblätter nach Taktanzeige. Auf Grund ihres Rammsporns und ihrer Beweglichkeit waren Trieren eine gefürchtete Seewaffe.

Triumvirat (lat. = Dreimännerbund). In Rom war es nicht unüblich für verschiedene staatliche Aufgaben Dreimännerkollegien einzusetzen. Rein privater Natur war hingegen das Triumvirat von Caesar, Pompeius und Crassus, das 60 v. Chr. zur Durchsetzung politischer Interessen gegründet wurde. Dieses Bündnis bildete die Grundlage für den späteren Aufstieg Caesars an die Spitze des römischen Staates.

Tyrannis. Herrschaftsform in der griechischen Antike, bei der ein Alleinherrscher (Tyrann) die politische Macht in einer Polis unrechtmäßig übernahm.

Verfassung. Die politische Grundordnung eines Staates bezeichnet man als Verfassung. Hierzu zählen alle Regelungen über die Staatsform, die Leitung des Staates und über die Bildung und Aufgaben der Staatsorgane. Obwohl Verfassungen in der Regel schriftlich festgelegt sind, gibt es auch Staaten ohne geschriebene Verfassung.

Veteran. Bezeichnung für alle römischen Soldaten, die ihre Dienstzeit beendet hatten und ehrenvoll entlassen worden waren.

Völkerwanderung. Verschiebungen germanischer Völker, die sich vom 4. – 6. Jh. n. Chr. in Europa vollzogen. Auslöser der Völkerwanderung waren die Hunnen, die im Jahr 375 in die Donautiefebene vordrangen. Zahlreiche germanische Völker wurden von ihnen mitgerissen oder verlagerten ihre Siedlungsgebiete. Einige Stämme durchzogen plündernd das Römische Reich und gründeten auf seinem Boden kurzlebige Germanenreiche

Volksgericht. Jeder über 30 Jahre alte Bürger konnte als Richter an der Verhandlung teilnehmen. Seit dem 5. Jh. v. Chr. wurden aus der Bürgerschaft jährlich 6000 Volksrichter ausgelost. Bei Verhandlungen wurde das Urteil nach Anhörung der Parteien in geheimer Abstimmung gefällt. Für ihre Tätigkeit erhielten die Richter Diäten (Tagegelder).

Volkstribun. Um sich vor Übergriffen durch die Patrizier zu schützen, wählten die Plebejer in Rom seit 490 v. Chr. Volkstribunen. Jeder der 10 Volkstribunen war unverletzlich und hatte ein Vetorecht (Einspruchsrecht) gegen jeden Magistrats- und Senatsbeschluss, sofern er den Interessen der Plebejer zuwiderlief.

Volksversammlung. Die Versammlung aller stimmberechtigten Bürger eines Staates zur Wahrnehmung ihrer politischen Rechte wird Volksversammlung genannt. Sie war in den demokratischen griechischen Stadtstaaten die höchste politische Instanz und entschied über wichtige politische Angelegenheiten. Die römische Volksversammlung war mehrfach gegliedert, doch hatten hier – im Gegensatz zur demokratischen griechischen Polis – die wohlhabenden Bürger ein Übergewicht.

Vorgeschichte. Die Epoche der Menschheitsgeschichte, aus der keine schriftlichen Überlieferungen vorliegen. Sie endet um 3000 v. Chr. mit den ersten Schriftquellen der Sumerer und Ägypter.

akg-images Gmbh, Berlin: 3, 5 u., 10 M2, 10 M3, 12, 12 M1, 27, 44, 55 li., 59 o.li., 68 M1, 70 M3, 70 M4, 78 M1, 94 re.Mi., 94 u.re., 95, 104 M3, 108, 110, 110, 110 o.li., 114, 124, 126 M5, 130 M2, 160 o. re., 190 M2; Album/Oronoz 103; Bildarchiv Steffens 13 M3, 55 re., 146 M1 re., 157 M2; Connolly, Peter 143 M6; Forman, Werner 32 M1; Hios, John 74 M6; Lecat, L. 94 o.li.; Lessing, Erich 10 M4, 19 M3 Mi. li., 19 M3 Mi. re., 19 M3 re., 40 M1, 46 M5, 58 u.li., 78 M2, 79 M5, 81 M4, 105, 134 M2, 138 M7, 190 M4; Lichte, H. 186 re.u.; Mermet, Gilles 172 M5; Nimatallah 65 M2, 110, 130; Pirozzi 131 M4. |alamy images, Abingdon/Oxfordshire: Atsametakis, George 87 M5; Lebrecht Music and Arts Photo Library 56. |Antikensammlung Berlin, Berlin: 89 M10. |Archäologische Staatssammlung – Museum für Vor- und Frühgeschichte, München: M. Eberlein 151 M4. |Archäologisches Institut der Universität Göttingen, Göttingen: Stephan Eckardt 100 M2, 100 M3. |Ashmolean Museum, Oxford OX1 2PH: 120 M2. |Askani, Bernhard Dr., Schwetzingen: 72 M1, 90 M2, 192 M8. |ASTERIX®- OBELIX®- IDEFIX® / LES EDITIONS ALBERT RENE / GOSCINNY - UDERZO, Vanves Cedex: ©2017 128 M1. |Baumgärtner, Ulrich Dr., Puchheim: 6 M1 u.re. |Bilderberg, Hamburg: T. Ernsting 158 M4. |bpk-Bildagentur, Berlin: 8 o., 29 M4, 69 M2, 91 M5, 118 M6, 156 M1, 190 M3; Antikensammlung, SMB/Laurentius, Johannes 82 M5 o.; Braun, Lutz 160 u.re.; British Museum 120 M1; Faillet, Félicien 62 M4; Liepe, Jürgen 36 M6, 44 M3; RMN 176 M6; RMN/Les frères Chuzeville 195 M5; RMN/Schormans, Jean 18 M2 re.; Scala 59 Mi. li., 110, 110, 110 M5, 144; Scala – Mit freundl. Genehmigung Ministero Beni e Att. Culturali 76 M2; SMB/Ägyptisches Museum und Papyrussammlung/S. Steiß 37 M9; SMB/Antikensammlung/Laurentius, Johannes 78 M3, 82 M5 u.; SMB/Antikensammlung/Liepe, Jürgen 190 M1; SMB/Münzkabinett/März, Karin 104 M2; The Metropolitan Museum of Art 4, 95, 108. |Bridgeman Images, Berlin: Ägyptisches Museum, Kairo/Boltin Picture Library 3, 34 M1; De Agostini Picture Library/A. Dagli Orti 117 M3; Giraudon 187 li.o.; National Archaeological Museum, Athens, Greece / De Agostini Picture Library / G. Dagli Orti Titel; Südtiroler Archäologie Museum, Bozen/Neeb, Wolfgang 22 M3. |British Museum Images, London: 81 M3. |Derichs, Johannes, Göttingen: 8 Mi., 186 li.u. |dreamstime.com, Brentwood: Photomaru 181 M7. |fotolia.com, New York: ayazad 160, 168; Benshot 180 M6; Brandelet Didier 48 M2; DOC RABE Media 155 M4; fabiomax.com 111 re.; frenta Titel Hintergr.; Jan Schuler 166 M1; János Posztós 134 M1; Panos 76 M1; S. Körber 155 M3; stock_photos 58 o. |Gabinetto Fotografico Nazionale, Rom: 100 M1. |Gäubodenmuseum Straubing, Straubing: Fotowerbung Bernhard, Straubing 153 M7, 153 M8, 153 M9. |Getty Images, München: Stapleton Collection 54; © Disney 21 M7. |Heim, A., München: 26 M2, 26 u., 29 M2 li., 29 M2 re., 34 M2, 37 M10, 43 M3, 50 M5, 51 M6, 52 M1, 98 M5, 99 M6. |Interfoto, München: imagebroker 75 m7. |iStockphoto.com, Calgary: Oleg Babich 178 o.; Richmatts 4 o.; VisualField 10 M1. |Kesper, Ingrid, Salzkotten: 14 M1, 19. |Lagatz, Uwe Dr., Wernigerode: 8 u. |Landesamt für Archäologie, Dresden: U.Wohmann 15 M3. |Landesmuseum Mainz, Mainz: 187 li.u. |Langner & Partner Werbeagentur GmbH, Hemmingen: 181 M8. |Lochmann, Sabine, Frankfurt: 189 M3. |Luftbildarchiv hessenARCHÄOLOGIE am Landesamt für Denkmalpflege Hessen., Wiesbaden: Otto Braasch 149 M7. |mauritius images GmbH, Mittenwald: Beck, J. 26 M1; Katzer, S. 58 u.re.; Nägele, Edmund 90 M1; Vidler, Steve 160 o.li. |Mayer, Thomas, Neuss: 161 li.u. |mediacolor's Fotoproduktion, Zürich: 183 M4. |Microsoft Deutschland GmbH, München: 178 M1. |Mizzi, Angelo, Buxtehude: 18 M2 li. |Museen der Stadt Regensburg, Regensburg: W. Spilta 152 M5. |Ny Carlsberg Glyptothek, Kopenhagen: O. Haupt 126 M6. |Picture-Alliance GmbH, Frankfurt/M.: 24 M7; akg-images/Museum Kalkriese 4 u., 157; AP Photo 66 M5; Bildagentur Huber/R. Schmid 148 M4; dpa-infografik 188 M1; dpa/HOP 60 M2; dpa/Jung, M. 59 re.; dpa/Kräuse, Axel 27 M7; dpa/Neumeier, A. 74 M5; dpa/Nietfeld, Kay/© VG Bild-Kunst, Bonn 20xx 88 M7; dpa/Scholz, Kurt 44 M1; dpa/Seeger, Patrick 186 li.o.; dpa/Südtiroler Archäologiemuseum/ Foto Ochsenreiter 13, 22; EPD/Simon, H. 22 M1; MAXPPP/© Costa/Leemage 140 M1; photononstop/onoky 186 Mi. li.; Rose, Klaus 161 li.Mi.; UPI/Landov/Ismael Mohamad 161 li.o.; Westend61 150 M1; ZB/Büttner, Jens 186 re.Mi.; ZB/Endig, Peter 180 M5. |Regensburg Tourismus GmbH, Regensburg: 152 o.li. |Reiss-Engelhorn-Museen Mannheim, Mannheim: Jean Christen 173 M6. |Rheinisches Landesmuseum, Trier: H. Thöring 197 M7. |Rogger, Dr. H., Gröbenzell: 111 li.Mi. |Römisch-Germanisches Museum, Köln: A. Mennicken 146 M1 li.; S. Siegers 19 M3 li. |Römisch-Germanisches Zentralmuseum, Mainz: 14 M2. |Scala Archives, Bagno a Ripoli/Firenze: 112 M1, 142 M5 re., 194 M1. |Schönauer-Kornek, Sabine, Wolfenbüttel: 16. |Spangenberg, Frithjof, Konstanz: 38 M2, 42 M1. |Staatliche Münzsammlung, München: 123 M4, 137 M4, 137 M5. |Stiftung Archäologie, Frankfurt/M.: Rehm 59 li.u. |stock.adobe.com, Dublin: Arhelger, Tobias 161, 175; LianeM 136 M1; SeanPavonePhoto 146 M2. |Studio X Images de Presse, Limours: 13 M5. |Süddeutsche Zeitung – Photo, München: Heddergott, Andreas 3, 6 o. |Südtiroler Archäologiemuseum, Bozen: 22 M4 Mi. o., 22 M4 Mi. u., 22 M4 o. re., 22 M4 u. re. |The Metropolitan Museum of Art, New York: Rogers Fund, 1929 96 M1 Mi., 96 M1 re. |The National Museum of Antiquities, EW Leiden: Leiden 96 M1 li. |Tierpark Hellabrunn, München: 6 M1 Mitte re., 6 M1 Mitte u., 6 M1 o. li., 6 M1 o. re., 7 M3 o.; Marc Müller 7 M3. |Tonn, Dieter, Bovenden-Lenglern: 12 M2, 15 M4 li., 15 M4 re., 17 M7, 20 M5 li., 20 M5 re., 25, 25 u. Mi., 25 u. li., 25 u. re., 33 M3 Mi., 33 M3 o., 33 M3 u., 57 u. 2. v. li., 57 u. 2. v. re., 57 u. 3. v. re., 57 u. Mi., 57 u. li., 57 u. re., 92 M8, 93 u. 2. v. li., 93 u. 2. v. re., 93 u. li., 93 u. re., 97 M3, 148 M5, 148 M6, 149 M8 o., 149 M8 u., 152 M5 o. re., 159 u. li., 159 u. li. Mi., 159 u. re., 159 u. re. Mi., 173 M7, 185 u. Mi., 185 u. li., 185 u. re., 185 u. re. Mi. |ullstein bild, Berlin: 95, 103, 108; AISA 27 M5; Michalke, Norbert 94 u.li.; Viollet, Roger 94 o.re. |Uwe Schmid-Fotografie, Duisburg: 111 li.o. |Varusschlacht im Osnabrücker Land gGmbH, Bramsche-Kalkriese: 158 M5. |Westermann Sat Map, Braunschweig: 27, 30. |wikimedia.commons: 133 m8; HansHillewaert 38 M1. |Zeitenspiegel, Weinstadt-Endersbach: Cira Moro 186 re.o. |© dtv Verlagsgesellschaft, München: Stöver, Hans Dieter: Quintus geht nach Rom, dtv junior 2004 111 li.u.

alle übrigen Karten und Schaubilder: Westermann Kartographie/Technisch Graphische Abteilung, Braunschweig